Detlef Billig
Manfred Meyer

Flugzeuge der DDR

TYPENBUCH

Militär- und Zivilluftfahrt

bis 1962

Einführung – Flugzeuge der DDR

Über die fast 5000 Flugzeuge der DDR und deren Einsatz ist wenig Konkretes bekannt. Da nicht jeder mit den damaligen Verhältnissen in der DDR und der Luftfahrtentwicklung dieses Landes vertraut ist, sollen zum Verständnis des vorliegenden Typenbuches zunächst einige Erläuterungen folgen.

Zur Allgemeinen Luftfahrt in der DDR

Die Allgemeine Luftfahrt in der DDR unterlag, wie die Luftfahrt insgesamt, strengen staatlichen Reglementierungen und kann mit den Verhältnissen in der Bundesrepublik Deutschland und anderen westlichen Ländern nicht verglichen werden. Das Zivilluftfahrtregister der DDR wurde geheim gehalten, und die Flugplätze der Allgemeinen Luftfahrt waren nur in einem internen Handbuch der Interflug bzw. der Gesellschaft für Sport und Technik (GST) verzeichnet. Flugzeuge oder Hubschrauber durften nur von der Nationalen Volksarmee (NVA), ihrem Vorläufer, der Kasernierten Volkspolizei (KVP), der Interflug, ihrem Vorläufer Deutsche Lufthansa, der Luftfahrtindustrie bzw. von volkseigenen Betrieben, der Deutschen Volkspolizei sowie von der Gesellschaft für Sport und Technik (GST) gehalten werden. Privateigentum an funktionsfähigen Luftfahrzeugen war nicht erlaubt. Der Luftsport konnte nur in der Gesellschaft für Sport und Technik (GST) bzw. vor deren Gründung in der Freien Deutschen Jugend (FDJ) sowie in der Armeesportvereinigung (ASV) und der Sportvereinigung Dynamo betrieben werden. Arbeits- und Hilfsflüge für die Wirtschaft waren, genau wie der Luftverkehr, Aufgabe des staatlichen Luftfahrtunternehmens Interflug bzw. ihres Vorläufers Deutsche Lufthansa.

Die Gesellschaft für Sport und Technik

Ab 1950 war der Luftsport in Form von Modell- und Segelflugaktivitäten unter Trägerschaft der Freien Deutschen Jugend (FDJ) wieder möglich geworden. Bei Gründung der Gesellschaft für Sport und Technik (GST) im August 1952 übernahm sie die bis dahin unter dem Dachverband der FDJ entstandenen technischen Sportarten. Von Anfang an bis zum Ende der DDR, verfügte die GST als Halter über die größte Anzahl von Flugzeugen. Dazu trugen besonders die vielen Segelflugzeuge bei. Alle GST-Flugzeuge hatten zivile Registrierungen. Bei internationalen Aktivitäten und Wettbewerben traten die GST-Flieger nach außen unter dem Namen „Aeroklub der DDR“ auf. Dabei konnten die DDR-Flugsportler in den ausgehenden 50er Jahren bis in die 70er Jahre eine Reihe beachtlicher internationaler Erfolge im Fallschirmspringen, Segelflug und auch im Motorkunstflug erringen. Eine Ausbildung in den Luftsportarten der GST wurde staatlich subventioniert und war de

29.04.1952 - Sowjetische MiG-15 beschießen bei Könnern (Sachsen-Anhalt) eine DC-4 der Air France, die den Luftkorridor nach Berlin verlassen hat.

16.06.1952 - Der Minister des Innern der DDR, Willi Stoph, befiehlt die Schaffung des Vorläufers der NVA. Die „Kasernierte Volkspolizei" (KVP) unter Generalinspekteur Heinz Hoffmann soll dem Aufbau militärischer Formationen zu Land, zur See und in der Luft dienen.

01.07.1952 - Umbenennung der HVA in KVP sowie Bildung der VP-Luft unter Generalinspekteur der VP Heinz Keßler.

07.08.1952 - Gründung der Gesellschaft für Sport und Technik (GST). Diese übernimmt den Segelflugsport von der FDJ. Die Segelflugzeuge tragen eine schwarz-rot-goldene Flagge am Leitwerk und werden mit DDR-... registriert.

07.10.1952 - Befehl zur Einführung militärischer Dienstgrade in der KVP.

01.10.1952 - Der erste Flugbetrieb zur Pilotenausbildung der VP-Luft beginnt in Cottbus (1. Jagdfliegerregiment), Bautzen (2.) und Kamenz (3.) mit sowjetischen Ausbildungsflugzeugen Jak-18 und Jak-11.

25.09.1952 - In Sysran an der Wolga/ Sowjetunion findet der so genannte Lehrgang X für 271 zukünftige Militärpiloten der DDR statt. Er dauert nur bis Oktober 1953. Eine MiG-15-Ausbildung erfolgt nicht mehr.

Ende 1952 - Der Gesamtbestand der KVP wächst auf über 90 000 Mann, davon sind rund 5 000 bei der VP-Luft.
Die ersten eigenen Maschinen der DDR sind die An-2 '801' und '802', welche bis zum Ende der DDR im Einsatz stehen.

01.01.1953 - Gründung der Aktiengesellschaft Luftag in der Bundesrepublik Deutschland.

12.03.1953 - Durch sowjetische Jagdflugzeuge wird an der Elbe, 120 km tief im Territorium der DDR, eine Avro Lincoln abgeschossen.

März 1953 - Ende März absolviert die möglicherweise einzige NVA-Militärpilotin, Iris Wittig, ihren ersten Flug mit einer MiG-15U. Im August 1954 stürzt sie mit einer Jak-18 ab, und wird dabei schwer verletzt.

April 1953 - Erste MiG-15 werden an die DDR nach Cottbus geliefert.

17.06.1953 - Streik und Umsturzversuch in der DDR, danach werden vorsorglich 106 MiG-15 und neun Jak-11 wieder an die Sowjetunion zurückgegeben.

August 1953 - Schaffung eines Hauptstabes der KVP. Generalleutnant Heinz Hoffmann werden die KVP, VP-See und die VP-Luft unterstellt.

14.09.1953 - Diese Datum gilt für den ersten offiziellen Flugbetrieb der KVP/VP-Luft.

23.09.1953 - Die VP-Luft wird in „Verwaltung der Aeroklubs" (VdAK) umbenannt. Ende 1953 verfügt diese über je 35 Jak-18 und Jak-11, sowie 5 500 Mann.

24.04.1954 - Die UdSSR verkündet die volle Souveränität der DDR.

06.08.1954 - In der Bundesrepublik Deutschland wird die Luftag zur Deutschen Lufhansa AG.

30.11.1954 - Das Gesetz über das Luftfahrt-Bundesamt wird in der Bundesrepublik beschlossen.

Ab 1955 - In Deutschland Ost und West dürfen wieder Motorflugzeuge betrieben werden. Diese werden im Osten Deutschlands nun auch mit DDR-... registriert. Am Leitwerk tragen sie die schwarz-rot-goldene Flagge mit den zusätzlichen Buchstaben 'DDR' darunter.

Januar 1955 - Die UdSSR erklärt den Kriegszustand mit Deutschland für beendet.

01.04.1955 - Innerhalb der Bundesrepublik beginnt die Deutsche Lufthansa AG mit dem Probeflugverkehr.

15.04.1955 - Der „Warschauer Vertrag", ein Verteidigungsbündnis zwischen den sozialistischen Staaten UdSSR, Polen, ČSSR, DDR, Bulgarien, Ungarn, Rumänien und Albanien, wird geschlossen.

01.05.1955 - In der DDR wird die Deutsche Lufthansa als Fluggesellschaft gegründet. Sie untersteht dem Ministerium des Innern.

16.09.1955 - Die IL-14 DDR-ABA startet mit einer sowjetischen Besatzung zu ihrem ersten offiziellen Flug. Diese IL-14 war am 01.07.1955 eingetroffen.

10.01.1956 - Das Patentamt der DDR empfiehlt den Direktoren der DDR-Lufthansa in einer mündlichen Aussprache den Namen zu ändern, da die AG der Bundesrepublik Deutschland die älteren Rechte hätte. Diese lehnen jedoch ab.

04.02.1956 - In der DDR nimmt die Deutsche Lufthansa den planmäßigen Luftverkehr auf.

01.03.1956 - Gründung der Nationalen Volksarmee (NVA). Insgesamt stehen rund 100 000 Mann unter Waffen, die bis Juni auf 90 000 reduziert werden. Die Luftstreitkräfte sind mit Jak-18 und Jak-11 ausgerüstet.

01.07.1956 - Die 1. Fliegerdivision, später 1. Jagdfliegerdivision, entsteht aus Einheiten des 1. Aeroklubs der KVP.

05.08.1956 - Erstes Manöver der NVA-Luftstreitkräfte (LSK).

01.09.1956 - Generalmajor Heinz Keßler wird Chef der LSK, ihm unterstehen rund 10 000 Mann.

26.09.1956 - Die 3. Fliegerdivision, später 3. Jagdfliegerdivision, entsteht aus Einheiten des 2. Aeroklubs der KVP. Der Standort ist Drewitz bei Cottbus.

September 1956 - An den LSK-Flugzeugen wird der Rhombus mit Schwarz/Rot/Gold, noch ohne Emblem, angebracht.

1956 - Beginn des Schulbetriebs mit Motorflugzeugen bei der GST. Die Registrierung der motorgetriebenen Flugzeuge wird auf DM-... umgestellt, später auch die der Segelflugzeuge.

(weiter am Ende des Typenbuchs)

Impressum

Einband: Detlef Billig
mit Zeichnungen von Manfred Meyer
umgesetzt von Benedikt Roller

ISBN: 3-613-02198-6

1. Auflage 2002 © by TOM Modellbau
Am Brink 24, 17098 Friedland, Germany
eMail: tom-modellbau@t-online.de

Mit freundlicher Genehmigung von FLIEGER REVUE
im Möller Buch und Zeitschriften Verlag KG,
Oraniendamm 48, 13469 Berlin, Germany
eMail: info@fliegerrevue.de

Herausgeber: Detlef Billig
eMail: db-flight@gmx.de

Zeichnungen: Manfred Meyer
eMail: mm@airwings.de

Verlag: TOM Modellbau
Am Brink 24, 17098 Friedland, Germany
eMail: tom-modellbau@t-online.de

Druck und Bindung:
Samhwa Printing, Seoul, Korea,
Printed in Korea

Druckvorstufe/Satz/Gestaltung/:
CROSSMEDIA GmbH
Oraniendamm 48, 13469 Berlin, Germany
eMail: info@fliegerrevue.de

Autoren/Mitarbeiter des FLIEGER REVUE Teams: Robert Kluge/Leipzig, Hartmut Buch/Berlin, Manfred Meyer/Berlin, Detlef Billig/Berlin, Karl-Dieter Seifert/Berlin, Uli Jeschke/Chorin, Rainer Schmid/Berlin, Michael Merker/Berlin.

Foto/Bildnachweis für Band I (Anzahl): Archiv FLIEGER REVUE (71), Bien (1), Buch (2) und Sammlung Buch (7), Gallus (1), Glöckner (6), Grass (11) und Sammlung Grass (26), Harzdorf (1), Hein (1), Höntsch (2) und Sammlung Höntsch (2), Höwig (1), Jurleit (3), Kluge (1), Kluttig (2), Köpp (1), Sammlung Kretzschmar (1), Lange (1), Lemke (3) und Sammlung Lemke (1), Meißner (2) und Sammlung Meißner (12), Mewes (2), Meyer (12) und Sammlung Meyer (29), Rawolle (2), Rieck (49), Roske (1), Rödel (1), Sankalla (9), Schmitt (2), Schulze (1), Siegel (2), Werner (8), Zacharias (1).

Endredaktion: Rainer Schmid

Layout und Grafik: Benedikt Roller
(kaemaerach_produktion_2001)

Redaktionsschluß: 15.10.2001

facto für jedermann zugänglich. Der Mitgliedsbeitrag lag bei/ab 25 Pfennige im Monat. Mit Einführung der Wehrpflicht im Jahr 1962 bekam die GST zunehmend vormilitärische Prägung. Vor allem der Motorflug war davon betroffen.

Der ständige Mangel an Devisen in der DDR führte dazu, dass ab den 70er Jahren nur noch die medaillenträchtigen olympischen Sportarten staatlich gefördert wurden. Dazu zählte der Flugsport jedoch nicht. Weil die DDR auf der Grundlage eines RGW-Beschlusses (Rat für Gegenseitige Wirtschaftshilfe, ein Zusammenschluss der Ostblockstaaten) von 1961 an über keinen eigenen Flugzeugbau mehr verfügte, überstieg die immer teuere Beschaffung von Fluggerät aus dem Ausland, auch wenn es nur „befreundete" Länder wie die UdSSR, Polen und die ČSSR waren, ihre ökonomischen Möglichkeiten. Eine Ausnahme bildeten die Fallschirmsportler, die in den klassischen Disziplinen bis zum Ende der DDR weiter internationale Titel erringen konnten. Grund war sicherlich die Produktion hervorragender DDR-Fallschirme in Seifhennersdorf, die sich in Form der Marke Spekon bis heute erhalten hat. Weniger teure Flugsportarten, wie Drachen- und Gleitschirmfliegen, waren wegen der Fluchtgefahr in der DDR gänzlich verboten.

Während die Hauptaufgabe der GST bis zum Ende der 70er Jahre in der Vorbereitung von Jugendlichen auf den Wehrdienst bestand, sollte sie ab dem gleichen Zeitpunkt auch noch die Reservisten der NVA in den verschiedenen Wehrsportarten wehrfähig erhalten. Ab den 80er Jahren erfolgte an den Fliegerschulen der GST in Jahnsdorf bei Chemnitz, damals Karl-Marx-Stadt, und in Schönhagen bei Berlin eine Konzentration der Motorflugausbildung ausschließlich auf den fliegerischen Nachwuchs für die Luftstreitkräfte/Luftverteidigung (LSK/LV) der NVA. Nach 1975 verschärften sich die Auswahlkriterien zur Teilnahme am Luftsport immer mehr. Hinzu kamen drastische Einschränkungen bei der Nutzung des DDR-Luftraums, so dass z.B. Trainingsflüge für internationale Luftsportwettkämpfe nach Polen und in die Sowjetunion verlegt wurden. Flugsport wurde nur noch in Fragmenten weitergeführt. Nach einer Reihe spektakulärer „Republikfluchten" mit Fluggeräten sind rund die Hälfte aller GST-Flugplätze, besonders die in Grenznähe, geschlossen worden. Eine große Zahl von GST-Fliegern wurde „auf Grund von Sicherheitsbedenken" vom Fliegen gesperrt, und die staatlichen Maßnahmen zur Sicherung von Flugzeugen „gegen unbefugte Benutzung" nahmen teilweise groteske Züge an.

Im Februar 1990 löste sich die GST als ehemalige Wehrsportorganisation der DDR auf, und die in ihr bis dahin integrierten sportlichen Komponenten existierten bis Ende 1990 unter dem im März 1990 gegründeten Dachverband Bund Technischer Sportverbände (BTS bzw. BTSV) weiter. Der Luftsport ist vom Flug- und Fallschirmsportverband der DDR in diesem Dachverband vertreten worden.

Der Flugplatz der GST-Flugsportschule Schönhagen, neben den Schulgebäuden und Hangars erkennt man den durch Spezialzaun gesicherten und bewachten Abstellbereich für die Flugzeuge. Dies war ab den 70er Jahren üblich, um „Republikfluchten" zu verhindern.

Die Luftfahrzeuge sowie das gesamte Inventar der ehemaligen GST wurden unter Verwaltung der Abteilung Sondervermögen der Treuhandanstalt gestellt. Dem Bund Technischer Sportverbände wurde die Sicherung dieser Sachwerte übertragen. Ende Dezember 1990 löste sich der Flug- und Fallschirmsportverband auf und trat dem Deutschen Aeroclub (DAeC) bei. Besonders der damalige DAeC-Vizepräsident Theo Rack sorgte dafür, dass die sich jetzt schnell gegründeten Luftsportclubs oder Interessenvereinigungen diese Luftfahrzeuge mitsamt dem technischen Inventar des DDR-Luftsports für ausschließlich gemeinnützige luftsportliche Zwecke kostenlos übernehmen konnten. Bedingung war, die Maschinen zwölf Jahre nicht zu veräußern. Damit konnte eine wesentliche Voraussetzung zum Erhalt des Luftsports in den neuen Bundesländern geschaffen werden. So sind heute eine nennenswerte Anzahl von ex-DDR-Segel- und Motorflugzeugen, bis hin zum „Größten Doppeldecker der Welt", der An-2, noch in flugsportlichem Betrieb.

Flughafen Dresden-Klotzsche in den 60er Jahren: Im Vordergrund die Zivilabfertigung der Interflug mit IL-18 und An-24 Flugzeugen, im Hintergrund erkennt man die Abstelllinie mit den IL-14 der Transportstaffel 27 der LSK/LV.

Die Deutsche Lufthansa/Interflug

Von der Sowjetunion unterstützt, gelang es der DDR mit einer neu gegründeten Deutschen Lufthansa den Luftverkehr ab 1955 aufzubauen. Rechtliche Probleme wegen der Namensgleichheit mit der Deutschen Lufthansa in Westdeutschland führten schließlich dazu, den internationalen Betrieb mehr und mehr über die Interflug GmbH zu realisieren.
In der DDR wurde die Deutsche Lufthansa schließlich 1963 liquidiert.
Der Luftverkehr mit der Interflug als sozialistischem Staatsunternehmen konnte auf Grund politischer Vorgaben und Zwänge sowie durch die weltweite Politik des Kalten Krieges nicht ausreichend wirtschaftlich gestaltet werden. In vielen Fällen bestimmte politisches Prestigedenken die Auswahl der Destinationen. Andererseits beschränkte bzw. erschwerte der Alleinvertretungsanspruch der Bundesrepublik Deutschland (Hallstein-Doktrin) eine Entwicklung des Linienverkehrs der Interflug auch über die Grenzen der sozialistischen Länder hinaus. Das begann sich erst mit der Aufnahme beider deutscher Staaten in die Vereinten Nationen zu ändern. Ein deutliches Manko der Interflug lag auch in ihrer großen Abhängigkeit von der sowjetischen Flugzeugindustrie, die nur wenig effizientes Fluggerät liefern konnte. Hier sollte erst 1989 der Airbus-Einsatz eine Änderung einleiten. Hinzu kam die geringe territoriale Ausdehnung der DDR, die von vornherein die Entwicklung eines Inlandflugverkehrs wirtschaftlich sehr einschränkte, erst recht angesichts des zur Verfügung stehenden Fluggerätes.
Der Agrarflug im großen Stil erwies sich als probates Mittel zur Unterstützung der Landwirtschaftlichen Produktionsgenossenschaften (LPG) mit ihren vergleichsweise riesigen Flächen. Für die Forstwirtschaft wurde eine umfangreiche Schädlingsbekämpfung bzw. Düngung aus der Luft durchgeführt. Bemerkenswert war der Einsatz von Fluggerät für die Waldbrandbekämpfung. Hierzu wurden schon frühzeitig spezielle Techniken entwickelt. Eine Besonderheit der DDR waren Hubschraubereinsätze im Kranflug. Als Pionierleistungen können die Montagen im Schornsteinbau, die Elektrifizierung von Eisenbahnstrecken bei laufendem Betrieb oder der Bau von Überlandleitungen bezeichnet werden. Für alle diese Zwecke verfügte die Interflug über hochqualifiziertes Personal. So war z.B. die Pilotenausbildung der Interflug mit einem Ingenieurstudium verbunden. Nach der deutschen Einheit wurde im April 1991 über die Treuhandanstalt die Einstellung des Flugbetriebes veranlasst. Die Flotte wurde größtenteils verkauft und die drei A310 an die Flugbereitschaft der Bundeswehr übergeben. Lediglich die IL-18- Staffel versuchte als AirCargo Berlin, später Ber-Line, einen Neustart. Dieser Ausgründung folgte dann jedoch drei Jahre später der Konkursantrag mit sofortiger Einstellung des Flugbetriebes im März 1994.

Die DDR-Luftstreitkräfte

Ihren Ursprung hatten die DDR-Luftstreitkräfte im Rahmen einer verdeckten Wiederbewaffnung 1952 als Volkspolizei-Luft (VP-Luft). Unterstellt war diese der KVP (Kasernierte Volkspolizei). Deshalb wurde die VP-Luft umgangssprachlich oft KVP-Luft (Kasernierte Volkspolizei-Luft) genannt. 271 Mann reisten zur Ausbildung in die UdSSR. Zeitgleich begann in der DDR im September 1952 in der Nähe von Cottbus, Bautzen und Kamenz eine Flugausbildung. Sie fand mit Jak-Maschinen sowjetischer Ausbildungseinheiten statt, welche auch die Lehrkräfte zur Verfügung stellten. Der Rote Stern als Hoheitszeichen war zu diesem Zeitpunkt ein Zeichen der Eigentumsverhältnisse. Unklar ist, ab wann eine bewusste Tarnung dieser Aktivitäten als „Aeroklub" erfolgte. Zum Jahreswechsel 1953 verfügte die VP-Luft dann bereits über die ersten eigenen Maschinen, darunter zwei bis zuletzt im Einsatz befindliche An-2 sowie drei Tréner-

Flugzeugführer der LSK/LV in den 60er Jahren mit Schwimmwesten, Pilotenhelme waren zu dieser Zeit in der NVA noch nicht üblich, vor einer MiG-17.

Maschinen. Da die Alliierten den Motorflug bis 1955 in Deutschland verboten hatten, trugen diese Flugzeuge ebenfalls den Roten Stern.

Fakt ist auch, dass die Sowjetunion 101 Stahljäger MiG-15 ab April 1953 an die DDR lieferte. Doch zu einem Flugbetrieb mit diesen Maschinen sollte es nicht mehr kommen. Nach dem Aufstand am 17. Juni 1953 gab man die oft noch verpackten MiG-15 schnell zurück. Das Führungsorgan dieser Einheiten wurde im September in die zivil klingende Bezeichnung „Verwaltung der Aeroklubs" (VdAK) umbenannt. Der Flugbetrieb erfolgte weiter mit dem Roten Stern an den Maschinen und unter KVP-Ägide.

Nach der offiziellen Gründung der Nationalen Volksarmee (NVA) im März 1956 waren solche Verschleierungen nicht mehr nötig, und interessant sind die ersten Vorschläge für die jetzige Kennzeichnung der Maschinen.

Innerhalb der NVA gab es zunächst eine „Verwaltung der Luftstreitkräfte" sowie eine „Verwaltung der Luftverteidigung". Aus beiden entstand im Mai 1957 das Kommando Luftstreitkräfte/ Luftverteidigung (LSK/LV) als Führungsorgan der neuen selbstständigen Teilstreitkraft. Priorität hatte von Anfang an der Schutz des DDR-Luftraums. So wurde nach sowjetischem Muster ein komplexes Luftverteidigungssystem aus Jagdfliegergeschwadern, Fla-Raketenverbänden, Funktechnischen Truppen und Sicherstellungskräften geschaffen.

Hinzu kamen Jagdfliegerausbildungsgeschwader, Transport- und Verbindungsfliegerkräfte sowie Hubschrauberkräfte. Ab 1962 kamen die Einheiten des Kommandos LSK/LV schrittweise zum „Diensthabenden System" (DHS) der Luftverteidigung unter dem Vereinten Oberkommando der Armeen des Warschauer Vertrages. Charakteristisch für das Verteidigungssystem nach sowjetischem Muster war die automatisierte Jägerleitung vom Boden aus.

Erst 1971 begann die DDR auf Drängen sowjetischer Militärs mit der Aufstellung von Jagdbomberfliegerkräften. Diesen Schritt hin zu offensivfähigen Verbänden hielt man lange Zeit geheim, besonders vor der eigenen Bevölkerung. Die Beschaffung moderner Jagdbomber und Kampfhubschrauber führte 1981/82 zur Bildung eines Führungsorgans der Front- und Armeefliegerkräfte. Nach Übergabe der ersten Kampfhubschrauber an die DDR-Landstreitkräfte erfolgte 1984 die Umbenennung in „Führungsorgan der Front- und Militärtransportfliegerkräfte". Ein ständiges Problem war die mangelhafte Luftdeckung für die DDR-Volksmarine. 1985 begann man mit der Formierung eines Marinefliegergeschwaders, noch unter Hoheit des Kommandos LSK/LV. Besonders angemerkt sei, dass die DDR-Grenztruppen und die DDR-Volksmarine schon sehr frühzeitig über eigene Hubschrauberkräfte verfügten.

Obwohl sie im Ernstfall zur „Ersten Staffel" gehörten, hatten die DDR-Luftstreitkräfte, gemessen an den in Ostdeutschland stationierten Fliegerkräften der sowjetischen Westgruppe, stets einen eher bescheidenen Umfang.

Mit NVA-Personal, in der Regel allerdings in Interflug-Farben, flog auch das Transportfliegergeschwader TG-44, die so genannte Regierungsstaffel. Ihr Flugzeugpark hatte den Umfang einer mittleren Airline.

Ein besonderes Kapitel war die strenge Militärzensur aller Veröffentlichungen über die NVA-Luftstreitkräfte. Über den „normalen" Grad der militärischen Geheimhaltung hinaus war stets ein Hang zur Geheimniskrämerei spürbar. Als man z.B. im Westen längst von der MiG-23 sprach, war in DDR-Publikationen höchstens von einem „MiG-Flugzeug mit veränderlicher Tragflächengeometrie" zu lesen. Zu internen Problemen oder Entwicklungsrichtungen, wie etwa den Forderungen der Sowjets nach der Schaffung von offensiven Jagdbomber- und Armeefliegerkräften, hatten Außenstehende keinen Zugang. Alles blieb in der Hand der Militärs, die über den Militärverlag der DDR auch ein Informationsmonopol hatten. Festangestellte Militärjournalisten bedienten alle Zeitungen und Zeitschriften.

Blick in die Produktionshalle der VEB Flugzeugwerft Dresden, neben der Serienproduktion der IL-14P ist am unteren Bildrand der Prototyp 152 im Bau zu sehen. Am rechten Bildrand sieht man eine der beiden IL-28R der Luftfahrtindustrie während des Umbaus zum Triebwerkserprobungsträger.

Fotos verwaltete der Militärbilddienst, der eigene Fotografen unter Vertrag hatte. Andere Journalisten und Fotografen mussten vor einer Veröffentlichung ihre Arbeiten der Hauptabteilung Presse des Ministeriums für Nationale Verteidigung zur Zensur vorlegen.
Zu dieser Zeit war es üblich, retuschierte Fotos für Veröffentlichungen zu verwenden. Bei diesen Gelegenheiten ließ man auch gleich die Umgebung verschwinden bzw. veränderte den Hintergrund auf den Fotos. Verfälschte taktische Nummerierungen waren damals normal. Besonders beliebt war das Hinzufügen oder Verändern von Ziffern, um die Zugehörigkeit zu den Einheiten oder wahren Kräften zu verschleiern. Später wurden schon bei Medien-Fototerminen solche falschen Nummern aufgeklebt. Blieben also die Fotos, welche zu „offiziellen Anlässen" bei den LSK/LV gemacht wurden. Dabei entstanden Fotos von Luftfahrzeugen, die mit Abwurfwaffen und Waffensystemen förmlich „überladen" waren. Andererseits hatten es die entsprechenden Experten geschafft, dass keine Fotos in Umlauf gelangten, welche die aktuelle gelenkte Raketenbewaffnung an DDR-Abfangjägern dokumentierten. Diesbezügliche Abbildungen zeigen in der Regel nur Übungs-, s. g. „Schreiber"-Raketen. Insofern gibt es kaum Fotomaterial zu dieser Thematik.
Privates Fotografieren war ohnehin streng verboten und wurde oft als Spionage ausgelegt. Es kam vor, dass man für Spotter-Fotos aus reichlicher Entfernung ein paar Jahre eingesperrt wurde. Insofern haben einige der hier veröffentlichten Fotos ihre eigene Geschichte.
Die deutsche Wiedervereinigung am 3. Oktober 1990 bedeutete das Ende der NVA und deren Luftstreitkräfte.
Von den Flugzeugen der LSK/LV sind bis auf die damals sehr modernen, und heute beim JG-73 in Rostock-Laage stationierten MiG-29, keine Luftfahrzeuge mehr vorhanden. Oft nur mit wenigen Flugstunden, wurden sie alle ausgemustert, verschrottet oder verkauft.

Die DDR-Luftfahrtindustrie

Den Planungen aus dem Jahr 1952 folgte der praktische Aufbau einer eigenen Luftfahrtindustrie ab 1955 in der DDR mit Zentren in Dresden, Schkeuditz, Pirna, Karl-Marx-Stadt und Lommatzsch. Zunächst erfolgten neben der Entwicklung und dem Bau von Segelflugzeugen in großem Stil der Nachbau einer verbesserten IL-14P in eigener Verantwortung. Insgesamt wurden 80 Maschinen hergestellt, es waren keine Lizenzbauten! Parallel dazu kam es zur Entwicklung und zum Bau des ersten deutschen strahlgetriebenen Verkehrsflugzeugs 152 unter Chefkonstrukteur Brunolf Baade, einem ehemaligen Junkers-Ingenieur. Dieser hatte nach
Kriegsende zusammen mit anderen deutschen Flugzeugexperten in sowjetischen Konstruktionsbüros u.a. mit den Bomberkonstruktionen 150 und 151 Erfahrungen gesammelt.
Die heimkehrenden Spezialisten kamen gerade recht, denn man wollte zeigen, wozu die DDR-Luftfahrtindustrie fähig war. Baade und sein Team planten neben dem Passagierflugzeug 152 sogleich diverse weitere Muster. Einige dieser Projekte waren nicht sehr realitätsnah. Ökonomische Zwänge, fehlende Absatzmärkte und Verzögerungen bei der Fertigstellung der 152 führten dazu, dass 1961 die Führung der SED anordnete, den eigenständigen DDR-Flugzeugbau einzustellen. Dieser hatte bis dahin rund 1,3 Milliarden Mark verschlungen.
Auch hatte es zwischenzeitlich ein Abkommen im RGW gegeben. Dies bestimmte, die Konstruktion und Produktion von Flugzeugen auf verschiedene Ostblockstaaten zu verteilen. Die DDR-Wirtschaftslenker haben sich penibel daran gehalten: Einen eigenständigen Flugzeugbau hat es nicht mehr gegeben.

Vielen DDR-Bürgern wurde die Gelegenheit gegeben preiswerte Rundflüge über ihre heimatlichen Umgebung zu unternehmen.

Die Deutsche Volkspolizei

Das 1971 geschlossene Transitabkommen, welches die Durchfahrt von Westdeutschen und -berlinern durch DDR-Gebiet von und nach West-Berlin regelte, veranlasste die DDR, die „Hubschraubereinheit des Innenministeriums" zu gründen.
Diese nahm im Juli 1973 den Flugbetrieb mit Kamow Ka-26 auf. Anfang der 80er-Jahre kamen kurzzeitig zwei Wilga-Mehrzweckflugzeuge in Polizeidienste. Bereits 1984 wurden Video- und Thermovisionsanlagen sowie die Fernsehdirektübertragung aus Hubschraubern in der DDR erprobt. Den Flügen „zur Einhaltung der Grenzordnung" und Überwachung von Großveranstaltungen folgten ab 1989 Einsätze zur Verkehrsüberwachung und Kriminalitätsbekämpfung. Die kurz zuvor geschaffene „Zentrale Polizeifliegerstaffel" wurde im November 1990 vom Land Brandenburg übernommen. Alle anderen östlichen Bundesländer haben inzwischen eigene Polizeifliegerstaffeln.
Fünf Mi-2-Hubschrauber gehören zu den letzten Luftfahrzeugen aus DDR-Beständen, welche noch heute im Polizeieinsatz über der deutschen Hauptstadt und im Land Brandenburg beobachtet werden können.

Einige Anmerkungen zur Entstehung des vorliegenden Buches

Vorab muss bemerkt werden, dass in diesem Typenbuch nicht alle Daten, Fakten und Hintergründe dargestellt und ausreichend bewertet werden können. Dazu sind rund 40 Jahre Luftfahrt in der DDR zu umfangreich. Auch ist eine Reihe von Informationen derzeit noch lückenhaft oder in den zugänglichen Dokumenten nicht eindeutig wiedergegeben.
Um die Situation und die Chronologie der Ereignisse in der damaligen Zeit besser zu verstehen, gibt es auf den inneren Umschlagseiten des Buches eine Zeittafel/Chronik.
Über die vorgestellten Flugzeugtypen wird dem Leser der Einstieg in den gesamten Bereich der DDR-Fliegerei ermöglicht. In diesem Typenbuch sind ausführlich alle Fluggeräte mit Triebwerk beschrieben. Obwohl die unterschiedlichen Segelflugzeug-Muster zahlenmäßig einen umfangreichen Teil der in der DDR zugelassenen Flugzeuge ausmachten, werden sie hier in Komplexen zusammengefasst dargestellt. Sie sind aus Platzgründen auch in der Einzelauflistung im Anhang nicht enthalten.
Eine komplette Aufstellung der 2078 Segel- und Motorsegelflugzeuge findet sich im „Zivilflugzeugregister der DDR", das im Verlag Two & Two gleich nach der politischen Wende in Deutschland von Manfred Meyer und Detlef Grass herausgegeben wurde.
Zur damaligen Zeit ein Novum, enthielt es eine Reihe von Informationen, die bis dahin noch als „geheim" eingestuft waren. Dieses Register beinhaltete jedoch nur die zivilen Flugzeuge der DDR und war mit wenigen stark retuschierten schwarzweiß Fotos illustriert. Über die militärischen Flugzeuge gab es damals zu wenige bekannte Fakten und keine ordentlichen Illustrationen.
Schon lange macht Manfred Meyer plastische Farbzeichnungen für das in Berlin monatlich erscheinende Magazin FLIEGER REVUE. Mitte 1997 einigte ich mich mit ihm auf eine Weiterführung der Recherchen zu DDR-Flugzeugen und die Anfertigung neuer Illustrationen, um sie in einer Serie der FLIEGER REVUE zu veröffentlichen.
Von Anfang an war klar, dass nicht alle Fakten und Informationen vollständig für uns verfügbar sein würden. Vielmehr ging es darum, über die Leser der FLIEGER REVUE möglichst viele der „damals dabei Gewesenen" zu erreichen und sie zum Aufschreiben ihrer Erinnerungen zu bewegen. Interessant waren Stückzahlen, Werknummern, Einsatzstories usw. Wir gingen zunächst von einer Serie aus, die ursprünglich etwa ein

Die IL-14 DM-ZZB aus DDR-Produktion als Erprobungsträger für das Leitwerk der 152.

Jahr laufen sollte. Diese ist dann ab Oktober 1997 als „Flugzeuge in der DDR" realisiert worden. Um es vorweg zu nehmen, der letzte Teil erschien in der August-Ausgabe 2001!
Die Reaktion der Leser war überwältigend, sie förderten aus dem Gedächtnis und aus alten Unterlagen wahrhaft Unglaubliches zutage. Es wurden intensiv Fakten, Werknummern und Verbleib der Maschinen – um nur einiges zu nennen – öffentlich diskutiert. Obwohl in vielen Bereichen stets Fotografieverbot bestand, sind aus privaten Fotoalben wahre Schätze hervorgezaubert worden.
Insofern gilt der Dank zunächst allen, die Informationen zu diesem Buch beigesteuert haben. Dadurch ist es jetzt erstmals möglich, einen repräsentativen Überblick über die in der DDR eingesetzten Flugzeuge und Hubschrauber zu geben.
Besonderen Wert erhält das Buch durch den umfangreichen Anhang, der nicht nur alle bisher bekannten Daten zur In- und Außerdienststellung, Kennungen und Werknummern, sondern auch den Verbleib der Maschinen (naturgemäß verliert sich dies mit dem Ende der DDR etwas) mit dem Erkenntnisstand der Drucklegung dieses Bandes enthält.
Gleichzeitig sei angemerkt, dass wir uns über jeden Hinweis und jede Kritik seitens der Leser freuen, um einmal komplett die Geschichte der DDR-Flugzeuge aufarbeiten zu können.
Gegenüber den Veröffentlichungen im FLIEGER REVUE-Magazin erhält der Leser in Form dieses Typenbuches einen kurz gefassten Überblick über jedes DDR-Luftfahrzeug, einschließlich der ersten deutschen TL-Verkehrsflugzeug-Konstruktion 152.
Bewusst ist auf eine Chronologie der Ereignisse oder der Luftfahrzeug-Indienst-Stellungen verzichtet worden. Die Maschinen sind zunächst in Verwendungskategorien und danach in Einsatzzeiträume eingeteilt worden. Zeitliche Überschneidungen sind deshalb nicht völlig auszuschließen. Jeder Typ wird einzeln vorgestellt und durch Dreiseitenrisse und technische Daten ergänzt. Neu sind die vielen bisher unveröffentlichten Privat- und Archivfotos.
Für ihre Bilddokumente nebst den dazugehörigen Informationen zu interessanten Randepisoden gilt der besondere Dank Horst und Hans-Joachim Rieck sowie Klaus Meißner und Tobias Harzdorf. Die textlichen Ausführungen für den Segelflugzeugteil stammen von Robert Kluge in Überarbeitung von Hartmut Buch. Weitere Texte und Datenangaben entstammen der Feder von Manfred Meyer. Details zum Vorwort steuerten Karl-Dieter Seifert und Gerhard Blex bei. Der Chronik-Teil wurde durch Uli Jeschke angereichert, Kai Lange übernahm beratende Tätigkeiten. Eine textliche Überarbeitung besorgten Rainer Schmid und Frauke Hansen. Das Layout sowie die grafische Aufbereitung dieses Buches über die DDR-Luftfahrtgeschichte verdanken wir Benedikt Roller. Die vielen anderen genannten und ungenannten Bild- und Textautoren sollen an dieser Stelle ebenfalls nicht vergessen werden; darum vielen Dank an alle Beteiligten und viel Freude beim Lesen und Nachschlagen, wünscht

Detlef Billig, Herausgeber
Berlin, im Dezember 2001

Inhalt

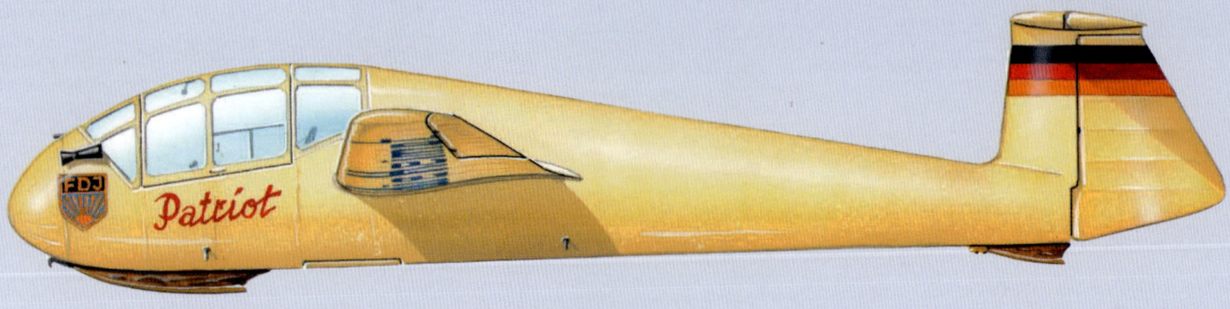

Die ersten Segelflugzeuge

1950

oben: Der erste DDR-Segler „Patriot" trug während der Erprobung keine Registrierung, dafür unter den Flügeln die Losung: „Verteidigt die Heimat", später erhielt er die Registrierung DDR-3000.

unten: Mit dem „Bauernadler" (SG-38) auf dem Weg zur Startstelle am Hang des Flugplatzes Laucha.

Die offizielle Geburtsstunde des Segelfluges in der DDR schlug bereits wenige Wochen nach Staatsgründung im Oktober 1949. Die Jugendorganisation FDJ veranstaltete Ende April 1950 einen ersten Segelfluglehrer-Lehrgang in Ribnitz-Damgarten unweit der Ostseeküste. Man hatte zwei alte Baby, drei SG-38, Gummiseile und natürlich erfahrene Piloten organisiert, und so startete am 24. April Karl Liebeskind, vor 1933 Angehöriger des Arbeiterflugvereins „Sturmvogel", mit einem Baby IIb zum ersten offiziellen Flug eines DDR-Flugzeugs. Noch galt das Alliierte Kontrollratsgesetz Nr. 25 des Potsdamer Abkommens, das Flugzeugbau und fliegerische Betätigung in Deutschland untersagte. Die Flugbegeisterung war jedoch groß und zudem passte es in die damalige politische Entwicklung, die Bestimmungen des Potsdamer Abkommens zu unterlaufen. Man fand auch Mittel und Wege, die dringend benötigte Flugtechnik aufzutreiben.
Die vor und während des Krieges tausendfach bewährten Schulgleiter-38 gehörten dann nach Überwindung einiger Hürden bei Materialbeschaffung und Fertigungsqualität zur Erstausstattung der „Interessengemeinschaften für den Segelflug" innerhalb der DDR-Jugendorganisation FDJ. Der Flugschüler wurde nach der theoretischen Einweisung und einigen „Trockenübungen" am Boden dem offenen Segler anvertraut, der Lehrer konnte nicht

mehr direkt eingreifen und lediglich durch Zuruf helfen. Noch dominierte die Einsitzerschulmethode, die erst einige Jahre später durch die Ausbildung auf dem anspruchsvolleren Doppelsitzer abgelöst wurde. Auch der weniger aufwändige Gummiseilstart war anfangs die am häufigsten praktizierte Form, sich vom Erdboden zu erheben.

Zwischen 1950 und 1961 fanden reichlich 420 SG-38 Verwendung, die letzten wurden erst 1967 außer Dienst gestellt, einige wenige konnten sogar reaktiviert werden und begeistern durch ihr filigranes Aussehen noch heute auf Flugtagen. Hergestellt wurden sie teils durch Gruppenselbstbau (26 Stück), teils beim VEB Nagema in Schmiedeberg im Erzgebirge (68, z.T. mit Führersitzverkleidung, dem so genanten „Boot") und teils im VEB Waggonbau Gotha (329).

Nachdem der Flugschüler mit dem SG-38 Geradeausflüge und Kurven in Flughöhen bis 50 m nach dem Gummiseilstart am Hang, bzw. in der Ebene in etwa 200 m nach dem Windenstart Vollkreise in der Platzrunde beherrschte, stieg er auf ein aerodynamisch hochwertigeres Muster um: das Baby IIb. Auch hierbei handelte es sich um eine Vorkriegskonstruktion aus der Mitte der dreißiger Jahre, deren Entwurf von E. Schneider und W. Hirth stammte. Ziel war es damals, ein einfaches und damit billiges Übungsflugzeug für den fortgeschrittenen Flugschüler zu schaffen.

Wahrscheinlich wurden mit über 5000 Baby IIb von keinem Segelflugzeug mehr Exemplare gefertigt. Der Entwurf war einfach: sechseckiger, bespannter Holzrumpf, 12 von 22 identische Rippen je Tragflächenhälfte, nur 160 kg Rüstmasse.

Das Baby wurde in der DDR nochmals in beachtlicher Stückzahl gebaut, und zwar zunächst ebenfalls in Schmiedeberg bei Nagema (92 Exemplare), danach in Gotha (68) und schließlich im eigens gegründeten Werk in Lommatzsch, in dem auch die späteren Eigenentwicklungen des DDR-Segelflugzeugbaus das Licht der Welt erblicken sollten (246). Der Haupteinsatzzeitraum lag zwischen 1950 und 1969, das letzte Baby wurde in der DDR 1979 außer Dienst gestellt. Nach 1989 wurden einige als Oldtimer neu aufgebaut und wieder zugelassen. 1958 entwickelte man in Lommatzsch das Baby zum Super-Baby weiter:

oben: Schulgleiter SG-38 vor dem Gummiseilstart, am Heck die Haltemannschaft.

Mitte: Das Baby IIb, welches die Kriegs- und Nachkriegsjahre überlebt hatte, auf dem Weg zum ersten offiziellen Flugzeugstart im Osten Deutschlands, 1950 in Ribnitz-Damgarten.

unten: Baby IIb aus der Produktion des VEB Nagema Schmiedeberg am Start einer Flugveranstaltung. Simuliert wurde das „erste ferngesteuerte Fugzeug". Dazu versteckte man „Hannes" Höntsch in einer Kiste auf dem Pilotensitz. Die Maschine hat hier noch Gabelseil und Schulterfesselung, welche später durch die moderne Kielfesselung ersetzt wurde.

oben: Baby IIb mit geschlossener Haube als Eigenbau-Modifikation, wie sie an einigen Flugplätzen ausgeführt wurden, hier in Kamenz 1953.

oben rechts: FDJ-Flugsportler mit sowjetischen Beratern 1953 an der einzigen IS-2 Mucha, die es in der DDR gab.

Mitte: Der Doppelsitzer Patriot, das erste in der DDR konstruierte und gebaute Flugzeug.

unten: Der Schuldoppelsitzer Pionýr beim Windenstart mit dem damals gebräuchlichen Gabelseil.

Es sollte eine Plexiglashaube, Flächenrandbögen und ein strebenfreies Höhenleitwerk bekommen. Der Prototyp kam jedoch über das Rohbaustadium nicht hinaus, da inzwischen leistungsfähigere Technik gebraucht wurde.

Erstes wirkliches Leistungsflugzeug der DDR war eine IS-2 Mucha. Sie flog einige Zeit mit dem Emblem des polnischen Jugendverbandes, von dem sie die FDJ-Segelflieger geschenkt bekamen. Dieses Geschenk begründete eine lange Tradition polnischer Konstruktionen für den DDR-Segelflug. Die IS-2 flog erstmals 1948 und war der erste Typ einer erfolgreichen Reihe von Leistungsflugzeugen. Eingesetzt wurde die Mucha von FDJ und GST bis 1954.
International entstanden damals mehrere doppelsitzige Segelflugzeuge sowohl für den Leistungs- und Wettbewerbsflug als auch für die Schulung. So verwundert es nicht, dass die erste DDR-eigene Flugzeugkonstruktion, die 1952 in kürzester Zeit unter Federführung des einstigen Dornier-Flugzeugbau-Ingenieurs Ernst Reinecke entstand, ein Doppelsitzer war. Propagandistisch geschickt wurde der Doppelsitzer Patriot anläßlich eines Flugtages während des „IV. FDJ-Parlaments" in Leipzig-Mockau der Öffentlichkeit präsentiert. Für eine Serienproduktion war die Konstruktion jedoch zu aufwändig, zudem blieben die Leistungen trotz der für die damalige Zeit modernen aerodynamischen Auslegung unter den Erwartungen. Ungewöhnlich war die Anordnung der beiden Sitzplätze nebeneinander.
Die ersten für die Schulung genutzten Doppelsitzer wurden importiert. Man ent-

oben links: Vorderes Cockpit mit Instrumentenbrett, Steuerknüppel, Seilkupplungsbetätigung und Bremsklappenhebel des LF-109 Pionýr.

oben rechts: Die DDR-3015 war ein LF-109 Pionýr der KVP-Luft, er erlitt kurze Zeit später Bruch.

Mitte links: Einer der beiden Schulgleiter Z-23 Honza, die in der DDR geflogen wurden.

Mitte rechts: Der ungarische Doppelsitzer Ifjusag blieb ein Einzelstück.

unten: Vom ungarischen Messestand in Leipzig weg kaufte die DDR 1956 diesen Schulgleiter des Typs Rubik R-16 Lepke, zu deutsch „Schmetterling".

schied sich für den tschechoslowakischen LF-109 Pionýr, einen abgestrebten Hochdecker in Gemischtbauweise mit hintereinander liegenden Sitzen und sehr gutmütigen Flugeigenschaften und damit prädestiniert für die Anfängerschulung. 38 Exemplare wurden zwischen 1953 und 1965 bei der GST eingesetzt, zunächst nur an den Segelflugschulen, später auch an einzelnen Flugplätzen. Der Übergang von der Einsitzer- zur Doppelsitzerschulmethode konnte dank dieses anspruchslosen Flugzeugs komplikationsfrei eingeleitet werden.

Zwei weitere Schulgleiterkonstruktionen bereicherten in wenigen Exemplaren kurzfristig den seinerzeitigen Flugzeugpark. Der erste kam ebenfalls aus der ČSSR, nannte sich Zlin Z-23 Honza und war im Gegensatz zum SG-38 nicht verspannt, sondern verstrebt. Zwischen 1953 und 1956 flogen zwei dieser Geräte, deren Flugleistungen denen des SG-38 entsprachen, in der DDR. Rubik R-16 Lepke nannte sich der andere, stammte aus Ungarn und war durch seine aerodynamisch günstigere Auslegung auch in den Flugleistungen etwas besser. Er flog in nur einem Exemplar von 1955 bis 1960 in Leipzig. Ein weiterer Exot aus Ungarn, ein Schuldoppelsitzer, wurde 1955 in der GST verwendet. Der freitragende Mitteldecker Z-03 Ifjusag hatte geringfügig bessere Leistungen als der Pionýr und diente den Fluglehrern zum Sammeln von Erfahrungen auf anderen Mustern. Nur ein Exemplar flog bis 1961.

Die Kapazitäten des DDR-Segelflugzeugbaus waren Anfang der 50er Jahre mit dem Bau von Schul- und Übungsflugzeugen gebunden, so dass für den Leistungs-

oben links: Als erste Leistungsflugzeuge der DDR-Segelflieger wurden 1953 die Šohaj 2 importiert.

oben rechts: Vom ČSSR-Typ Šohaj 3 gab es ganze zwei Exemplare in der DDR und dies ist das einzige bisher bekannt gewordene Foto einer DDR-Šohaj 3.

Mitte: In den frühen Jahren des DDR-Segelflugs war die Maybach-Winde Standardausrüstung auf den Flugplätzen.

unten: Als Halter dieser Mucha 100 war im DDR-Luftfahrtregister seltsamerweise die Hauptverwaltung Zivile Luftfahrt des Ministeriums für Verkehrswesens eingetragen!

flug und internationale Wettkämpfe Flugzeuge in kleineren Stückzahlen importiert werden mussten. Die Wahl fiel zunächst erneut auf ein Produkt aus der benachbarten ČSSR, die LG-125 Šohaj 2. Insgesamt 12 Stück wurden 1953 für die GST importiert; die letzte wurde 1969 außer Dienst gestellt. Mit diesem Typ starteten die erfahrensten Piloten zu ihrem ersten internationalen Wettkampf in Leszno/Polen 1954 und erflogen dort die ersten DDR-Rekorde. 1956 ergänzten zwei Exemplare der weiter entwickelten und verbesserten Version VT-425 Šohaj 3 die Flotte der Leistungsflieger; die letzte wurde 1967 abgeschrieben. Mit der Šohaj endete auch die Ära tschechoslowakischer Leistungsflugzeuge in der DDR – neben und nach den Eigenentwicklungen beherrschten bald polnische Segelflugzeuge die Szene. Den Anfang machten ab 1954 insgesamt drei von insgesamt 350 (!) gebauten Exemplaren einer weiterentwickelten „Mücke" (Mucha), die SZD-12 Mucha 100. In klassischer Holzbauweise hergestellt, war dies der Vorgänger der legendären SZD-22 Mucha-Standard, die den polnischen Leistungspiloten 1958 erstmals die Weltmeisterschaft in der neu eingeführten Standardklasse brachte. Eine erste flog beim Armeesportverein Cottbus von 1954 bis 1956 (Bruch), zwei weitere flogen ab 1956 bzw. 1958 bis zu ihrer Außerdienststellung 1968.

1 Baby IIb, in den Jahren 1952 bis 1955 unter Trägerschaft der FDJ. Eine Registrierung an den Segelflugzeugen der DDR gab es noch nicht.

2 Diese IS-2 Mucha wurde den DDR-Flugsportlern 1953 von der polnischen Jugendorganisation MZP geschenkt, deshalb trug sie das entsprechende Abzeichen am Rumpf.

3 LF-109 Pionýr-Schulflugzeuge ermöglichten den Übergang zur Doppelsitzerschulung.

4 Einige VT-125 Šohaj 2 aus der ČSSR (damals noch ČSR) waren die ersten Leistungssegelflugzeuge der GST, die Wettkämpfe ermöglichten.

5 Die sehr formschönen SZD-8bis Jaskolka galten seinerzeit als „Superschiffe".

links: Bocian, oder „Storch", an der Flugsportschule Schönhagen.

rechts: Das polnische Hochleistungssegelflugzeug Jaskolka, auf dem zahlreiche Geschwindigkeitsweltrekorde erflogen wurden.

Mitte: Leistungsdoppelsitzer Bocian 1C aus Polen für Wettbewerbsflüge und Training.

unten: Bei dieser SZD-8bis Jaskolka hat man nach einer Überholung bei der Neulackierung den übersetzten Namen „Schwalbe" angebracht.

Das polnische Weltrekordflugzeug SZD-8 bis Jaskolka gab den Leistungsfliegern in der DDR dank ihrer ausgefeilten Aerodynamik ab 1955 erstmals auch die Möglichkeit zu Streckenflügen mit hoher Geschwindigkeit. Das Fahrwerk des eleganten Mitteldeckers in Holzbauweise war halb einziehbar, und wirksame Spaltklappen erlaubten optimales Kreisen in der Thermik. Insgesamt flogen 15 Exemplare an verschiedenen Flugplätzen, das letzte wurde Anfang 1973 aus dem Luftfahrtregister gestrichen. Die Jaskolka-Familie von SZD umfasste acht verschiedene Modifikationen, von denen zusammen 130 Stück das Herstellerwerk verließen.

Für effektives Streckentraining benötigten die ambitionierten DDR-Segelflieger auch einen Doppelsitzertyp. Mit neun Exemplaren des SZD-9 Bocian 1C standen ab 1957 bis 1971 geeignete Flugzeuge zur Verfügung, um u.a. auch für Rekorde in der Doppelsitzerklasse D II zu trainieren. Der Prototyp des polnischen „Storch" startete 1952 zum Erstflug, und bis zur Einstellung der Produktion 1976 verließen etwa 500 Exemplare in verschiedenen Modifikationen die Werkhallen. Als SZD-9bis Bocian 1E diente dieser Typ später als Standard-Schuldoppelsitzer auf den GST-Segelflugplätzen. 1960 wurde noch ein Exemplar des tschechoslowakischen L-13 Blanik für die Leistungsflieger gekauft. Bei den offenen DDR-Meisterschaften 1959 und 1960 hatten die ČSSR-Sportler mit ihren Erfolgen den Piloten der DDR-Auswahlmannschaft Appetit auf dieses Ganzmetall-Segelflugzeug gemacht. Später bewährte es sich auch als gutmütiges und vielseitig

einsetzbares Schulflugzeug. Die 1978 zuletzt gekauften beiden Blanik fliegen noch heute. Der gleichermaßen leistungsfähige wie robuste „Blechnik" verfügt über ein Einziehfahrwerk und wirksame Fowlerklappen.
Auch die faszinierende Disziplin des hohen Kunstflugs spielte in den Anfangsjahren eine Rolle. Vor allem zu den ausgesprochen publikumswirksamen Flugtagen begeisterten ab 1956 erfahrene Piloten auf zwei polnischen IS-4 Jastrzab (Habicht) Millionen von Zuschauern. Der gedrungene Kleinsegler – als Flugtagstar mit auffälliger Bemalung versehen – war mit zwölf Metern Spannweite und großdimensionierten Querrudern recht wendig und sehr stabil. Die maximal zulässige Fluggeschwindigkeit betrug 450 km/h. DM-4001 flog bis 1969, DM-4000 wurde erst 1977 aus dem Register gelöscht.

oben: Der polnische Kunstflugeinsitzer Jastrzab im Flugzeugschlepp über der Fliegerschule Schönhagen. Im Bild: DDR-4001, Kunstflugsegler Jastrzab der GST, die zweite in der DDR vorhandene Maschine DDR-4000 gehörte zum Flugzeugpark des ASV.

Mitte: Ganzmetalldoppelsitzer L-13 Blanik im Landeanflug.

unten: Unverwüstliche Blaniks, noch heute im Einsatz zwei ehemalige GST-„Blechniks" im Jahre 2001 bei der Deutschen Meisterschaft der Junioren in Jena.

Eine interessante und kaum bekannte Episode der DDR Luftfahrtgeschichte...

...stellt das Schwingflügelversuchsflugzeug VO-X1 dar. Der Ingenieur Arno Vogel aus Plauen im Vogtland hatte sich von Jugend an für das Prinzip des Vogelflugs interessiert und diesen sowohl theoretisch, als auch ab 1910 durch praktische Modellversuche erforscht. Ende der 30er Jahre baute er einen Schulgleiter zu einem muskelkraftgetriebenen Schwingflügler um, mit dem 1942 erste Flüge unternommen wurden. Nach kriegsbedingter Unterbrechung seiner Forschungen, nahm er Anfang der 50er Jahre in der DDR seine Arbeit wieder auf und baute mit einigen Mitarbeitern und Helfern ein neues muskelkraftgetriebenes Schwingflügelflugzeug, auch Ornithopter genannt. Bei diesem Flugzeug, der VO-X1, wurden die Schwingen durch Anziehen und Strecken der Beine betätigt. Die Seitensteuerung war mit der Quersteuerung gekoppelt und die Betätigung erfolgte über Handgriffe. Ab März 1954 konnten mit der VO-X1 erste Gleitflüge in Hartenstein und Plauen-Unterlosa durchgeführt werden. Die eigentliche Erprobung im Schwingenflug begann ab Mai 1954 in Ballenstedt. Diese Versuche verliefen recht erfolgreich und die Piloten berichteten über eine während des Schwingflugs sehr stabile Fluglage, die aufzubringenden Beinkräfte für den Schwingenantrieb waren geringer als erwartet und der Flugweg verlängerte sich gegenüber dem einfachen Gleitflug. Ing. Vogels Arbeiten wurden nun offiziell anerkannt und gewürdigt und man ermöglichte ihm weitere Forschungen in Zusammenarbeit mit der TH Dresden. Daraufhin begann die Projektierung eines motorgetriebenen Schwingflüglers auf der Basis einer Baby IIb-Zelle. Doch mit dem Tod Arno Vogels 1961 kamen diese Arbeiten dann für immer zum Erliegen.

Das Schwingflügelversuchsflugzeug VO-X1 beim Gummiseilstart.

unten: Szene vom ersten DDR-Segelflugwettkampf, der 1957 in Schönhagen stattfand, vorwiegend sind Meisen, Jaskolkas und Šohaj 2 zu sehen.

RECHTE SEITE:
oben: F-Schlepp hinter Z-126 über Dresden Klotzsche, 1957.

Flugzeugtyp	Spann-weite (m)	Länge (m)	Flügel-fläche (m^2)	Flügel-streck.	Leer-Masse (kg)	Zu-ladung (kg)	max. Flug-Masse (kg)	Flächen-belastung (kg/m^2)	beste Gleitzahl bei (km/h)	geringstes Sinken (m/s) bei (km/h)	Mindest-geschw. (km/h)	max. zul. Geschw. (km/h)
SG-38	10,41	6,28	16,0	6,76	110	100	210	12,2	10/52	1,30 / 48	40	115
Baby IIb	13,50	6,15	14,20	12,80	160	90	250	17,6	17/60	0,90/50	50	160
Meise	15,00	7,27	15,00	15,00	205	95	300	20	25/80	0,80/68	55	200
IS-2 Mucha	15,00	6,80	15,00	15,00	170	90	260	17,3	23/63	0,68/55	40	225
Patriot	18,00	7,90								0,70/75	50	
LF-109 Pionýr	13,47	7,77	20,20	9,00	250	190	440	20	18/68	1,05 / 62	55	140
Z-23 Honza	10,00	6,37	14,60	7,00	95	85	180	12,3	10	1,20	42	90
LG-125 Šohaj 2	15,00	7,13	14,00	15,00	190	105	295	21	25/66	0,72 / 67	54	180
R-16 Lepke	10,10	5,90	10,06	6,24	142	90	232	10,6	14/60	0,95/55	40	110
VO-X1	14,30	6,40	12,00		70	60		9,3				
Z-03 Ifjusag	15,00	7,50	18,80	12,20	290	180	470	24,7	22/80	1,00 / 72	56	200
IS-4 Jastrzab	12,00	6,25	13,75	10,40	255	85	340	24,8	19/82	1,08 / 73	62	450
VT-125 Šohaj 3	15,60	7,15	14,22	17,10	215	110	325	22,8	25/66	0,82/68	54	180
SZD-8bis Jaskolka	16,00	7,42	13,60	18,8	255	100	355	26,2	26/80	0,76 / 68	60	200
SZD-9 Bocian 1C	18,10	8,20	20,00	16,2	326	170	525	26,2	26/80	0,82/80	60	180
FES-530 Lehrmeister	17,00	7,95	19,00	15,2	300	200	500	26,3	24/85	0,85/72	58	200
FES-530/I Lehrmeister	17,00	7,95	19,00	15,2	280	200	480	25,3	26/78	0,80/74	58	200
FES-530/II Lehrmeister	15,00	7,95	17,93	12,50	270	200	470	26,2	23/18	0,95/72	58	200
La-16 V2 Heidelerche	12,50	6,50	12,50		197		294		19/63			150
	Motor: ein Zweizylinder-Boxer Kroeber M4 mit 13,4 kW, Steigleistung 1,4 m/s											
La-17	13,00	7,67	20,40	8,30	250	170	420	20,6	13	1,57		
	Motor: ein Zweizylinder-Boxer BK 350 mit 12 kW											
Lom 57/I Libelle	16,50	6,60	14,85	18,35	230	100	330	22,2	31,5/78	0,66/68	50	200
Lom 58/I Lib. Standard	15,00	6,60	13,76	16,35	210	90	300	21,8	28,5/78	0,73 / 74	50	200
Lom 58/II Lib. Laminar	16,50	6,60	14,85	18,35	270	110	380	25,6	36/88	0,65/76	62	200
SZD-12 Mucha 100	15,00	7,00	15,00	15,00	195	95	290	19,4	24/70	0,76 / 62	55	220
Lom 59 Lo-Meise	15,00	7,30	15,00	15,00	210	110	320	21,3	26/74	0,75 / 66	58	200
L-13 Blanik	16,20	8,40	19,15	13,70	292	208	500	26	28/90	0,82/85	58	240
Lom 61 Favorit	15,00	6,74	12,4	18,15	225	110	335	27	38/95	0,60/76	70	220
SZD-24C Foka	14,98	7,00	12,16	18,50	237	85	322	26,8	34/68	0,66/75	62	250

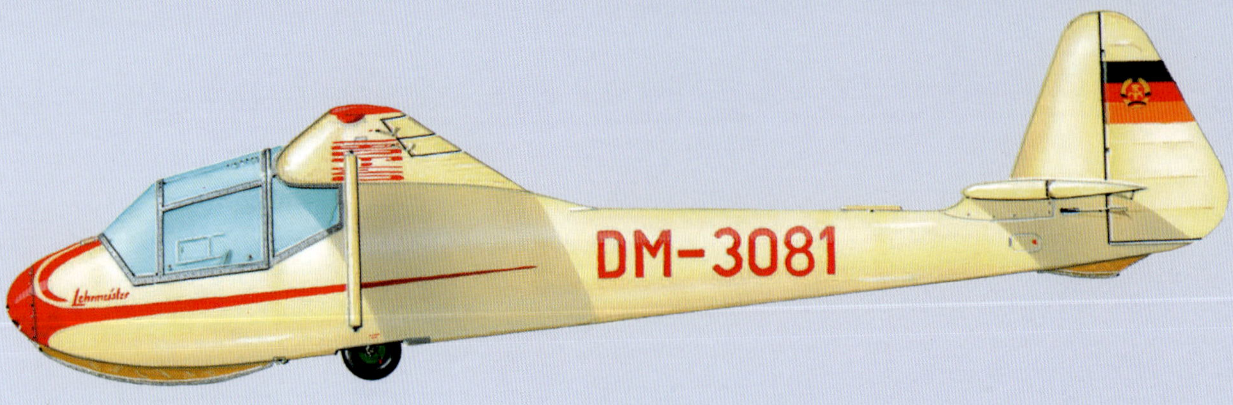

Vom Lehrmeister zum Favorit

1955

oben: Schulflugzeug FES-530 Lehrmeister, hier in der Version mit abgestrebtem 17-m-Tragwerk.

unten: Von September bis November 1955 wurde der Prototyp des FES-530 Lehrmeister in Leipzig-Mockau erprobt. Er trug zu dieser Zeit noch keine Registrierung, später bekam er DDR-3031.

1954 war die Segelflugzeugproduktion der DDR von Gotha nach Lommatzsch bei Dresden verlegt worden. Auf dem Gelände einer ehemaligen Glashütte begann in bescheidenen Verhältnissen der „andere" deutsche Segelflugzeugbau, eine Episode deutscher Luftfahrtgeschichte, die voller Euphorie und Hoffnung begann, mit großem Improvisationstalent verlief und schon nach weniger als zehn Jahren jäh beendet wurde.
Für die weitere Verbreitung des Segelflugsports wurde zunächst dringend ein doppelsitziges Ausbildungsflugzeug benötigt, mit dem überall die klassische Einsitzer- durch die Doppelsitzerschulmethode abgelöst werden konnte. Der tschechische Pionýr stand nur wenigen Flugplätzen zur Verfügung und entsprach in seinen Leistungen, genau wie das Baby IIb, nicht dem erreichten internationalen Standard. Für den Doppelsitzer wagte man sich mit dem noch 1953 in Gotha begonnenen Projekt Go 530 (später FES-530 für „Forschungs- und Entwicklungsstelle") an eine Neuentwicklung. Bereits im Juni 1954 fand der Erstflug statt, und die GST-Flugplätze erhielten das mittlerweile Lehrmeister getaufte Flugzeug ab 1957 in größeren Stückzahlen. Es gab drei verschiedene Ausführungen: zunächst eine mit abgestrebter 17-m-Fläche (100 Exemplare), dann weiterentwickelt zur freitragenden Version FES-530/I Lehrmeister I mit gleicher Spannweite (22) und schließlich

oben: Auch ein Vergleichsfliegen zwischen den Schuldoppelsitzern Pionýr und Lehrmeister fand im November 1955 in Leipzig statt.

Mitte: Im vorderen Sitz des FES Ernst Reinecke, der Konstrukteur des ersten DDR-Flugzeugs Patriot, auch bei der technologischen Vorbereitung der Serienfertigung von SG-38 und Baby IIb war er maßgeblich beteiligt. Hinten, Erprobungspilot Horst Rieck.

unten: Segelflugtechnik, die in den 60er Jahren den Segelflug in der DDR zum Breitensport machte: Doppelsitzer Lehrmeister aus Lommatzsch und die selbstfahrende Herkules-Winde aus der ČSSR.

den FES-530/II Lehrmeister II mit freitragender 15-m-Fläche (101). Der Lehrmeister erfüllte nach längerer Erprobung alle Erwartungen hinsichtlich solider Flugleistungen und guter Flugeigenschaften bei hoher Robustheit im harten Schulbetrieb. Es flogen nachfolgend sogar einige Exemplare in Dänemark, Österreich, Syrien, Ägypten und Kuba – ein Achtungserfolg für die Lommatzscher, der sich leider nicht wiederholen sollte. An den GST-Flugplätzen wurde der Lehrmeister bereits 1969 nach und nach durch den leistungsfähigeren polnischen Bocian 1E abgelöst; die letzten wurden 1980 aus dem Register gelöscht.

Ab 1956 wurde mit der 1938 von Hans Jacobs für die Olympischen Spiele 1940 in Tokio (die wegen des Krieges nicht stattfinden konnten, was auch die Aufnahme des Segelflugs als olympische Disziplin verhinderte) konstruierten Olympia-Meise ein weiteres Vorkriegsmuster in die Lommatzscher Produktpalette aufgenommen. Das aus Holz gefertigte und leer nur 160 kg wiegende Flugzeug hatte 15 m Spannweite, Bremsklappen und eine einfache Landekufe. Im Falle der Lommatzsch-Meise mussten die Ingenieure quasi das Rad zweimal erfinden, denn die erforderlichen Devisen zur Beschaffung von Original-Unterlagen aus Westdeutschland waren von der DDR-Regierung nicht bewilligt worden, so dass unnötig hoher Aufwand in die Überarbeitung der Fertigungsunterlagen investiert werden musste. Schließlich stand dem DDR-Segelflugsport jedoch ein Flugzeug zur Verfügung, dessen gute Leistungen bei einfacher Steuerung die Mühen vollständig rechtfertigten. Bis 1959 wurden 147 Exemplare gefertigt, die nach und nach das Baby IIb als Übungsflugzeug ablösten und bis 1977 an fast allen GST-Flugplätzen im Einsatz standen.

Im Juni 1959 fand in Schönhagen die 1. DDR-Segelflug-Meisterschaft statt. Meist genutztes Flugzeugmuster dieser Meisterschaft war eine Neukonstruktion der Lom-

matzscher unter Heinz Roessig, die Lom Libelle (nicht zu verwechseln mit der GFK-Libelle von Glasflügel). Der Erstflug dieses Leistungseinsitzers mit zunächst 16,50 m Spannweite, Normalprofil Gö-549 und Schmetterlingsleitwerk 1957 als Lom 55 V-1 Libelle (V-2 diente statischen Tests) verlief wenig befriedigend. Der Prototyp wog 70 kg mehr als berechnet, und die Stabilität um Quer- und Hochachse war mangelhaft. Die drei Konstrukteure des FES-530 Lehrmeister erhielten daraufhin den Auftrag zur Überarbeitung des Musters und sorgten schließlich für ihren zweiten großen Erfolg. Als Lom 57 V-3 Libelle, nun mit konventionellem Kreuzleitwerk, ging sie in die Flugerprobung und begründete so ein erfolgreiche Familie

oben: Die Meise aus Lommatzscher Produktion, eine überarbeitete Vorkriegskonstruktion.
Im Bild: Außer den in Lommatzsch neu in Serie produzierten Meisen gab es in der DDR auch eine Olympia-Meise von 1944 und diese beim Aeroklub der SDAG-Wismut in Eigenbau entstandene Meise mit dem Namen „Sepp Wenig".

unten: Zwei von nur vier gebauten Exemplaren der Lo-Meise, im Hintergrund ein interessanter Schleppzug: CSS-13 mit Baby IIb am kurzen Seil.

von Leistungssegelflugzeugen. Gebaut und bei der GST eingesetzt wurden ab 1959 die Lom 57 Libelle mit 16,50 m Spannweite (13 Exemplare), die 20 cm kürzere Lom 57/I (11), die Lom 58 Libelle-Standard mit 15-m-Flächen (6) sowie die wiederum 20 cm kürzere Lom 58/I Libelle-Standard als Hauptmuster (61) und als krönender Abschluss ab 1961 der Hochleistungs-Einsitzer Lom 58/II Libelle-Laminar (22). Letztgenanntes Muster unterschied sich von den Vorgängern durch ein zeitgemäßes NACA-Laminarprofil und Wölbklappen. Die für die damalige Zeit einmalige Oberflächengüte des Tragflügels mit 16,50 m Spannweite wurde u.a. durch eine Kaschierung mit Dural-Folie erzielt. Das Gros der beliebten Libellen flog bis Ende der 70er Jahre, eine Laminar wurde sogar erst 1984 aus dem Register gelöscht. Sechs Libellen konnten exportiert werden, eine davon auf verschlungenen Pfaden 1960 sogar nach Westdeutschland.

Aufgrund des hohen Bedarfs an Übungsflugzeugen versuchten sich die Lommatzscher ab 1959 an einer Weiterentwicklung der Meise. Die Fertigungstechnologie des Tragflügels wurde vereinfacht, die Kabine erhielt eine nichttragende GFK-Verkleidung und die gesamte Statik des Rumpfvorderteils übernahm ein Duralträger, der im Falle einer zu harten Landung leicht ausgewechselt werden konnte. Darüberhinaus spendierte man der nun Lom 59 Lo-Meise genannten Konstruktion ein Landerad und eine moderne Vollsichthaube. Die Flugeigenschaften waren Meise-typisch unkompliziert, so dass die Umschulung vom Doppelsitzer Lehrmeister problemlos war. Der Erstflug fand im Juli 1960 statt, trotz aller Vorzüge wurden jedoch nur vier Exemplare gefertigt, deren letztes 1979 ausgemustert wurde.

Zu Hochform, auch im internationalen Vergleich, liefen die Lommatzscher dann 1961 mit ihrer letzten Konstruktion vor der Liquidierung des gesamten DDR-Flugzeugbaus auf: Mit dem Lom 61 Favorit zogen sie alle Register der Holzbauweise und schufen ein Standardklasse-Flugzeug, das den konstruktiven Aufwand mit etlichen Rekorden belohnte. Dank seiner ausgezeichneten Schnellflugpolare erreichte er Leistungen, die anderswo erst

oben: 2. DDR-Segelflugmeisterschaften 1960 in Schönhagen. Fast allen Piloten stand die Lommatzsch Libelle-Standard zur Verfügung.

Mitte: Lom 55 V2, DDR-2502, der 2. Prototyp der Libelle im Pavillon der Luftfahrtindustrie zur Leipziger Messe 1957.

unten: Lom 57 Libelle DM-2509, eine „große" Libelle mit 16,5 m Tragwerk.

oben: Verbandsflug einer der letzten noch im Einsatz befindlichen Lom 58/I Libelle Standard mit einem Jantar-Standard in den 80er Jahren nahe dem Rennsteig in Thüringen.

unten: Auf den Tragflächen dieser Lom 58/II Laminar-Libelle des ASV erkennt man deutlich den Überzug aus Aluminiumfolie zur Verbesserung von Oberflächengüte und Profiltreue.

Jahre später mit GFK-Flugzeugen erzielt wurden. Andererseits hatte er seine Handicaps beim Kreisen in der Thermik. Beim steilen Kurbeln erreichte man schnell den kritischen Anstellwinkel. Der extrem niedrige Rumpf und die daraus resultierende halbliegende Sitzposition und schmale Kabine trugen ebenfalls zu den nicht gerade optimalen Flugeigenschaften bei.
Dennoch ist die Leistung der Lommatzscher Konstrukteure auch deshalb hoch zu bewerten, wenn man bedenkt, dass nur einheimische luftfahrttaugliche Werkstoffe (mit Ausnahme der Leitwerksbespannung aus Lanon) und keinerlei Möglichkeiten für Messreihen im Windkanal zur Verfügung standen.
Auch für den Favorit war eine ganze Familie vorgesehen, so Lom 62 mit Wölbklappen oder Lom 64 mit 16,50 m-Fläche für die Offene Klasse. Gebaut wurden jedoch vor Einstellung des DDR-Flugzeugbaus nur die fünf Lom 61 Favorit, der letzte flog bis kurz vor der deutschen Wiedervereinigung.
Zu den damals vielseitigen Aktivitäten im DDR-Segelflug zählten auch zwei Motorsegler-Entwicklungen. Sie entstanden zwischen 1954 und 1959 unter Professor Hermann Landmann am Institut für Flugzeugkonstruktion der Technischen Hochschule Dresden als Studienprojekte. Es war dies zunächst der Motorsegler La 16 (V-1) Lerche mit 12,5 m Spannweite, Schmetterlingsleitwerk und Zweitaktmotor Kroeber M4 (13,4 kW) aus Vorkriegsproduktion, dessen Erstflug im Dezember 1955 stattfand. Er ging im Juli 1956 durch Leitwerksbruch verloren, Testpilot Karl Treuter konnte sich mit dem Fallschirm retten. Die Weiterentwicklung La 16 V2 Heidelerche erhob sich im Oktober 1962 in die Luft und wurde erst 1976 aus dem Register gelöscht. Letzte realisierte Konstruktion Landmanns war die nicht eigenstartfähige La 17 mit 12-kW-Motor, die ab 1959 nur wenige Teststarts absolvierte. Die Motorsegler-Entwicklungen wurden danach nicht

1

2

3

4

1 Eine Lom 58/II Libelle Laminar der Armeesportvereinigung ASV in silbernem Look.

2 Letzter in der DDR produzierter Segelflugzeugtyp Lom 61 Favorit.

3 Die sehr elegante Foka aus Polen, hier in der Version SZD-24C.

4 Lom 59 Lo-Meise mit nachträglich hinzugefügten roten Kontrastflächen, wie es ab den 70er Jahren bei vielen Segelflugzeugmustern der DDR Praxis wurde, um die Erkennbarkeit im Luftraum zu verbessern.

oben: DM-2704, fünfter und letzter Favorit, zugleich letztes in der DDR produziertes Flugzeug überhaupt. Im Cockpit der DDR-Meister von 1959 Manfred Blauert und davor der ehemalige FLIEGER REVUE Redakteur Peter Stache. Im Bild: Der Favorit im Fluge in der Nähe des Flugplatzes Jena-Schöngleina.

mehr weitergeführt. Nachdem der Segelflugzeugbau eingestellt worden war, mussten die besten DDR-Piloten auch die Hoffnung aufgeben, auf einem weiter entwickelten Favorit oder einem ebenfalls in der Entwicklung befindlichen Hochleistungssegler vorn mitfliegen zu können. Allerdings erhielten sie wieder bewährte polnische Leistungs- und Wettbewerbsflugzeuge, so zunächst 1963 zwei SZD-24C Foka. Die guten Erfahrungen (Leistungen, Flugeigenschaften), die man mit diesen Standardklasseflugzeugen in Holzbauweise gemacht hatte, bewogen die Verantwortlichen, ab 1966 28 weiterentwickelte SZD 24-4 Foka 4 nachzuordern, die teilweise noch heute als beliebtes Clubflugzeug eingesetzt werden. Mit der eleganten Foka 4 mit Laminarprofil sind international sieben Weltrekorde erflogen worden, und 1965 gelang Jan Wroblewski aus Polen das einmalige Husarenstück, sich mit einem Standardklasseflugzeug den Weltmeistertitel der Offenen Klasse zu holen.

unten: Die zweisitzige La-17 war mit dem Motor des bekannten DDR-Motorrads BK 350 ausgerüstet.

oben links: Der Motorsegler La-16 V1, der Motor (hinter dem Cockpit mit Druckschraube) ist noch nicht installiert.

oben rechts: Stand am Beginn der Ära polnischer Segelflugzeuge in der DDR, erste SZD-24C Foka 1962 in Schönhagen.

Mitte: Bei einem Testflug der La-16 V1 ohne Motor im Mai 1957 montierte das Leitwerk ab, der Pilot Karl Treuter konnte sich mit dem Fallschirm retten. Hier Prof. Landmann, der vor den Trümmern des Flugzeugs steht.

unten: Nachfolger der verunglückten V1 wurde die La-16 V2 Heidelerche.

Polikarpow Po-2/CSS-13

Einsatz: **1952 bis 1976**

Stückzahl: **24**

Hersteller: **Staatl. Flugzeugwerk Nr. 412 Rostow am Don**
Staatl. Flugzeugwerk Nr. 3 „Krasny Lotschik", Leningrad
Staatl. Flugzeugwerk Nr. 387 u.a., alle UdSSR
WSK Krosno, Polen

oben: Po-2 der Flugzeugschleppstaffel Cottbus der VP-Luft, hier bereits KVP/VdAK 1954.

unten: Po-2 der Armeeflugsportler des ASV mit militärischen Hoheitszeichen.

Die tausendfach gebaute und bewährte Polikarpow Po-2 gehörte neben Jak-11, Jak-18 und An-2 zu den ersten Flugzeugen, die im August/Oktober 1952 in der DDR den Flugbetrieb bei der VP-Luft (auch KVP-Luft genannt – Vorläufer der Luftstreitkräfte) aufnahmen. Um den Aufbau der VP-Luft zu unterstützen, hatten Einheiten der auf dem Gebiet der DDR stationierten sowjetischen Luftstreitkräfte im Zeitraum August 1952 bis Anfang 1953 aus ihrem Beständen vier oder fünf Po-2 an die VP-Luft abgegeben. Eines dieser Flugzeuge war interessanterweise eine Sanitätsvariante S-2 mit geschlossener Kabine. Die in dieser Zeit gebildete 1. Fliegerdivision nutzte die Maschinen anfangs für allgemeine Verbindungsflüge. Für die Schulung kamen die „Podwas" nicht mehr in Frage, dafür standen ja von Anfang an Jak-18 zur Verfügung. Der Rufname „Podwa" setzte sich aus der Typenabkürzung Po (für den Konstrukteur Polikarpow) und dem russischen Wort dwa, für zwei, zusammen. Bald dienten die Po-2 auch für Sportflüge der Flugsportgruppen, die sich an den Standorten der VP-Luft gebildet hatten.
Als Anfang 1956 der Betrieb von Motorflugzeugen in der DDR offiziell erlaubt wurde, konnte die GST (Gesellschaft für Sport und Technik) nun eigene Motorflugzeuge betreiben. Die ersten waren vom Typ Po-2, und sie wurden der GST ebenfalls von den sowjetischen Luftstreitkräf-

ten in der DDR geschenkt. Am 8. Mai 1956 landeten drei Po-2, von der sowjetischen Basis Jüterbog kommend, auf dem GST-Flugplatz Schönhagen. Oberleutnant Trojekubow übergab die Flugzeuge an den GST-Funktionär Fritz Fliegauf. Diesen ersten Exemplaren folgten noch vier weitere und sie erhielten alle Registrierungen in der DM-WA...-Reihe. Auf den Doppeldekkern wurden die ersten Motorfluglehrer der GST ausgebildet, außerdem dienten die Maschinen dem Segelflugzeugschlepp. Eine weitere neu entstandene Sportart war der Fallschirmsport. Hatte man bis dahin nur die Möglichkeit gehabt, von einigen Sprungtürmen zu springen, so konnte man nun die Po-2 für Sprünge aus dem Flugzeug nutzen.

Aus der KVP war, ebenfalls im Jahr 1956, die NVA geworden. Das schwarz-rot-goldene Hoheitszeichen ersetzte fortan den roten Stern an den Flugzeugen.

Die Flugsportler an den NVA-Standorten wurden in der Armeesportvereinigung ASV organisiert. Ihre Segelflugzeuge behielten jedoch die zivilen Registrierungen und waren im Luftfahrtregister unter Halterschaft der GST eingetragen. Die Schleppflugzeuge aber erhielten zunächst vierstellige Nummern und militärische Hoheitsabzeichen. Ab 1959 kamen die „ASV-Podwas" dann wahrscheinlich doch in das zivile Register und zwar in der DM-WC...-Reihe. Die meisten flogen aber mit ihren militärischen Nummern und Kennzeichen weiter oder wechselten zwischen beiden äußeren Erscheinungsbildern. Die Gründe hierfür und die Einzelheiten dazu konnten bis heute nicht eindeutig geklärt werden. Bei den GST- und Armeesportfliegern erlangten die Po-2 einen legendären Ruf. Sie galten als robust, zuverlässig, und es gab nichts, was man mit einer „Podwa" nicht machen konnte.

Doch die recht alten, von den Russen übernommenen Maschinen, die noch während des 2. Weltkriegs produziert worden waren, mussten nach fünf bis acht Jahren intensiver Nutzung abgeschrieben werden. Techniker berichten, beim Entfernen der Flügelbespannung während einer Reparatur mußten sie z.B. feststellen, dass die Formteile für die Randbögen aus gebogenen Weidenruten bestanden.

oben: Die Kabinen-Podwa Po-2/S-2 der VP-Luft 1952, später DM-WCQ, rechts im Vordergrund ein Flugsportler in FDJ-Kleidung.

unten: DDR-Flugsportfunktionär der ersten Stunde, Fritz Fliegauf, im vorderen Cockpit.

Um aber nicht auf die guten Dienste dieses Flugzeugtyps verzichten zu müssen, beschaffte der DDR-Flugsport 1965 bis 1967 zwölf gebrauchte Maschinen aus Polen. Diese waren dort unter der Bezeichnung CSS-13 bei WSK in Krosno in Lizenz gefertigt worden. Diese umgangssprachlich ebenfalls als „Podwas" bezeichneten Flugzeuge hatten ein geringeres Alter und waren mit dem Motor M-11FR der Jak-18 ausgerüstet. Dieses Triebwerk leistete 117 kW gegenüber 91 kW des M-11D der Ori-

oben links: Absprung eines GST-Fallschirmsportlers der ersten Generation von einer Po-2.

oben rechts: Po-2 der GST beim Schlepp einer Jaskolka, ca. 1958.

ginalversion. Bis auf die DM-WCQ erhielten alle CSS-13 wieder Kennzeichen aus der DM-WA...-Reihe, wobei Kennzeichen der originalen Po-2 z.T. wiederverwendet wurden. So verlängerte sich die Ära der „Podwa"-Flugzeuge bei GST und ASV noch einmal um 6 bis 7 Jahre.
Die Einführung immer schnellerer Hochleistungssegelflugzeuge mit Laminarprofilen begrenzte jedoch bald die Verwendungsfähigkeit der langsamen „Podwas" als Schleppflugzeuge. Ab 1971 mussten sich Piloten und Techniker schweren Herzens von ihren geliebten Veteranen trennen, denn sie wurden außer Dienst gestellt und größtenteils verschrottet. Die letzte CSS-13 wurde im Mai 1976 aus dem Register gestrichen. Ein Exemplar blieb erhalten, es wurde im Armeemuseum Dresden unter die Decke gehängt. Mit roten Sternen versehen, soll die CSS-13 dort eine Po-2 aus der Zeit des 2. Weltkriegs darstellen. Eine zweite CSS-13 hat in einem Hangarwinkel in Riesa-Canitz überlebt und wird derzeit wieder bis zum flugfähigen Zustand restauriert.

rechts: „Feldmäßige" Wartungsarbeiten an der DM-WCQ.

RECHTE SEITE:
oben: Auch die Schönhagener Podwa DM-WAV trug am Leitwerk das Wappen der Gesellschaft für Deutsch-Sowjetische Freundschaft (DSF).

Technische Daten

Po-2

VERWENDUNGSZWECK:	Schul- und Sportflugzeug
BESATZUNG:	2
SPANNWEITE in m:	11,40
LÄNGE in m:	8,20
HÖHE in m:	3,00
FLÜGELFLÄCHE in m^2:	33,15
LEERMASSE in kg:	665
STARTMASSE max. in kg:	985
HÖCHSTGESCHW. in km/h:	145
REISEGESCHW. in km/h:	110
STEIGLEISTUNG in m/s:	2,3
REICHWEITE in km:	470
DIENSTGIPFELHÖHE in m:	3 000
TRIEBWERK:	ein 5zyl. Sternmotor M-11D
LEISTUNG in kW:	92

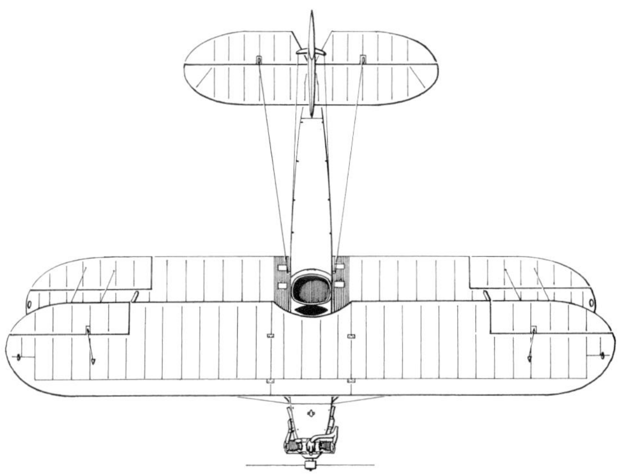

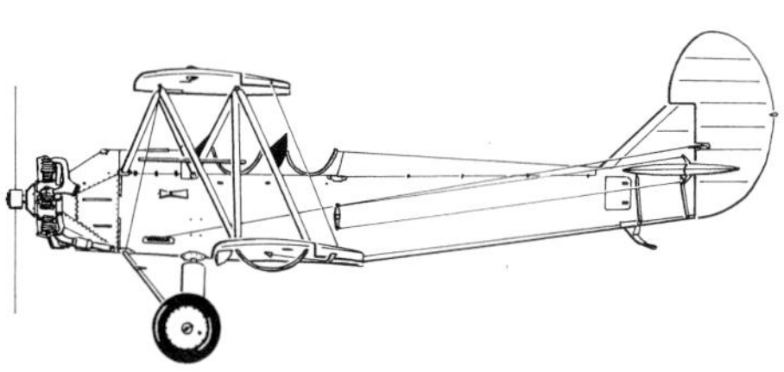

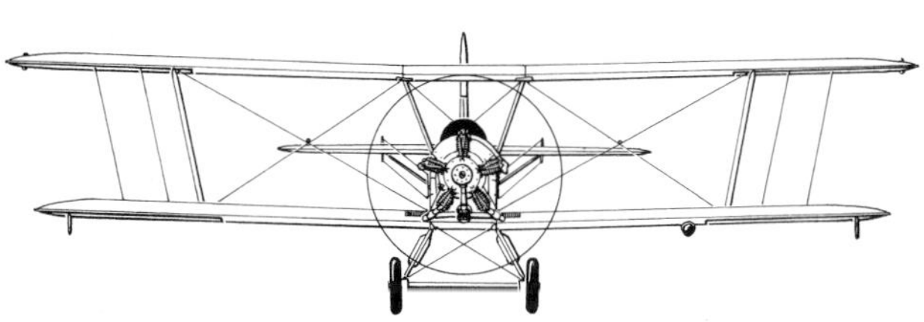

Technische Daten

CSS-13 (polnischer Lizenzbau):

VERWENDUNGSZWECK:	Schul- und Sportflugzeug
BESATZUNG:	2
SPANNWEITE in m:	11,40
LÄNGE in m:	8,20
HÖHE in m:	3,00
FLÜGELFLÄCHE in m^2:	33,15
LEERMASSE in kg:	770
STARTMASSE max. in kg:	1120
HÖCHSTGESCHW. in km/h:	150
REISEGESCHW. in km/h:	110
STEIGLEISTUNG in m/s:	2,5
REICHWEITE in km:	430
DIENSTGIPFELHÖHE in m:	3 000
TRIEBWERK:	ein 5zyl. Sternmotor M-11FR
LEISTUNG in kW:	118

1

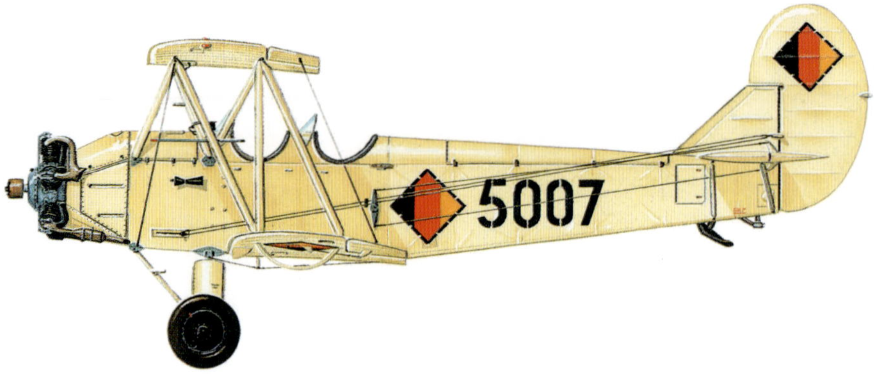

2

oben: Po-2 DM-WAT kam auch ursprünglich von den sowjetischen Streitkräften und stand bis 1959 im DDR-Zivilregister.

rechts: Nicht ganz ungefährlich, Landung mit Schleppseil.

3

4

5

6

7

1 Po-2 des ASK „Vorwärts", 1957

2 Po-2 (DM-WAB) der GST mit spezieller Verkleidung des Höhensteuerumlenkhebels für den Fallschirmsprung, 1957

3 Po-2 (DM-WCR) des GST-Fliegerklubs der TH Dresden, 1959

4 Diese Po-2/S-2 im GST-Einsatz hatte ein Fenster mehr als die die anderen S-2-Flugzeuge, um 1958

5 Po-2 (DM-WAL) der GST mit Motorteilverkleidung und DSF-Wappen an der Seitenflosse, etwa 1959

6 Po-2 der Segelflieger des ASK „Vorwärts" in Strausberg, 1963

7 CSS-13 der GST mit Hersteller-Wappen WSK an der Seitenflosse, etwa 1970

oben: Ein interessantes Unikat in der DDR stellte diese auch als S-2 bezeichnete Kabinenversion der Po-2 dar.

Mitte: Wegen ihrer ursprünglichen Verwendung als Sanitätsflugzeug im 2. Weltkrieg nannten die Flugsportler ihre WCQ auch „Sanitnaja".

unten: Diese schöne „Noseart"-Krähe zierte die DM-WCR der Flugsportgruppe der Luftfahrtfakultät an der TH Dresden.

oben: CSS-13 DM-WAB blieb bis 1971 im Einsatz.

Mitte: Die CSS-13 DM-WAW der GST Anfang der 70er Jahre.

links: Blick auf den Motor M-11FR einer CSS-13, die verkleideten Ventilstößel- und Kipphebel sind ein gutes Unterscheidungsmerkmal zum M-11D der Original-Po-2, bei der diese frei lagen.

Antonow An-2

Einsatz: **1952 bis 1990**

Stückzahl: **74**

Hersteller: **Staatl. Flugzeugwerk Nr. 473, Kiew-Swiatoshino, UdSSR**
PZL Mielec, Polen

oben: Die 802 der Schleppstaffel Cottbus der VP-Luft mit sowjetischen Hoheitszeichen, 1953.

unten: Die weiße '806' Werknr. 17912, hier 1957 in Leipzig-Mockau, wurde später zur schwarzen '857'.

Zu den bekanntesten und meistgebauten Flugzeugen der Welt gehört die Antonow An-2. Sie ist der größte heute noch existierende Doppeldecker. Die ersten Motorflugzeuge, die neben Jak-11 und Jak-18 ab 1952 in der DDR zum Einsatz kamen, als es nach dem Potsdamer Abkommen eigentlich noch gar nicht erlaubt war, waren An-2. Doch im Gegensatz zu den anderen Typen stand sie auch bis zum letzten Tag der DDR im aktiven Dienst bei den Luftstreitkräften, der Fluggesellschaft Interflug und der GST.

Einsatz in der NVA

Es dürfte wohl ziemlich einmalig sein, dass ein Flugzeugtyp in einer Luftwaffe 37 Jahre lang ununterbrochen im aktiven Bestand ist. Dazu kommt noch, dass die meisten der Flugzeuge über 30 Jahre lang im Einsatz blieben, ohne zwischendurch ausgetauscht zu werden.
Nachdem die SED im Juli 1952 die Aufstellung von nationalen Streitkräften beschlossen hatte, wurde die VP-Luft gebildet. Zu ihren ersten Flugzeugen gehörten ab August dieses Jahres zwei An-2. Da die Aufstellung der Streitkräfte noch geheim bleiben musste und der Besitz und Betrieb von Motorflugzeugen laut alliierter Abmachungen für Deutschland noch nicht erlaubt war, erhielten die Maschinen rote Sowjetsterne als Kennzeichen. Stationiert waren sie teils in Strausberg, teils in Cottbus, wo

sie zur so genannten Schleppstaffel gehörten. Zwei der An-2 gehörten dann ab 1955 der in diesem Jahr gebildeten Fliegerschule in Kamenz an. Sehr bemerkenswert ist, dass eine dieser „Ur"-Annas noch heute als D-FOFM beim fliegenden Museum Josef Koch fliegt.

Mit Gründung der NVA 1956 gingen die An-2 in den Bestand der LSK/LV ein und dienten zuerst bei der Transportfliegerschule in Dessau. Bei der danach erfolgten Teilung der Schule in mehrere Ausbildungsgeschwader kamen die An-2, deren Anzahl ab 1957 auf 18 angestiegen war, im TAG-17 und TAG-27 in Garz/Heringsdorf bzw. Brandenburg-Briest zum Einsatz.

Nach der vorläufigen Einstellung der Transportfliegerausbildung in der NVA wurden die Annas, deren Anzahl bis 1962 weiter angestiegen war, auf andere Einheiten aufgeteilt. 1974/75 kamen drei, und 1978 noch einmal zwei Maschinen polnischer Produktion hinzu. Folgende Einheiten hatten An-2 im Bestand:

- Verbindungsfliegerstaffel VFS-25, 1973 in VS-25 umbenannt, ab 1983 VS-14 in Strausberg, gebildet 1958;
- Verbindungsfliegerkette VFK-31 der 1. Luftverteidigungsdivision in Cottbus, seit Anfang der 60er Jahre;
- Verbindungsfliegerkette VFK-33 der 3. Luftverteidigungsdivision in Neubrandenburg/Trollenhagen, seit Anfang der 60er Jahre;
- 4. Kette (Fotokette) der Transportfliegerstaffel TS-27, 1971 in TS-24 umbenannt, in Dresden, ab 1963;
- Stab der Offiziersschule, später Offiziershochschule (OHS) in Kamenz, ab 1955;
- Transportfliegerausbildungsstaffel TAS-45 in Kamenz, gebildet 1986;

Die höchste Zahl von An-2, die sich zur gleichen Zeit in der NVA im Einsatz befand, betrug 32 Maschinen.

Die Aufgaben der An-2 Flugzeuge in den LSK/LV waren:

- Fallschirmsprungausbildung von Flugzeugführern, Fallschirmwarten und Armeesportlern, Abwurf von Testpuppen für Fallschirmerprobung. Die Fallschirmsportler des MfS Sportklubs SC Dynamo Eilenburg wurden von An-2 der VS14/25 abgesetzt. Die Kosten der dafür eingesetzten Flugzeuge und für das Personal trug die Stasi.

oben: NVA-Annas 1957 kurz nach der Indienststellung.

unten: Ein seltenes Fotodokument aus den Zeiten der VP-Luft. Es zeigt eine der beiden ersten An-2 '801 oder '802'?

oben links: Die '459' etwa 1958, noch mit der sogenannten „Säbelblatt"-Luftschraube WISch-509A-D7.

oben rechts: Eine von fünf Maschinen, die in einer zivilen gelben Bemalung an die NVA geliefert wurden, war die '822'.

unten: Abstell-Linie der Verbindungsfliegerstaffel VS-14 in Strausberg Anfang der 80er Jahre.

im Bild: '803', eine der neueren PZL An-2 aus polnischer Produktion der NVA.

• Ausbildung von Transportflugzeugführern, Navigationsbelehrungsflüge für Navigatoren und Stabskursanten.

• Kurier- und Verbindungsflüge zur Beförderung von Personen, Dokumenten und kleinen Lasten zwischen den Einheiten und Standorten.

• Allgemeine Transportaufgaben bei der Verlegung von Personen und Material.

• Flüge mit Luftbildausrüstung zur Fotoaufklärung und -vermessung von militärischen und zivilen Objekten.

• Zieldarstellung und Simulation des Einsatzes von chemischen Kampfstoffen für Land- und Seestreitkräfte. Dazu wurden unschädliche Farbstoffe über Stellungen und Schiffen abgesprüht. Die Flugzeuge '440' und '450' waren dafür mit der Anlage AM-42 ausgerüstet. Auch die Wirksamkeit der Tarnung von Einheiten wurde durch Überflüge überprüft.

• Funkaufklärung und Gegenwirkung, dazu hat man einen Behälter in Form einer nach außen gewölbten Wanne mit speziellen FEK-Geräten an Stelle der ausgehängten Einstiegstür an der '839' befestigt.

Annas der LSK/LV flogen unter allen Wetterbedingungen, im Sommer und im Winter, auch nachts und nach Instrumentenflugregeln. Sie operierten nicht nur von Militärflughäfen aus, sondern auch von unebenen GST-Flugplätzen, von provisorischen Agrar-Arbeitsflugplätzen und Landestreifen auf Übungsgeländen der Landstreitkräfte.

Während der 37jährigen intensiven Nutzung von fast 40 An-2 in den Luftstreitkräften sind nur zwei Flugzeuge durch Unfälle verloren gegangen, das spricht sicher für die außerordentliche Sicherheit und Zuverlässigkeit der An-2, aber auch für den guten Ausbildungsstand des Per-

1 Die '801' der NVA mit dem frühen Hoheitszeichen. Später gab es nur noch schwarze Nummern und Umrandungen der Hoheitszeichen.

2 Die '845' gab die Lufthansa an die NVA ab. Der silbrige Anstrich und der blaue Blitz blieben vorerst erhalten, später erhielt das Flugzeug Tarnanstrich.

3 Die '440' war eine der in der gelben Standardbemalung an die NVA gelieferten An-2, die nach der ersten Generalüberholung dann ebenfalls einen Tarnanstrich erhielt.

4 Braun-grün getarnte PZL An-2 '803' der NVA, die Tragflügel- und Leitwerksstreben hatten ebenfalls Tarnanstrich anstatt der üblichen hellblauen Färbung.

oben links: Diese Aufnahme der '857' zeigt, dass die Tarnbemalung gut funktioniert. Heute fliegt diese Maschine in Venezuela.

oben rechts: '855', die einzige Passagier-An-2 der NVA mit eckigen Fenstern in Strausberg.

Mitte: Die '450' mit schwarzer Nummer und neuem Hoheitszeichen im Verbandsflug mit einer weiteren An-2.

sonals. Es gab ein paar Zwischenfälle, die nicht mit Totalverlust des Flugzeugs endeten. So wurde im Juni 1961 die '856' beim Start in Garz überzogen und stark beschädigt, sie konnte jedoch von der Werft Kamenz vor Ort repariert werden. Eine andere An-2 hatte im Mai 1960 in Dessau eine größere Havarie. Ein weiterer Unfall ereignete sich Anfang der 60er Jahre in Barth, als eine An-2 durch eine Windböe bei der Landung in eine andere An-2 getrieben wurde. Die stärker beschädigte Maschine schleppte man danach, natürlich ohne Tragflächen, auf ihrem eigenen Fahrwerk auf dem Landweg nach Schkeuditz zur Reparatur. Dabei sollen drei Satz Reifen verbraucht worden sein! Außer den zwei Verlusten gab es keine weiteren Bestandsveränderungen, sieht man vom Weg- bzw. Zugang der an die GST abgegebenen Maschinen ab.

Nach der politischen Wende in der DDR, als es unter dem Verteidigungsminister Eppelmann zu ersten Abbaumaßnahmen in der NVA kam, gab man zehn An-2 an die ebenfalls in den letzten Zügen liegende Interflug ab. Dann, als die NVA im Oktober 1990 aufhörte zu existieren, wurden alle im Bestand verbliebenen Annas in der TAS-45 in Kamenz zusammengezogen. Die meisten gingen in den Besitz der Firma mit dem bandwurmartigen Namen 'Sächsische Luftfahrt Service, Training, Wartung, Consulting und Leasing GmbH & Co, Kamenz', über. Diese Firma war aus der ehemaligen NVA-Werft in Kamenz entstanden. In den folgenden Jahren gingen diese Flugzeuge an neue Halter im In- und Ausland.

Einsatz in der GST

Fast ausschließlicher Haupteinsatzzweck der An-2 in der GST war das Absetzen von Fallschirmspringern. Die Entwicklung des Fallschirmsports zu einem Breitensport in der DDR wurde überhaupt erst durch die An-2 möglich. Auch die zeitweise hervorragenden Ergebnisse im Leistungssport waren nur Dank des gegenüber anderen Absetzflugzeugen verhältnismäßig wirtschaftlichen Einsatzes der Anna möglich. Die ersten zwei An-2 erhielt die GST 1958, sie waren über NVA-Etat importiert worden und hatten auch eine taktische Nummer zugewiesen bekommen, gingen jedoch gleich weiter ins Zivilregister unter GST-Halterschaft. Bis dahin waren nur Sprünge von ein paar Sprungtürmen und Einzelsprünge aus der Po-2 möglich gewesen. Nur in Ausnahmefällen konnten Gruppensprünge aus Li-2 ausgeführt werden, die von den sowjetischen Streitkräften in der DDR zur Verfügung gestellt wurden. Eine dritte An-2 kam 1960, ebenfalls über die NVA angeschafft, dazu. Zusammen mit den inzwischen vorhandenen 13 L-60-Absetzflugzeugen (für je drei Springer) war nunmehr eine gute Basis für die systematische Fallschirmsprungausbildung gegeben.

Die Einführung von 14 neuen An-2 ab 1968 wurde erforderlich, weil die L-60 nicht mehr für den Fallschirmsprung zur Verfügung standen. Die ungünstigen konstruktiven Bedingungen beim Absprung hatten zu Unfällen geführt. Außerdem mußte die GST nun zusätzlich Fallschirmjäger für die NVA ausbilden und den Sprungbetrieb des MfS-Sportclubs Dynamo Hoppegarten sicherstellen.

An-2:

VERWENDUNGSZWECK:	Mehrzweckflugzeug
BESATZUNG:	1 bis 3
PASSAGIERE:	12 oder 2 t Fracht
SPANNWEITE in m:	18,18
LÄNGE in m:	12,74
HÖHE in m:	4,0
FLÜGELFLÄCHE in m^2:	71,51
LEERMASSE in kg:	3 445
STARTMASSE max. in kg:	5 500
HÖCHSTGESCHW. in km/h:	230
REISEGESCHW. in km/h:	190
STEIGLEISTUNG in m/s:	3,6
REICHWEITE in km:	1 390
DIENSTGIPFELHÖHE in m:	4 160
TRIEBWERK:	ein 9zyl. Sternmotor Schwezow ASch-62IR
LEISTUNG in kW:	746

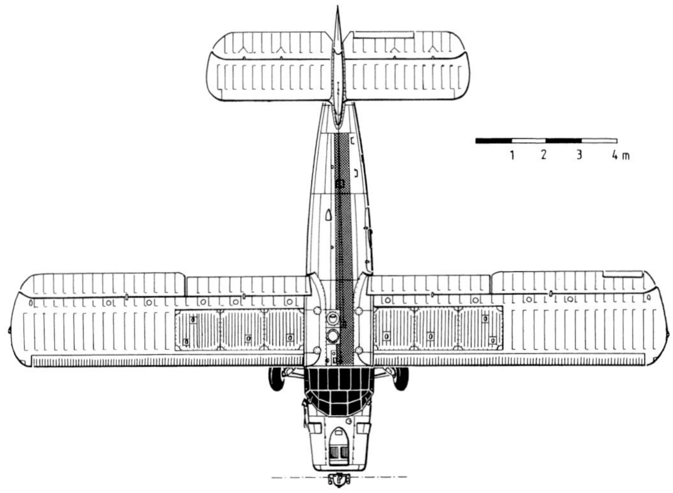

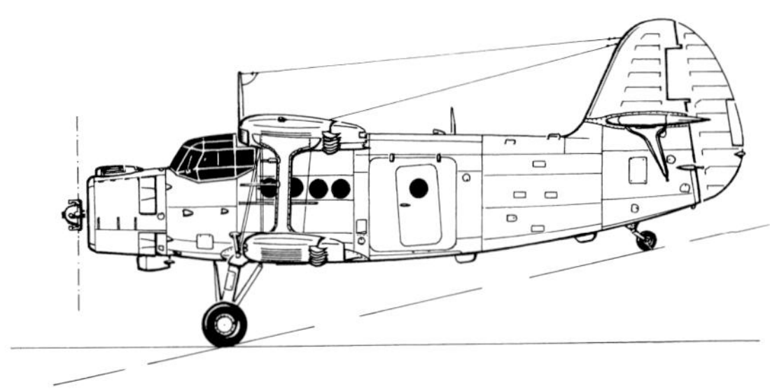

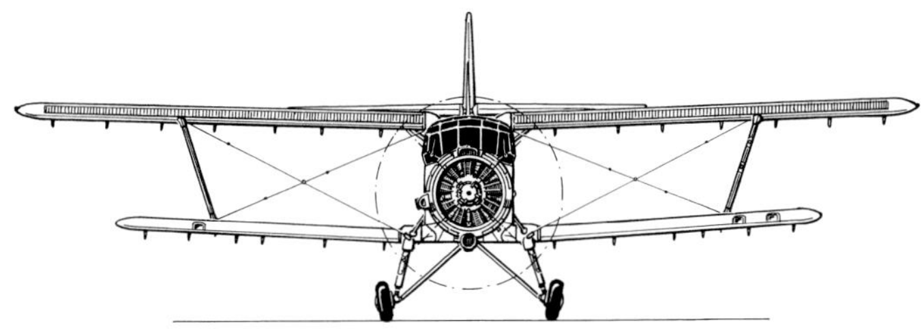

Die neuen Annas aus polnischer Lizenzproduktion erschienen zuerst in einem zivilen Look, oben weiß und unten grau mit einem blauen Fensterstreifen. Doch bald bekamen sie ein schlichtes Militärgrün verpaßt.
Von den drei alten An-2 gingen WCX und WCZ 1979 bzw. 1976 an die NVA zurück, während WCY schon 1974 aus dem Zivilregister, vermutlich als Folge einer Havarie, gelöscht wurde. Die Flugzeuge waren auf die Ausbildungszentren verteilt und dienten auch allgemeinen Aufgaben. So zum Beispiel bei Flugsportwettkämpfen im In- und Ausland als Transport- und Begleitmaschinen. Deshalb wurden einige GST-Besatzungen trainiert, um international und unter IFR-Bedingungen zu fliegen. Nach dem Ende der DDR und der GST wollten einige Flug- und Fallschirmsportklubs sich mit ihren An-2 selbstständig machen. Doch alle Annas gingen erst einmal in die Halterschaft des Bundes Technischer Sportverbände (BTS) ein. Diese von der Treuhandanstalt kontrollierte Nachfolgeeinrichtung der GST gab dann die Flugzeuge an Sportklubs und andere Halter weiter.

Einsatz bei der Interflug

Zunächst waren alle zivilen An-2 bis 1963 der Deutschen Lufthansa der DDR zugeordnet. Die eingeführten Maschinen waren Landwirtschaftsversionen An-2S. Von Anfang an hatte man die An-2 für den Passagiereinsatz im Inlandsverkehr auf den Strecken nach Karl-Marx-Stadt (heute Chemnitz) vorgesehen, dessen Flughafen keinen Flugbetrieb mit IL-14 zuließ. Außerdem wurden die An-2 für Rundflüge eingesetzt. Damit sollte der Bevölkerung im größeren Umfang für wenig Geld die Fluggelegenheit geboten werden. Dazu baute man im Maschinen- und Apparatebau in Leipzig-Schkeuditz sieben An-2 zu Passagierflugzeugen um.
Sie erhielten u.a. eine schöne Inneneinrichtung mit Sesseln und große, viereckige Fenster. Doch interessant ist auch, dass die damalige DDR-Flugzeugindustrie diese Maschinen schon den angelsächsischen Vorschriften für Passagierflugzeuge entsprechend umbaute. Das erforderte u. a. die Verlegung der Hauptkraftstoffversorgungsleitungen, so dass diese außerhalb der Passagierkabine verliefen. Zu erkennen ist das an den tropfenförmigen Verkleidungen links und rechts hinter dem Cockpit, direkt unter dem Oberflügel. Dieses Detail blieb beim später durchgeführten Rückbau der Maschinen zur Agrarversion erhalten, ebenso wie die viereckigen Fenster.
Als die ökonomische Realität die Inlands- und Rundflugvorstellungen zunichte gemacht hatte, ließ man die Passagier-Annas wieder zurückrüsten. Eine An-2, die SKO, spielte eine interessante Sonderrolle. Im Auftrag der Sowjetisch-Deutschen-Aktiengesellschaft SDAG Wismut, die in der DDR Uran abbaute, betrieb die DLH dieses Flugzeug zur Erkundung von Bodenschätzen. Dazu verfügte die Maschine über ein Kernpräzisionsmagnetometer, das in der DDR entwickelt wurde. Die Magnetsonde, eine mit einem Alkohol-Wasser-Gemisch gefüllte Spule, befand sich in einem aerodynamisch verkleidetem Körper unter dem Rumpf. Beim Messflug wurde diese Sonde an einem kombinierten Kabel/Seil mittels einer in der Kabine installierten Winde auf 50 m ausgefahren und nachgeschleppt. Diese Fliegerei war recht schwierig und gefährlich, bei der vorgeschriebenen Flug-

oben: DDR-SKA des Betriebes FIF der Interflug 1988 in voller Bemalung in Berlin-Schönefeld.

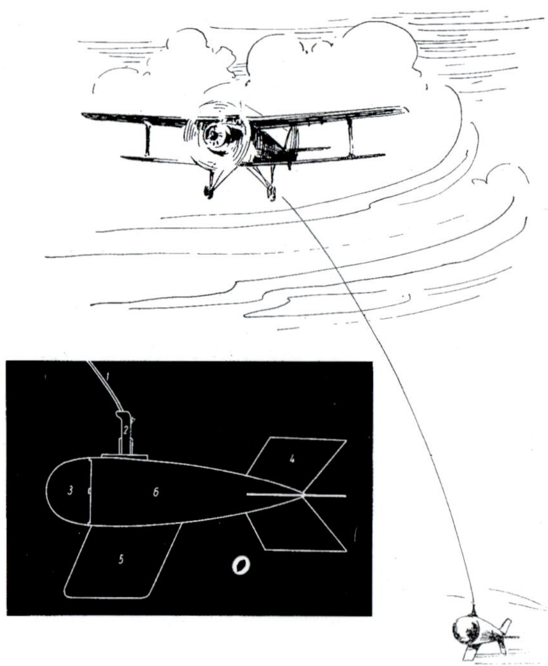

Mitte: Testflug mit Messsonde, für geophysikalischen Einsatz.

1. Kabel
2. Halte- und Führungsstutzen
3. Kopf
4. Stabilisatoren
5. Schwert zum Dämpfen der seitlichen Schwingungen
6. Sondenkörper

unten: Das Cockpit der An-2.

höhe von 150 m befand sich die Sonde nur 100 m über dem Boden und der Abstand zum Bodenprofil musste bei 140 km/h genau eingehalten werden.

Einige An-2 dienten zusammen mit den L-60 Brigadýr von Anfang an im Bereich Wirtschaftsflug der DDR-Lufthansa. Später kamen die rückgerüsteten Passagiermaschinen dazu und ab 1963 gehörten alle zum Interflug-Betriebsteil Agrarflug. Während des Einsatzes im doch nicht ganz risikolosen Agrarflug ging nur eine einzige An-2 verloren. Im Juni 1964 bohrte sich die DM-SKS in der Nähe von Magdeburg in den Acker, als sie beim Arbeitsflug hangaufwärts mit vollem Behälter nicht mehr steigen konnte. Beide Piloten kamen dabei ums Leben.

Irgendwann, Ende der 60er Jahre, stellte man Nachwuchsmangel bei Verkehrspiloten fest. Für die flugpraktische Aus- und Weiterbildung wurde 1967 bei Interflug die Abteilung „Fliegerische Aus- und Weiterbildung" geschaffen. Zu diesem Zeitpunkt waren noch An-2 und IL-14 für die praktische Ausbildung verfügbar. Die vom Betrieb Agrarflug übernommenen An-2 wurden in Leipzig-Mockau für den Einsatz als Schulflugzeug umgerüstet. Zur Umrüstung der DM-SKK, -SKC, -SKG und -SKX gehörten u.a. der Einbau eines Radiokompasses ARK, UKW-Funkstation und künstlicher Horizont für Verkehrsflugzeuge, Bremsmöglichkeit für den Fluglehrer und Notsitz für den Bordingenieur. Diese Funk-

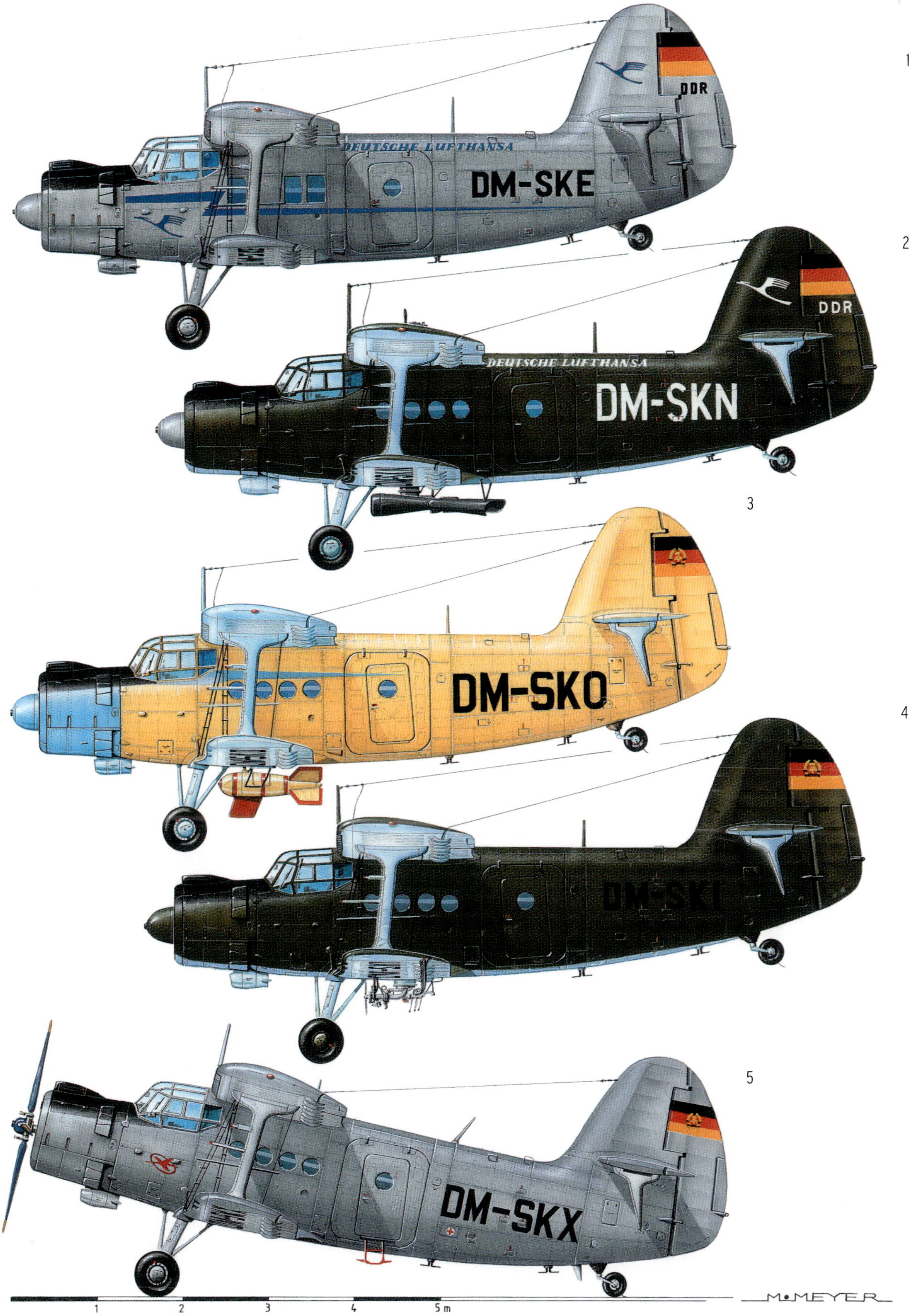

1 An-2 (DM-SKE) der Deutschen Lufthansa der DDR nach Umbau zum Passagierflugzeug in Schkeuditz, 1960.

2 An-2 (DM-SKN) der Deutschen Lufthansa mit Streuvorrichtung für den Agrareinsatz.

3 Die von der Deutschen Lufthansa für die Sowjetisch-Deutsche Aktiengesellschaft (SDAG) Wismut betriebene An-2 (DM-SKO) ist mit einer Magnetsonde zur Erkundung von Bodenschätzen ausgerüstet.

4 An-2 der Interflug im Agrareinsatz mit Sprühvorrichtung für flüssigen Kunstdünger. Es gab auch grüne Maschinen mit weißen Buchstaben.

5 An-2 (DM-SKX) der Interflug in silbermetallenem Anstrich.

oben: Beladung einer Lufthansa-An-2 mit Streugut mittels eines mobilen Krans.

unten: Bei Passagierflügen der DDR-Lufthansa mit der An-2 leistete man sich den Luxus einer Gangway.

tion wurde für die An-2 deshalb „erfunden“, um den Fluglehrer von der Triebwerksüberwachung zu befreien. Der Schulbetrieb erfolgte hauptsächlich vom Flughafen Erfurt aus, ab 1968 nahmen auch die neu in Polen bei PZL gekauften Maschinen DM-SKA und -SKY daran teil. Dann, Ende der 70er Jahre, beschloss die Interflug, neue, spezielle Landwirtschaftsflugzeuge einzusetzen und stellte die An-2 außer Dienst. Es wurden 16 Annas nach Bulgarien verkauft, vier stärker verbrauchte und durch Korrosion geschädigte verschrottete man. Nur die DM-SKK verblieb, inzwischen mit Luftbildausrüstung versehen, bei der Interflug.

Eine Sonderrolle spielte die SKQ, sie diente in der Agrarflugwerft in Leipzig-Mockau als Triebwerksprüfstand für die AI-14-Motoren der Z-37 und später der PZL-106 Kruk. Der knallgelb gestrichene Rumpf (ohne Tragflächen) erhielt am Brandschott Aufhängungen für das AI-14, über dem Rumpf einen Kraftstoff-Behälter und im Cockpit entsprechende Überwachungsgeräte. Musste nun ein überholter Motor seinen Dauertest absolvieren, wurde er an den Anna-Rumpf montiert und das Ganze an den äußersten Rand des Flugplatzes geschleppt, wo die Geräuschbelästigung für Werft und Anwohner geringer war.

Ende der 70er Jahre übernahm die Interflug verstärkt Luftbildflüge, die vorher von den LSK/LV durchgeführt worden waren. Dazu reichte die eine Fotomaschine nicht aus. So wurden die 1968 aus Polen gekauften An-2 ebenfalls mit Fotoausrüstung versehen. Sie dienten nun zusammen mit der älteren -SKK im neu geschaffenen Bereich

oben: DM-SKF der Interflug, hier etwa 1970 im Einsatz für den Fernsehfunk der DDR als Kamera- und Relaisflugzeug bei der Übertragung der Friedensfahrt.

unten: Schulbetrieb bei der Fliegerischen Aus- und Weiterbildung der IF in Erfurt.

Spezialflug, später Betrieb für Fernerkundungs-, Industrie- und Forschungsflug (FIF). Luftbildflüge im Dienst der Industrie und Landwirtschaft, darunter die regelmäßige Vermessung der riesigen Braunkohlentagebaue, aber auch Bodenschätzeerkundung mit jetzt fest am Heck montierten Magnetometern, Pipelinekontrollflüge u.v.a.m. gehörte zu den Aufgaben dieser drei Maschinen. Zusätzlich betrieb der FIF von 1982 bis 1986 die Foto-An-2 '839' der LSK/LV. Sogar Weltraum-Hi-Tech in Form der in der DDR entwickelten Multispektralkamera MKF-6M kam 1979 an Bord einer dieser so gar nicht nach science fiction aussehenden Doppeldecker.
Kurz vor dem Ende der NVA und der DDR, ab Frühjahr 1990, musste die Interflug zehn von den LSK/LV außer Dienst gestellte Annas übernehmen. Erst wusste man nicht recht, was man mit diesen Maschinen anfangen sollte. Doch die eingetretene Lockerung der Vorschriften machten es möglich Rundflüge mit zahlenden Gästen durchzuführen. Auch immer mehr Westdeutsche wollten mit diesen „Russen"-Oldtimern fliegen. Kurzerhand malte man einigen dieser Flugzeuge bunte Streifen und „Airtouristik"-Aufschriften auf das Militärgrün. Auch auf Flugveranstaltungen im In- und Ausland zeigte man stolz die An-2. Dann ging es, wie mit vielen ehemaligen DDR-Dingen, schnell bergab. Die Interflug wurde liquidiert, aus dem IF-Agrarflug wurde eine Firma mit dem langen Namen FSB Flugservice & Development GmbH Berlin-Schönefeld und der IF-FIF wurde zur BSF Berliner Spezial Flug GmbH.
Die BSF verkaufte bald darauf im Herbst 1992 zwei ihrer An-2. Eine fand über einen Zwischenhändler ihren Weg ins damalige Kriegsgebiet nach Kroatien. In den kroatischen Streitkräften ist die Maschine mit einem langen Auspuffrohren zur Schalldämpfung und Flammunterdrückung versehen worden, um die Entdeckung bei nächtlichen Einsätzen zu erschweren. Inzwischen hat das Flugzeug einen großen Radartopf unter dem Rumpf für Funkmeßaufklärung bekommen, An-2 AWACS!!!
Die Flugzeuge der FSB hingegen erfreuten sich einige Jahre auf Airshows und beim Rundflugpublikum eines großen Interesses. Doch auch dieses Nachfolgegebilde der Interflug erwies sich als nicht überlebensfähig. Nach und nach gingen die FSB-An-2 in die Hände anderer Halter und Betreiber oder landeten, außer Dienst gestellt, in Ausstellungen und Museen.

oben/unten: GST-Maschinen im einheitlichen Militärgrün und - ab 1982 - wieder mit DDR-Präfix.

Mitte: Die WJO der GST in ihrer ersten weiß-blauen Bemalung in Berlin-Schönefeld.

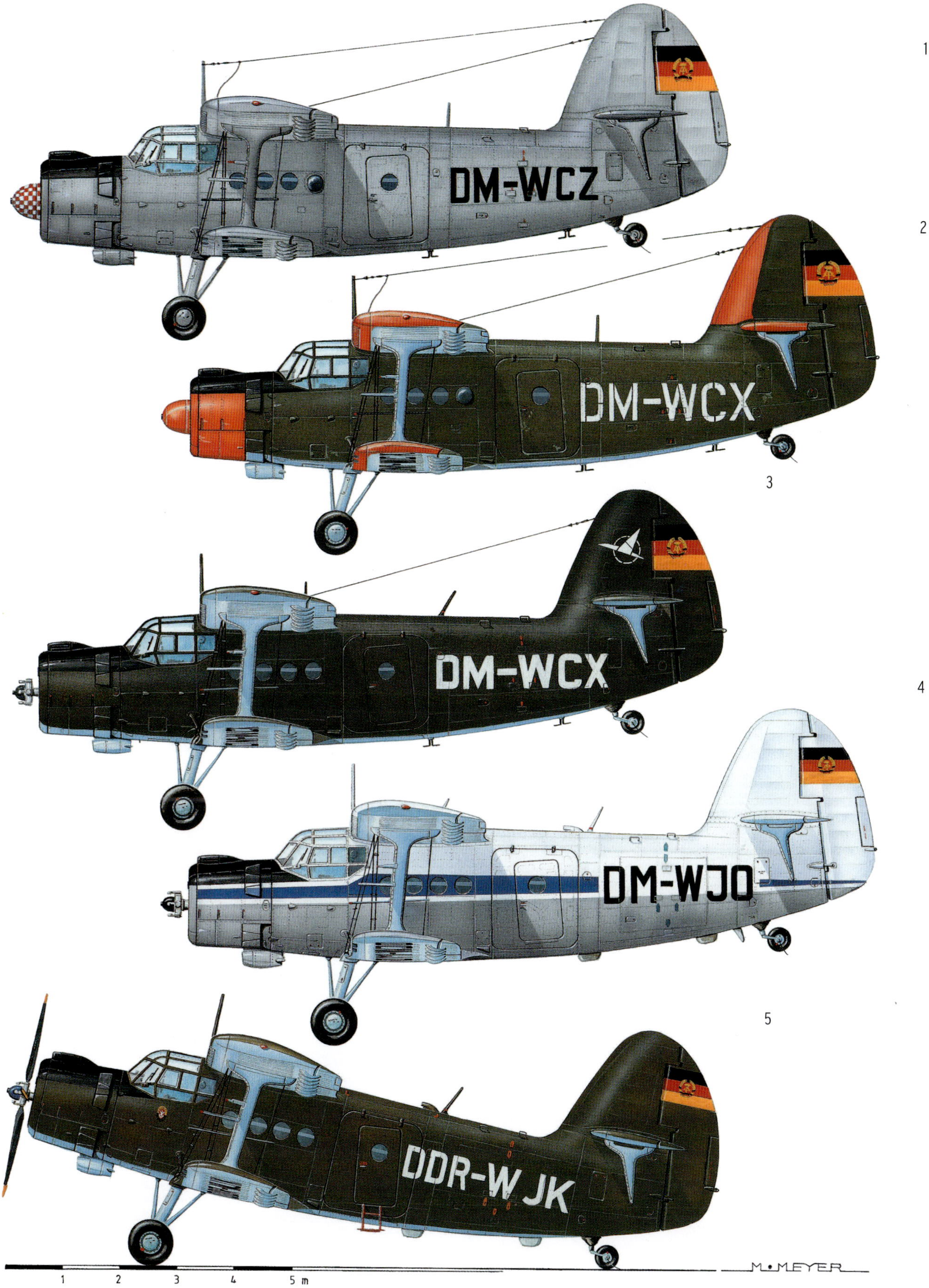

1 DM-WCZ im Aussehen Anfang der 60er Jahre, WCY hatte übrigens gleiches Aussehen, nur war hier die Luftschraubenhaube mit einer Spirale bemalt.

2 So sah DM-WCX in den 60er Jahren aus.

3 WCX in den 70er Jahren mit großem Abzeichen des Aeroclubs der DDR an der Seitenflosse.

4 Die „zivile" GST-Bemalung in den 80er Jahren an der WJO.

5 WJK im letzten, wieder militärischen Look in den 90er Jahren.

L-60 Brigadýr

1957

Einsatz: **1957 bis 1974**

Stückzahl: **78**

Hersteller: **Aero, národní podnik, Prag-Visočany, ČSSR**

Als die Deutsche Lufthansa der DDR (DLH) 1955 ins Leben gerufen wurde, war von Anfang an eine Abteilung Wirtschaftsflug zur Unterstützung der Land- und Forstwirtschaft vorgesehen. Erste Testflüge über DDR-Feldern fanden schon 1956 mit tschechoslowakischen Piloten und Flugzeugen K-65 (Nachbau des Fieseler Storch) statt. Basierend auf dem K-65, hatte die Flugzeugindustrie der damaligen ČSSR das Mehrzweck-Arbeitsflugzeug L-60 Brigadýr entwickelt.
Ab März 1957 führte die DDR dieses Flugzeug für den Wirtschaftsflug der DLH ein. Im April 1957 erfolgte über den Feldern des Volkseigenen Gutes (VEG) Wesendahl im Kreis Strausberg der erste aviochemische Einsatz mit DDR-Flugzeugen.
Bis 1960 erhielt der Wirtschaftsflug 45 L-60 und außerdem auch einige Antonow An-2. Zahlreiche Piloten wurden für die Brigadýr ausgebildet bzw. umgeschult und erhielten zusätzlich eine landwirtschaftliche Ausbildung. Einige der L-60 wurden mit Doppelsteuerung für die Schulung geliefert, sie konnten mit Chemikalienbehälter oder mit vier Sitzen für andere Aufgaben wie Bannerschlepp und Reiseflüge ausgerüstet werden. Ebenfalls bis 1960 richtete die DDR fünf Wirtschaftsflugstützpunkte ein, und zwar in Berlin, Anklam, Kyritz, Magdeburg und Leipzig sowie den Werftbetrieb in Leipzig-Mockau.
Die L-60, oft auch scherzhaft als „Madenhacker", „Mistbomber" oder „Bauernad-

Mitte links: Lufthansa Brigadýr DM-SIA, eine viersitzige Schulversion ohne Chemikalienbehälter und mit Doppelsteuer, wird im Sommer 1957 anlässlich der Eröffnung des Flughafens Leipzig-Mockau der Öffentlichkeit vorgestellt.

Mitte rechts: L-60 beim Arbeitsflug mit Sprühanlage.

oben: L-60 in den Farben der NVA-LSK/LV. Diese hatten zusätzlich eine KW-Drahtantenne zum Leitwerk. In Rumpfmitte ist die UKW-Schwertantenne zwischen den Fahrwerken nur schwer zu erkennen.

ler“ bezeichnet, eigneten sich recht gut für den Agrareinsatz. Allerdings waren sie etwas untermotorisiert und die Behälterkapazität von 400 kg reichte gerade zur Bearbeitung von etwa einem Hektar pro Flug. Das war ein immer noch sechsmal höherer Betrag als bei damaligen Bodenbearbeitungsgeräten. Schnell stiegen die Leistungen. Wurden 1957 noch 20 000 ha aus der Luft bearbeitet, so waren es 1960 schon 200 000 ha. Im Jahr 1962 erhielt die Lufthansa noch einmal 20 L-60 von den Luftstreitkräften der NVA.

Von den 65 L-60, die bei der DLH bzw. Interflug im Einsatz waren, gingen fast 50 Prozent, nämlich 30 Maschinen, durch Unfälle und Havarien verloren. Das Fliegen an der Mindestgeschwindigkeit, in fünf Metern (über Feldern) oder zehn Metern Höhe (über den Baumkronen bei Waldeinsätzen), 50 bis 60 Starts und Landungen pro Tag, forderten den Piloten alles ab. Kollisionen mit Hindernissen oder Bodengeräten, Landeunfälle auf schwierigen Arbeitsflugplätzen aber auch Selbstüberschätzung und Missachtung von Sicherheitsvorschriften waren oft Unfallursachen. Leider kamen auch eine Reihe der Flugzeugführer dabei ums Leben. Um die Normen zu unterbieten, flog mancher Pilot die Kehrtkurve am Ende des Feldes zu niedrig oder zu langsam und schmierte ab. Der schwere Chemiekalienbehälter in ihrem Rücken wurde dann oft zum Scharfrichter.

Die Brigadýr dienten noch bis 1973 im Interflug-Betriebsteil Agrarflug, wie er ab 1963 bezeichnet wurde, ehe sie ab 1967 schrittweise durch die tschechische Z-37 Čmelak ersetzt wurden.

Bei Lieferung an die Lufthansa waren die L-60 in einer für ein Arbeitsflugzeug geradezu edlen Bemalung gehalten. Die erste Maschine hatte sogar ein goldfarbenes Leitwerk, doch dies erinnerte wohl zu sehr an die West-Lufthansa (die Lufthansa der DDR hat nie den Kranich auf goldenem Grund verwendet!) und wurde deshalb wieder aufgegeben. Später, nach dem Übergang zur Interflug, wurde nach den jeweiligen Reparaturen und Überholungen das Farbschema vereinfacht, bis hin zum eintönigen metallischen Grau der letzten Einsatzzeit.

oben: Kurzer Test der Sprühanlage am Boden vor dem Start, man beachte die weiße Lufthansa-Kapitänsmütze des Piloten.

unten: DM-SIK der Lufthansa mit Streufächer, das Bemalungsschema unterscheidet sich etwas von den anderen L-60 in dieser Zeit.

rechts: DM-SLG war eine der von den Luftstreitkräften abgegebenen Maschinen und flog noch bis 1970 bei der Interflug, zuletzt metallisch ohne Bemalung.

Der militärische Einsatz der L-60 Brigadýr bei den Luftstreitkräften der NVA blieb nur eine kurze Episode. Anfang 1960 beschafften sie 20 Maschinen der tschechoslowakischen Militärversion K-60, die mit einem Radiokompass, KW- und UKW-Funkgeräten ausgerüstet waren. Sie sollten als Schulflugzeuge wie auch als Kurierflugzeuge eingesetzt werden. Zunächst der Transportfliegerschule Dessau zugeteilt, bildeten die L-60 kurze Zeit später zwei Staffeln des Transportfliegerausbildungsgeschwaders TAG-17 in Garz/Heringsdorf. Die Kurierfliegerrolle für die Landstreitkräfte übernahmen bald die Hubschrauber Mi-1. Und als genug Personal ausgebildet war und ständiger Nachschub von Piloten mit fliegerischer Grund-

Technische Daten

Aero L-60 Brigadýr

VERWENDUNGSZWECK:	Mehrzweckflugzeug
BESATZUNG:	1 bis 2
PASSAGIERE:	2 bis 3
SPANNWEITE in m:	13,96
LÄNGE in m:	8,80
HÖHE in m:	
FLÜGELFLÄCHE in m^2:	24,30
LEERMASSE in kg:	1 000
STARTMASSE max. in kg:	1 425
HÖCHSTGESCHW. in km/h:	193
REISEGESCHW. in km/h:	175
STEIGLEISTUNG in m/s:	4,6
DIENSTGIPFELHÖHE in m:	4 500
REICHWEITE in km:	720
TRIEBWERK:	ein 6zyl. Boxermotor Praga Doris M-208B
LEISTUNG in kW:	162

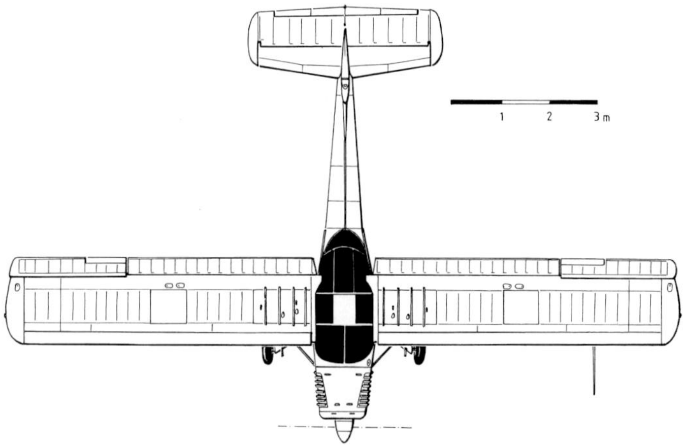

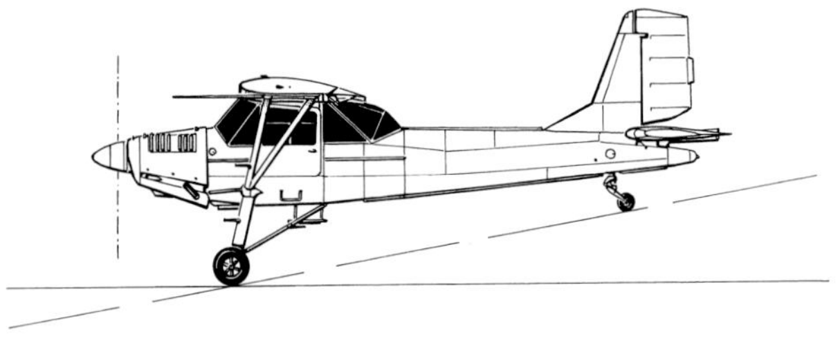

oben: Zwei ehemalige L-60 der NVA nach Übergabe an die Lufthansa bzw. Interflug 1965 in Kyritz.

oben: Reparatur und Wartungsarbeiten erfolgten oft „feldmäßig" auf den Arbeitsflugplätzen, wie hier 1969 an der DM-SIJ.

ausbildung von der GST kam, übergab die NVA im Herbst 1962 die L-60 an die Lufthansa. Bekanntgewordene taktische Nummern von NVA-Maschinen sind: '236', '237', '238', '242', '250' und '251'. Eine Zuordnung zu den Werknummern, die ja alle bekannt sind (siehe Anhang), war leider bisher nicht möglich.
Ebenfalls 1960 erhielt die GST 13 L-60. Eine Lufthansa-Maschine, die DM-SIE, flog im April 1960 kurz zur Erprobung bei der GST als DM-WAW.
Hauptaufgabe der GST-Brigadýre war das Absetzen von Fallschirmspringern. Dazu waren bis auf den Pilotensitz alle Sitze entfernt und die rechte Tür ausgebaut worden. Die Springer saßen auf Polstern am Kabinenboden. Allerdings waren die Bedingungen beim Absetzen eng und kompliziert und nach mindestens einem tragischen Unfall Mitte der 60er Jahre mussten die L-60 für diese Aufgabe gesperrt werden. Außerdem dienten die Maschinen für den Segelflugzeugschlepp, dabei war auf Grund der Leistung Doppelschlepp gut möglich. Zu besonderen Anlässen wurde auch Troikaschlepp durchgeführt.
Auch bei der GST endete der Einsatz der Brigadýr 1973/74.

oben: L-60 der GST in Schönhagen.

links: Blick in das Cockpit einer L-60 der GST, der große Kasten rechts oben ist die tschechische UKW-Station VKP-10.

oben: Szene auf einem Agrarflugplatz Anfang der 60er Jahre.

unten: Die letzten L-60 waren bei der Interflug noch parallel zur Einführung des Nachfolgetyps Z-37 Čmelak, hier im Hintergrund, im Einsatz.

1 Standard-Lufthansa-Anstrich in edlem Blau.

1a Die erste L-60 wurde in diesem Leitwerksdesign geliefert.

2 Brigadýr mit vereinfachtem Farbschema im Dienst der Interflug, etwa 1965.

3 GST-Absetzmaschine ohne rechte Einstiegstür.

4 Die DM-SIM trug anfangs diese Bemalung, sie diente vorher als OK-LKC dem Hersteller als Vorführmuster.

5 Übergangsbemalung vom Militär- zum Zivildienst, etwa 1964.

6 L-60 der Interflug in metallisch-grauem Finish, 1969.

Mikojan-Gurewitsch MiG-15/-15UTI

Einsatz: (1953) 1956 bis 1990
Stückzahl: etwa 130
Hersteller: Staatl. Flugzeugwerke Nr. 1, 153, 381 und andere, UdSSR
Aero národní podnik, Vodochody, ČSSR

oben: MiG-15bis mit dem am 1. August 1956 offiziell eingeführten Hoheitszeichen.

unten: Doppelsitzer MiG-15UTI noch mit altem Hoheitszeichen, etwa 1958.

Als die DDR Anfang der 50er Jahre unter dem Mantel der VP-Luft eigene Luftstreitkräfte aufbaute, hatte die MiG-15 gerade ihre Feuerprobe im Koreakrieg erfolgreich bestanden. Inzwischen waren bereits alle anderen Ostblockstaaten mit diesem Strahljäger ausgerüstet. Im August 1952 übergaben die in der DDR stationierten sowjetischen Luftstreitkräfte der Fliegertechnischen Schule der VP in Kamenz (VP-Dienststelle 500) fünf abgeschriebene MiG-15. Sie dienten neben den Lehrobjekten La-9 zur praktischen Ausbildung der ersten Flugzeugtechniker und -mechaniker. Einige Flugzeugführer der VP-Luft, die auf der Jak-18/Jak-11 ausgebildet waren, wurden ab April/Mai 1953 durch sowjetische Fluglehrer auf MiG-15UTI-Doppelsitzern der in Cottbus ansässigen sowjetischen Einheit eingewiesen.
Fast gleichzeitig zu den ersten MiG-Einweisungsflügen für DDR-Piloten wurden im April 1953 die ersten 101 MiG-15 an die VP-Luft geliefert. Das Auspacken und Aufrüsten der Flugzeuge begann mit Hilfe sowjetischer Techniker und Berater. Doch der Volksaufstand vom 17. Juni 1953 bereitete diesen Aktivitäten ein jähes Ende. Sämtliche MiG-15 (einschließlich der fünf Lehrflugzeuge) wurden in kürzester Zeit zu sowjetischen Standorten abtransportiert. Die Umrüstung auf MiG-15 fand nicht statt – vorerst. In der Folgezeit verlangsamte die DDR-Führung das Tempo des

Aufbaus ihrer Luftstreitkräfte. Die ökonomischen Schwierigkeiten, die mit zu den Ereignissen des 17. Juni geführt hatten, resultierten sicher auch aus den rund zwei Milliarden Mark, die die Aufrüstung der KVP bis dahin verschlungen hatte. Flugdienst und fliegerische Ausbildung wurden unterbrochen und begannen erst wieder im August 1953 mit Jak-18 und Jak-11.
Am 1. März 1956 ging aus den getarnt aufgebauten Polizeikräften offiziell die Nationale Volksarmee hervor. Erst danach, im Juni des Jahres, wurden erneut Strahlflugzeuge MiG-15 beschafft. Am 28. Juni landeten beim JG-1 in Cottbus die ersten fünf MiG-15bis für die Luftstreitkräfte der NVA. Die Flugzeuge kamen aus der ČSSR, wo sie unter der Bezeichnung S-103 seit 1953 in Lizenz hergestellt wurden. Auch die Jagdgeschwader 2, 3 und 7 erhielten 1956 MiG-15bis. Das JG-9 wurde im Oktober 1956, das JG-8 erst im Januar 1957 mit MiG-15bis ausgerüstet. Auf der ersten Luftparade der neuen NVA-Fliegerkräfte der DDR am 1. Mai 1957 flog bereits ein Verband MiG-15 unter der Führung von Oberstleutnant Wolfgang Reinhold über Dresden.
Aus der tschechoslowakischen Produktion kamen vermutlich 40 MiG-15bis zur NVA. Aber auch aus der Sowjetunion gelangten noch einige Maschinen in den Bestand der LSK/LV, möglicherweise gab es darunter noch einige der älteren MiG-15-Versionen. Die Version MiG-15bis unterschied sich durch das stärkere Triebwerk WK-1A von der MiG-15, die von einem RD-45F angetrieben wurde. Außerdem waren Bewaffnung und Ausrüstung verbessert. Größere Luftbremsen, Scheinwerfer unter der linken Fläche statt im Bug, Anordnung und Anzahl der Antennen und veränderte Kanonenverkleidungen waren weitere Merkmale.
Mit Hilfe der ebenfalls ab 1956 gelieferten doppelsitzigen Übungsjagdflugzeuge MiG-15UTI wurde in allen Geschwadern nun auf Strahlflugzeuge umgeschult. Doch die Karriere der MiG-15bis in den Jagdgeschwadern war nur kurz, denn schon ab Juni 1957 wurden sie durch die MiG-17 abgelöst. Von 1957 bis 1959 gingen die MiG-15bis dann in den Bestand der beiden Ausbildungsgeschwader in Bautzen bzw. Rothenburg über.

oben: MiG-15UTI als Schulmaschine im Jagdgeschwader 3 in den 60er Jahren.

unten: Damals übliche Pilotenbekleidung: Flugzeugführer in Stiefelhose und mit Lederhaube.

rechts (2x): Der erste öffentliche Auftritt von NVA-MiG-15 gemeinsam mit einem tschechischem Kunstflugteam, bei einem Flugtag in Cottbus im August 1957.

Entgegen der in der NVA später geltenden Regel, für Kampfeinsitzer rote taktische Nummern und für Schul-, Transport- und sonstige Flugzeuge schwarze Nummern zu verwenden, sollen die MiG-15bis der Schulgeschwader anfangs schwarze Nummern erhalten haben, die jedoch später wieder in rot geändert wurden. Nachdem Strahltrainer L-29 Delfin und MiG-21 als Übungsjagdflugzeuge eingesetzt wurden, verschwanden die MiG-15bis-Einsitzer 1964/65 aus den Ausbildungsgeschwadern.

Die Mehrzahl der insgesamt rund 80 NVA-MiG-15UTI stammte aus tschechoslowakischer Produktion (CS-102), einige Maschinen waren original sowjetischer Herkunft. Die ersten 12 Maschinen erhielt im September 1956 das JG-1.

Dass der Doppelsitzer in weit größerer Zahl als der Einsitzer eingesetzt war, hatte einen einfachen Grund. Für die Folgetypen MiG-17 und MiG-19 gab es keine Trainerversionen (Ausnahme: die in China gebauten, aber in den Warschauer-Pakt-Streitkräften nicht eingeführten Schulversionen der 17 und 19). So nutzten die Ausbildungsgeschwader die UTI, wie sie in der Truppe meist kurz genannt wurden, bis 1965/66. Mehr noch: Als bei Einführung der MiG-21 ab 1962 noch keine MiG-21-Schulversion zur Verfügung stand, mussten sogar diese Einheiten vorerst noch auf die MiG-15UTI zurückgreifen. Außerdem nutzten alle Einheiten die UTI für Wetteraufklärungsflüge vor dem Flugbetrieb, als Fortgeschrittenentrainer, für Überprüfungsflüge nach Flugpausen und auch für Kurier- und Verbindungsflüge. Schon zu echten Oldtimern

MiG-15bis

Technische Daten

VERWENDUNGSZWECK:	Jagdflugzeug
BESATZUNG:	1
SPANNWEITE in m:	10,08
LÄNGE in m:	10,10
HÖHE in m:	3,70
FLÜGELFLÄCHE in m^2:	20,60
LEERMASSE in kg:	3 681
STARTMASSE max. in kg:	6 045
HÖCHSTGESCHW. in km/h:	1 076
MARSCHGESCHW. in km/h:	850
STEIGLEISTUNG in m/s:	46
REICHWEITE in km:	1 330
GIPFELHÖHE in m:	15 500
TRIEBWERK:	ein Turbojet Klimow WK-1
SCHUB in kN:	26,5
BEWAFFNUNG:	1 Kanone Kal. 37mm N-37 und 2 Kanonen Kal. 23 mm NR-23, 200 kg Bomben oder ungel. Raketen unter den Flügeln möglich.

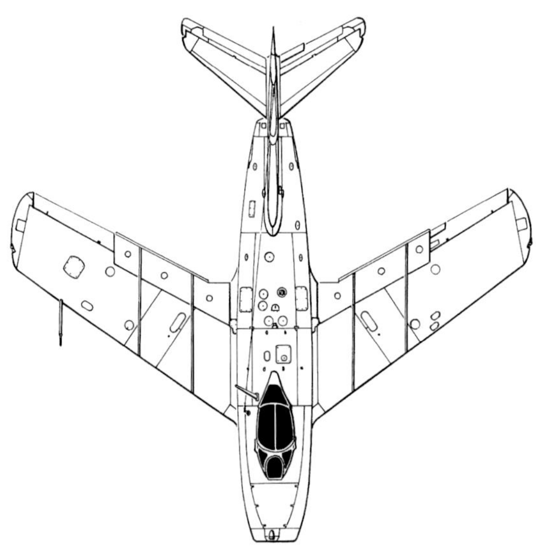

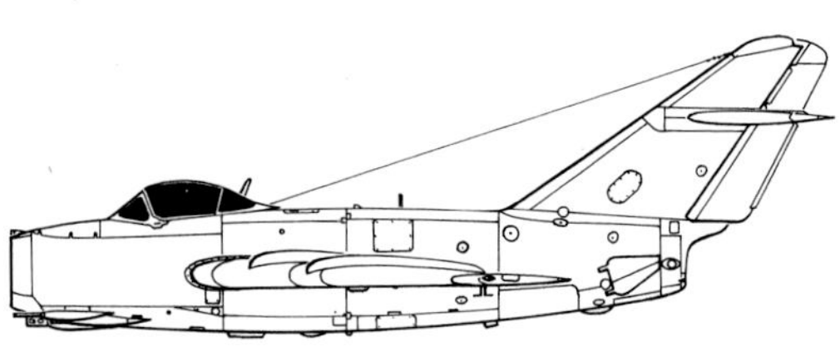

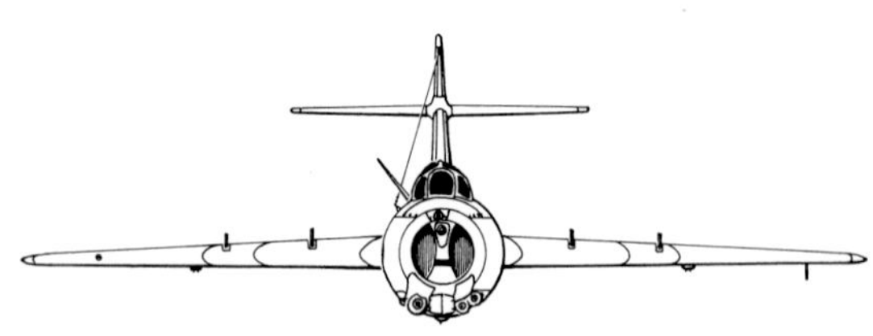

links: Zwei MiG-15bis der NVA im Überflug, etwa 1957.

unten: Wartung einer MiG-15bis in der Kontroll- und Reparaturstaffel eines Geschwaders, etwa 1958.

geworden, wurden sie liebevoll gepflegt, manchmal auch ein wenig belächelt. Das die UTI's keine „Hochtechnologie" mehr waren, sah man an manchen Eigenheiten. Beim Anlassen z.B. musste ein Mechaniker in das Schubrohr schauen und das Zünden der Ringbrennkammer durch Wackeln am Seitenruder (unter schnellem Rückzug des Kopfes, versteht sich) dem Piloten zu signalisieren. Manchmal soll auch ein brennender Putzlappen dem Zündvorgang auf die Sprünge geholfen haben.

Zur Langlebigkeit der MiG-15UTI in den LSK/LV der DDR trug auch die Bildung des Jagdbombergeschwaders JBG-31 im Jahre 1971 bei. Einsatztyp dieser Einheit waren die zu Jagdbombern umgerüsteten MiG-17, als Doppelsitzer kam nur die 15UTI in

MiG-15UTI

Technische Daten

VERWENDUNGSZWECK:	Schuljagdflugzeug
BESATZUNG:	2
SPANNWEITE in m:	10,08
LÄNGE in m:	10,11
HÖHE in m:	3,70
FLÜGELFLÄCHE in m^2:	20,60
LEERMASSE in kg:	3724
STARTMASSE max. in kg:	5 400
HÖCHSTGESCHW. in km/h:	1 015
MARSCHGESCHW. in km/h:	825
STEIGLEISTUNG in m/s:	46
REICHWEITE in km:	1 054
GIPFELHÖHE in m:	14 625
TRIEBWERK:	ein Turbojet Klimow WK-1
SCHUB in kN:	26,5
BEWAFFNUNG:	1 MG Kal. 12,7 mm UBK-E, 200 kg Bomben oder ungel. Raketen unter den Flügeln möglich

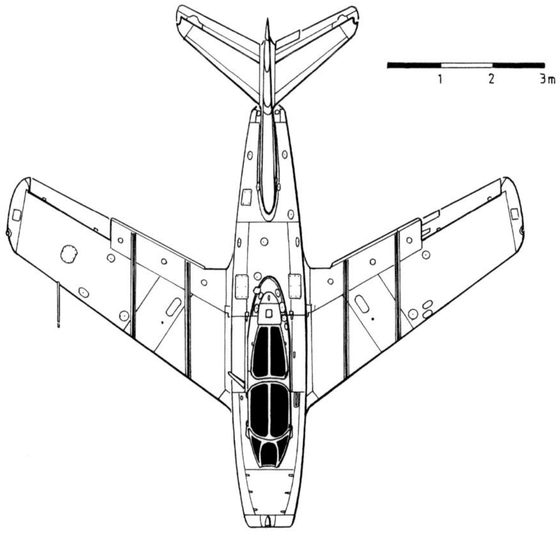

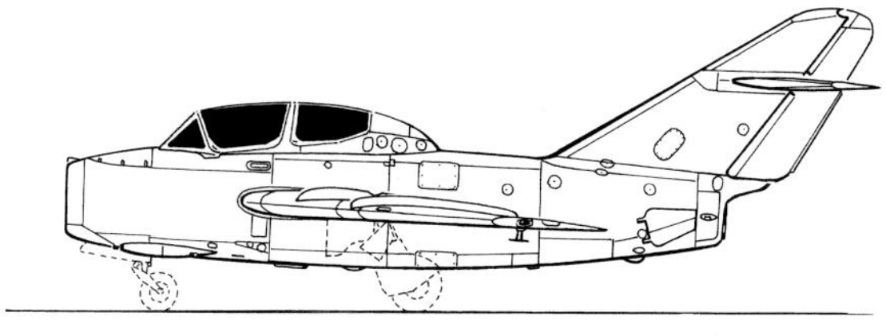

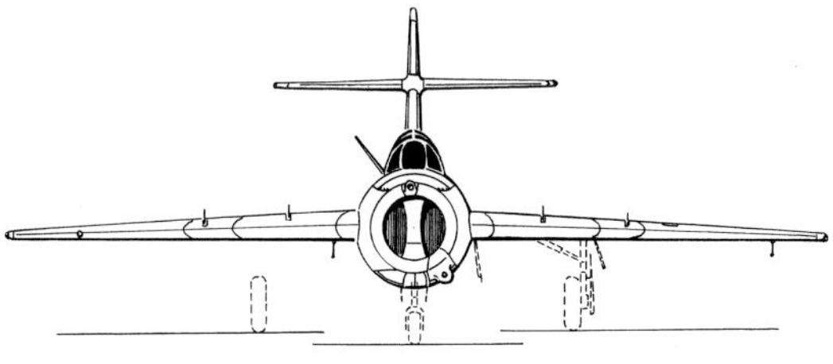

rechts: Wartungsarbeiten an der MiG15.

unten: NVA-Personal angetreten vor MiG-15, deutlich ist die Werknummer des Flugzeugs im Vordergrund an der Verkleidung der vorderen 23-mm-Kanone zu sehen.

Frage. Überholt und mit Tarnanstrich versehen, dienten zunächst 14 UTI's im JBG-31. Später nahm ihre Zahl schrittweise ab, bis 1982 die letzten zwei Maschinen außer Dienst gestellt wurden. Ein Teil der ex-JBG-MiG-15UTI's gingen noch in den 80er Jahren als Militärhilfe an Mozambique und Guinea Bissao. Doch auch das war noch nicht das Ende ihres Einsatzes in der DDR. Eine 15UTI diente bis 1990 dem VEB Flugzeugwerft Dresden als Wetter- und Werksflugzeug.

Mitte: Die ehemalige NVA-MiG-15UTI (04) im Dienst der Streitkräfte von Mozambique, 1981.

rechts: Einige UTI's dienten bis in die 80er Jahre hinein.

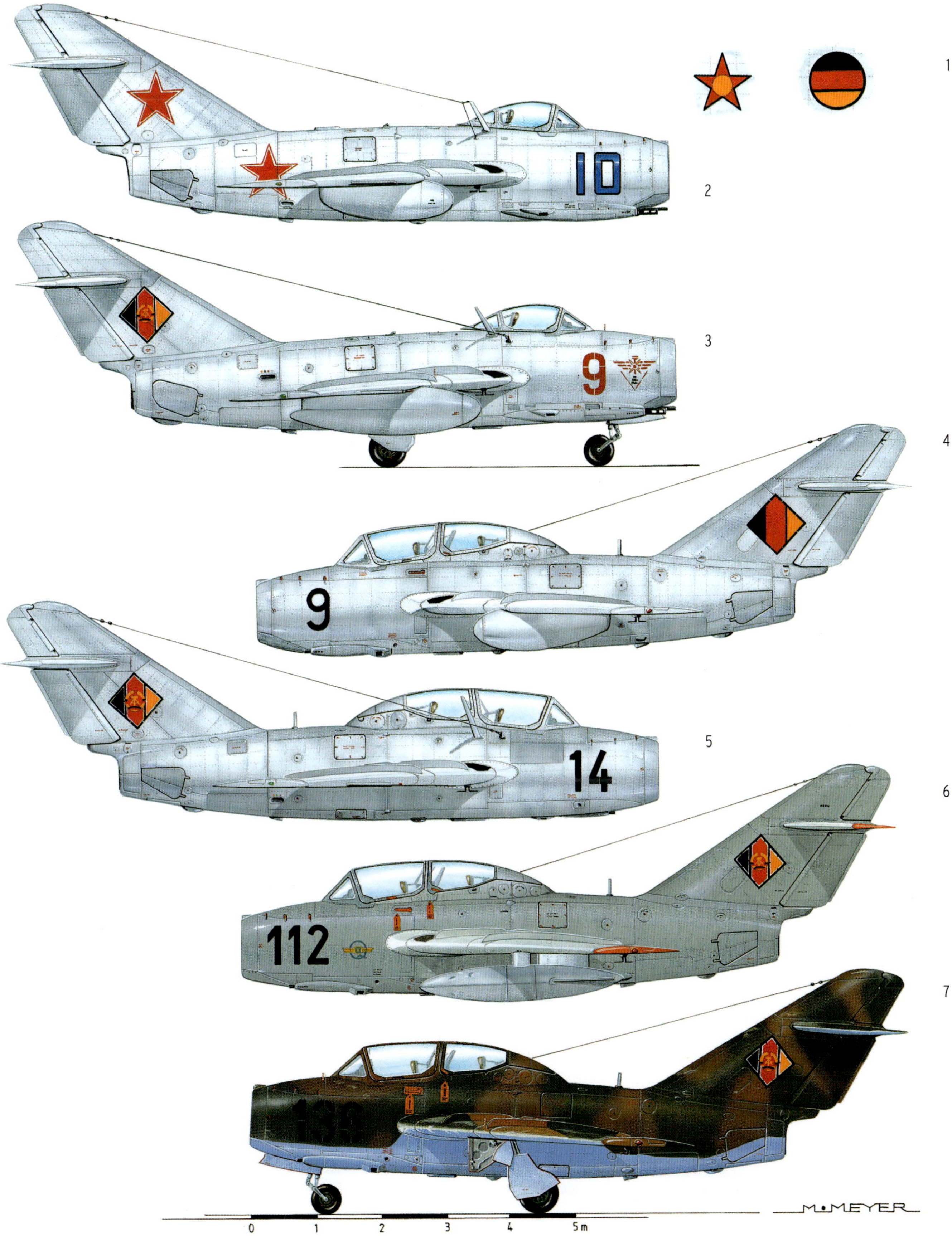

1 Zwei Beispiele für Hoheitszeichen, wie sie unmittelbar nach Bildung der NVA in den Einheiten der Luftstreitkräfte entwickelt, aber nicht eingeführt wurden.

2 Eine der MiG-15, die Anfang 1953 für die VP-Luft eingeführt und montiert, aber nach dem 17. Juni wieder zurückgezogen wurden.

3 MiG-15bis des Fliegerausbildungsgeschwaders FAG-2 mit 300-l-Zusatzbehältern. Im Hoheitszeichen neu das Emblem mit Hammer, Zirkel und Ährenkranz. Am Bug eine frühe Form des Qualitätsabzeichens.

4 Doppelsitzer MiG-15UTI der NVA mit 250-l-Zusatzbehältern und alten Hoheitszeichen.

5 MiG-15 UTI im silbermetallischen Look, den fast alle Maschinen während ihres gesamten Einsatzzeitraums trugen.

6 Die zuletzt im Jagdbombergeschwader JBG-31 verwendeten MiG-15UTI (hier ein Flugzeug mit 400-l-Zusatzbehältern) bekamen einen grauen Anstrich.

7 ...oder, wie diese Maschine, einen Tarnanstrich.

Mikojan-Gurewitsch MiG-17F/-17PF

Einsatz: **1957 bis 1985**

Stückzahl: **etwa 230**

Hersteller: **Lim-5 und Lim-5P bei WSK Mielec, Polen**
Die sowjetischen MiG-17 wurden in sechs verschiedenen Werken in der UdSSR hergestellt.

oben: MiG -17F flogen bis Herbst 1959 noch mit dem frühen Hoheitszeichen, die 400-l-Zusatzbehälter wurden fast immer mitgeführt, da der „durstige" Nachbrenner sonst die Flugdauer drastisch reduziert hätte.

unten: MiG-17F im Endanflug kurz vor der Landebahnschwelle auf einem verschneiten Flugplatz.

Die robuste und schnelle MiG-17 war eines der erfolgreichsten Flugzeuge aus dem MiG-Büro. Die Konstruktion erwies sich als außerordentlich langlebig. In der DDR bildete sie anfangs das Gros der Jagdeinheiten, später wurde sie als Jagdbomber eingesetzt.
Die Übernahme der MiG-15 in die Bewaffnung der Luftstreitkräfte der NVA 1956 war nur eine Übergangsmaßnahme. Denn als Standardjagdflugzeug der Sowjetunion und der anderen Ostblockländer war in dieser Zeit schon die MiG-17 eingeführt. Im Oktober 1956 hatte in Polen der Lizenzbau der MiG-17F begonnen. Erster Exportkunde des Werks in Mielec wurde die DDR. Die Maschinen der 6., 7., 8. und 9. Serie gingen, bis auf eine, komplett an die LSK der NVA. Die Lieferungen begannen im Juni 1957 und endeten im April 1958. Die LSK der NVA bekamen in dieser Zeit aber auch eine Anzahl gebrauchter Maschinen aus dem Bestand der UdSSR-Luftstreitkräfte. So konnten praktisch gleichzeitig innerhalb von wenigen Monaten alle sechs Jagdgeschwader der LSK/LV mit der MiG-17 ausgerüstet werden. Unter den aus der Sowjetunion gelieferten MiG-17 befanden sich auch einige der ersten Serien ohne Nachbrennertriebwerk und mit einigen technischen Unterschieden. Diese Flugzeuge wurden im NVA-Sprachgebrauch als MiG-17glatt oder „glatte" MiG-17 bezeichnet. Am „glatten" Rumpfende fehlten die Segmente der regelbaren Nachbrenner-

Die '528' kurz nach der Landung, sie wurde später zum Jagdbomber umgebaut und 1981 an Mozambique abgegeben.

schubdüse und die Bremsklappen waren kleiner.
Für das Abfangen von Luftzielen am Tage und in der Nacht unter einfachen Wetterbedingungen war die MiG-17 sehr gut ausgerüstet. Dank ihrer starken Kanonenbewaffnung eignete sich die MiG-17F auch zum Bekämpfen von Erdzielen. An Stelle der Kraftstoffzusatzbehälter konnten unter den Tragflügeln auch zwei 250-kg-Bomben oder verschiedene ungelenkte Luft-Boden-Raketen mitgeführt werden. Letztere sind aber bei den LSK der DDR nicht verwendet worden.
Um Ziele auch in den Wolken oder in mondlosen Nächten abzufangen, beschaffte die DDR die Version MiG-17PF, die im Rumpfbug das Funkmessgerät RP-1 besaß. Zur Masseneinsparung war die Bewaffnung der PF auf drei 23-mm-Kanonen verringert worden, dennoch war die PF rund 280 kg schwerer, wodurch sich die Flugleistungen etwas verschlechterten.
Im polnischen Flugzeugwerk WSK Mielec (WSK=Wytwornia Sprzetu Komunikacyjnego) wurde im Januar 1959 die Lizenzproduktion der MiG-17PF als Lim-5P aufgenommen. Gleich aus der 1., 2. und 3. Serie erhielt die DDR von Januar bis Mai 1959 40 Maschinen für die Geschwader JG-1, JG-2 und JG-9. Ab 1959 wurde die MiG-17F auch im Ausbildungsgeschwader JAG-15 geflogen. Ende 1960 kam es noch einmal zu einer größeren Zuführung von gebrauchten MiG-17F und MiG-17 aus dem Bestand der sowjetischen Streitkräfte.
Die MiG-17glatt sind vor allem in den Staffeln geflogen worden, deren Piloten gerade von der Fliegerschule gekommen waren und sich noch qualifizieren mussten. Einige „Glatte" erhielten auch die Ausbildungsgeschwader, wo sie hauptsächlich von Fluglehrern und Stammpersonal zur Erhaltung ihres Ausbildungstandes geflogen wurden. Die NVA-interne Bezeichnung MiG-17H erhielten diejenigen MiG-17glatt, welche einen nicht umkehrbaren Hydraulikbooster in der Höhensteuerung und etwas vergrößerte Bremsklappen hatten, die ihre Manövriereigenschaften in großen Höhen verbesserte.
Die Piloten waren von den Flugeigenschaften ihrer MiG-17 begeistert, die Flugzeuge waren robust und zuverlässig und erfüllten alle an sie gestellten Anforderungen. Der einzige ernsthafte Mangel der MiG-17F/PF waren thermische Probleme beim Nachbrennerbetrieb. Die Einschaltdauer des Nachbrenners war deshalb streng begrenzt, doch es kam immer wieder zu Überhitzungen. Mit zunehmender Abnutzung der Anlagen mussten sie gegen Ende ihrer Dienstzeit zeitweise ganz gesperrt werden.
In den LSK/LV der NVA war die MiG-17 insgesamt 28 Jahre lang im Dienst. Zwar wurde sie schrittweise von 1962 bis 1967 als Jagdflugzeug von der MiG-21 abgelöst, doch als Jagdbomber erlebte sie eine zweite Dienstzeit. Ende der 60er, Anfang der 70er Jahre, änderten sich die militärpolitischen Vorgaben für die Luftstreitkräfte der Warschauer-Pakt-Staaten. Bis dahin hatte der Schwerpunkt auf der Bekämpfung von Luftzielen gelegen, der Einsatz gegen Erdziele war nur als zweite Variante trainiert worden. Nun sollten spezielle Jagdbomberkräfte zum direkten Zusammenwirken mit den Landstreitkräften gebildet werden. Da zu diesem Zeitpunkt die MiG-17 aller Varianten in den Jagdgeschwadern komplett durch MiG-21 abgelöst worden waren, standen sie für andere Aufgaben zur Verfügung. Aus der Masse der MiG-17F wählte man die technisch am besten erhaltenen Maschinen aus und baute sie in der Flugzeugwerft Dresden zu Jabos um. Die restlichen MiG-17F, MiG-17glatt sowie sämtliche MiG-17PF wurden 1968 außer Dienst gestellt; sie wurden größtenteils verschrottet. Einige Exemplare wurden in Dienststellen der LSK/LV, andere in Pionierferienlagern und in den Armeemuseen aufgestellt.
Es ist unklar, was aus den 25 bis 30 MiG-17F geworden ist, die nach ihrer Außerdienststellung 1968 an das Flugzeugwerk Dresden gingen. Nachweislich sind acht

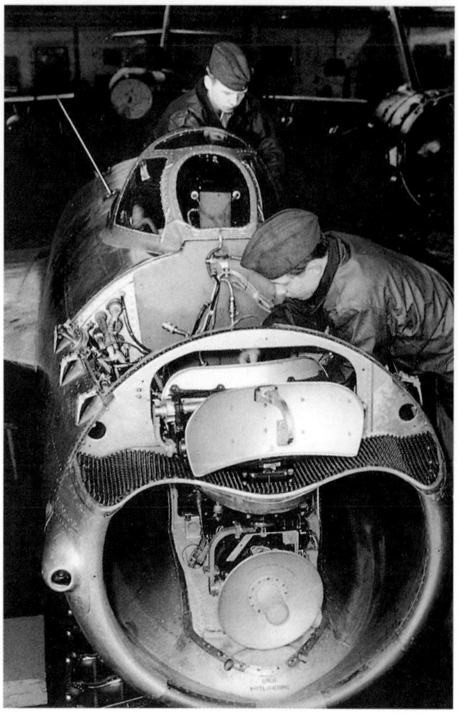

MiG-17 aus DDR-Beständen während des Biafra-Krieges am 13. und 18. Oktober 1969 (die Zentralregierung Nigerias kämpfte gegen die „abtrünnige" Erdöl-Provinz Biafra) an die Luftwaffe Nigerias geliefert worden. Vermutlich sind noch weitere Maschinen, dann aber MiG-17F, den gleichen Weg gegangen.
Doch zurück zu den Jagdbombern. In den Jahren 1963/64 hatte Polen gute Erfahrungen mit dem Bau von rund 180 Lim-6bis-Jagdbombern gemacht. Die Lim-6bis war eine Modifikation auf der Basis der MiG-17F mit zwei Waffenpylonen unter den Tragflächen zwischen Rumpf und den Schlössern für die Zusatztanks und einem Bremsschirmbehälter am Seitenleitwerk. Die DDR beschaffte aus Polen die erforderlichen Komponenten, außer der Bremsschirmanlage, für den Umbau der eigenen MiG 17F. Die so entstandenen Jagdbomber konnten nun bei voller Kraftstoffzuladung (einschl. Zusatzbehälter) neben den drei Kanonen noch zusätzlich zwei Behälter MARS-2 mit je 16 ungelenkten 57-mm-Luft-Boden-Raketen oder zwei Bomben zu 250 kg an den neuen Halterungen tragen. Bei Einsätzen über kürzere Distanzen bestand die Möglichkeit, bei Verzicht auf die KS-Zusatzbehälter nochmals zwei 250-kg-Bomben mitzunehmen. 1971 wurde das Jagdbombergeschwader 31 mit 47 MiG-17F und 14 MiG-15UTI in Drewitz gebildet. Die Maschinen des JBG-31 wurden zwischen 1973 und 1975 in Dresden umgebaut. Zunächst flogen die Maschinen des JBG-31 noch silbermetallfarbig, doch bald erhielten sie einen Tarnanstrich. Die Existenz von Jagdbomberkräften in der DDR wurde

oben links: Piloten des JG-9 eilen zu ihren MiG-17PF, wegen der Lage des Flugplatzes Peenemünde unmittelbar an der Küste tragen sie Schwimmwesten über ihren Kombinationen.

oben rechts: Wartungsarbeiten in der Kontroll- und Reparaturstaffel KRS, gut zu erkennen sind die beiden Radarantennen des Funkmessvisiers der MiG-17PF.

unten: Eine vorbeirollende MiG-17F aus der Navigatorkanzel einer Il-28 heraus gesehen.

oben: Szene vom Flughafen Dresden-Klotzsche am 1. Mai 1958, hierher waren MiG-17 des JG-8 und des JG-9 verlegt worden, um an einer Luftparade über der Maidemonstration in Leipzig teilzunehmen. Das Foto zeigt die Klarmeldung der Techniker am Morgen des 1. Mai.

Mitte: Guter Zugang bei Wartung und Wechsel des Triebwerks WK-1F durch Abziehen des Rumpfhecks.

zunächst vor der Öffentlichkeit geheimgehalten, da bis dahin immer die defensive Rolle der Luftverteidigung hervorgehoben worden war. Erst später durfte darüber, allerdings nur in sehr verschwommener Form, berichtet werden. Ab 1980 stand die MiG-23BN als Ablösemuster zur Verfügung und die Außerdienststellung der MiG-17F Jabos begann. Im Rahmen der Militärhilfe für „junge afrikanische Nationalstaaten" übergab die DDR 1980/81 zwölf Maschinen an Mozambique und drei an Guinea Bissao zusammen mit einigen MiG-15UTI als Geschenk.
Die letzten MiG-17F-Jagdbomber wurden 1985 außer Dienst gestellt, einige blieben als Traditionsflugzeuge erhalten und befinden sich heute in verschiedenen Museen.

rechts: Das größte Plus der MiG-17 war die mächtige Kanonenanlage, rechts (in Flugrichtung) die 37er und links die beiden 23er.
Wo diese gewaltige Feuerkraft einschlug, wuchs buchstäblich „kein Gras" mehr.

MiG-17F

VERWENDUNGSZWECK:	Jagdflugzeug/Jagdbomber
BESATZUNG:	1
SPANNWEITE in m:	9,62
LÄNGE in m:	11,26
HÖHE in m:	3,80
FLÜGELFLÄCHE in m^2:	22,60
LEERMASSE in kg:	3 930
STARTMASSE max. in kg:	6 075
HÖCHSTGESCHW. in km/h:	1 097
LANDEGESCHW. in km/h:	190
STEIGLEISTUNG in m/s:	65
REICHWEITE in km:	1 980
GIPFELHÖHE in m:	16 600
TRIEBWERK:	ein Turbojet mit NB Klimow WK-1F
SCHUB in kN:	33 mit NB
BEWAFFNUNG:	1 Kanone Kal. 37 mm N-37D, 2 Kanonen Kal. 23 mm NR-23, 500 kg Bomben oder ungel. Raketen unter den Flügeln möglich

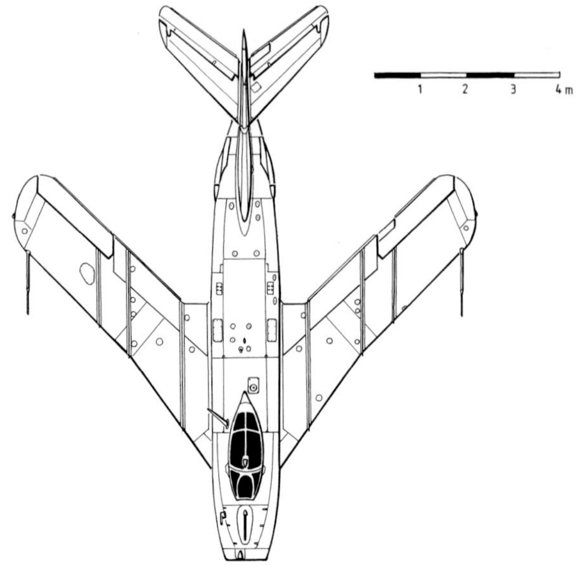

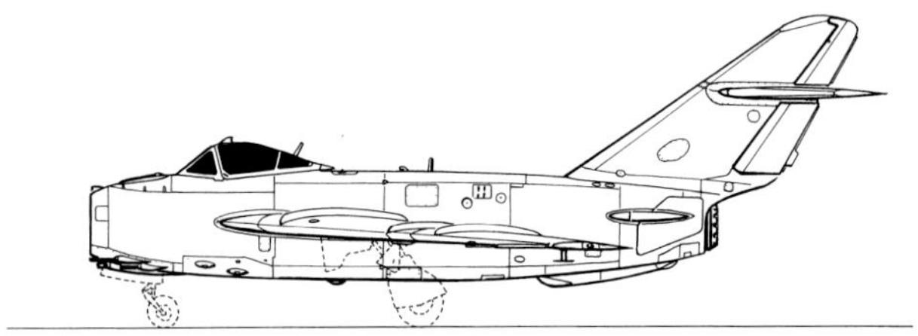

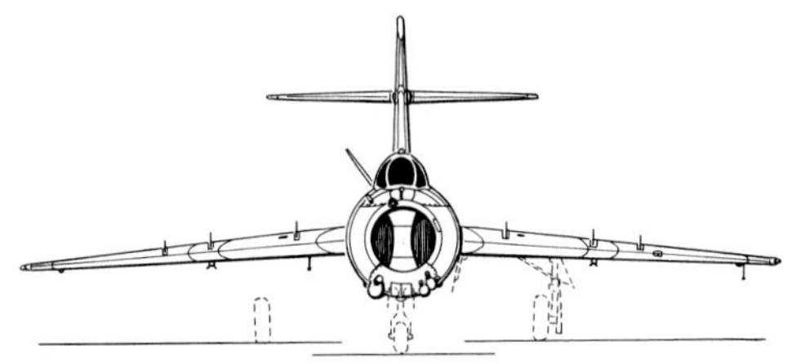

MiG-17PF

VERWENDUNGSZWECK:	Allwetterjagdflugzeug
BESATZUNG:	1
SPANNWEITE in m:	9,62
LÄNGE in m:	11,68
HÖHE in m:	3,80
FLÜGELFLÄCHE in m^2:	22,60
LEERMASSE in kg:	4 182
STARTMASSE max. in kg:	6 350
HÖCHSTGESCHW. in km/h:	1 074
LANDEGESCHW. in km/h:	190
STEIGLEISTUNG in m/s:	55
REICHWEITE in km:	1 930
GIPFELHÖHE in m:	15 800
TRIEBWERK:	ein Turbojet mit NB Klimow WK-1F
SCHUB in kN:	33 mit NB
BEWAFFNUNG:	3 Kanonen Kal. 23 mm NR-23 im Bug

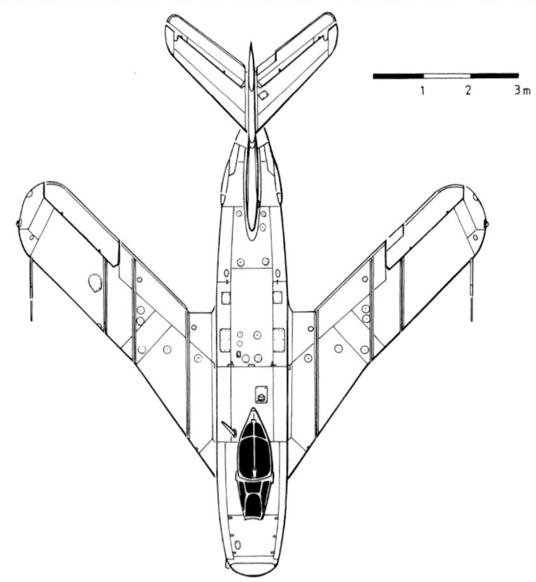

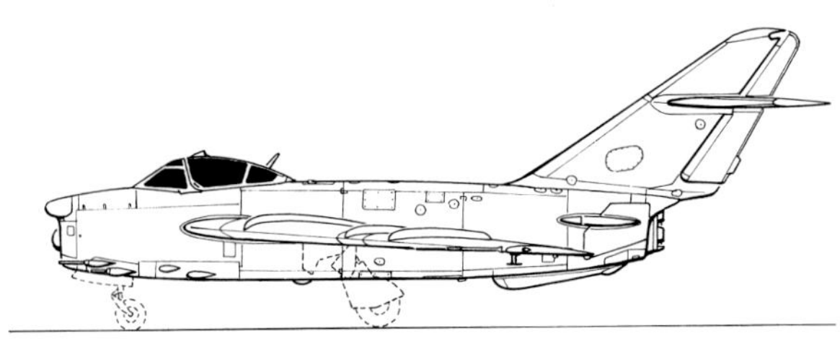

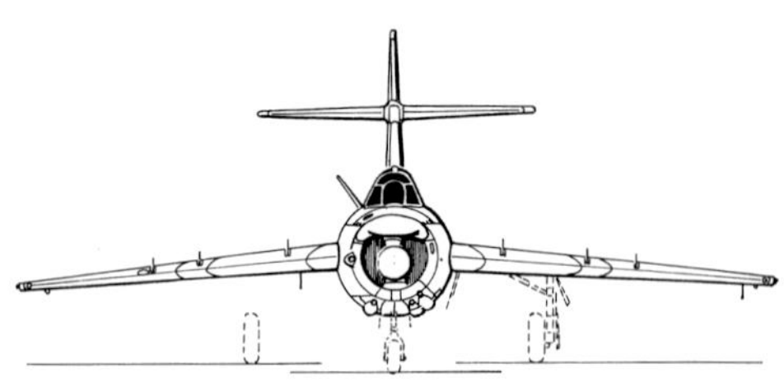

1

2

3

4

M. MEYER

1 MiG-17PF erhielten schon wenige Monate nach ihrer Einführung die neuen Hoheitszeichen, die Farbe der dielektrischen Verkleidungen der Funkmessantennen variierte zwischen grün, blaugrün und blau, vermutlich gab es auch rote Verkleidungen.

2 MiG-17glatt wurden häufig ohne Zusatzbehälter geflogen, wegen des fehlenden Nachbrenners reichte der interne Kraftstoff länger.

3 MiG-17F mit ausgefahrenem Fahrwerk und geöffneter Kabine, an Stelle der Zusatzbehälter trägt sie 250-kg-Bomben.

4 MiG-17F umgebaut zum Jagdbomber und in Tarnbemalung, so dienten die letzten MiG-17F bis 1985.

oben: Startvorbereitung zum Nachtflug mit der PF

rechts: Cockpit der MiG-17PF mit dem Funkmessvisier

unten: Diese MiG-17PF ging am 12. Januar 1969 durch Absturz verloren.

oben: Betankung einer MiG-17PF mittels eines G-5-Tankfahrzeugs, die beiden Rumpfbehälter fassen zusammen 1 400 Liter, unter den Flügeln je ein 400-Liter-Zusatzbehälter.

Mitte: Mögliche Waffenpalette der zum Jagdbomber umgebauten MiG-17F. Diese Maschine trägt noch keinen Tarnanstrich.

unten: MiG-17F in der Jagdbomberkonfiguration, wie sie bis Mitte der 80er Jahre beim JBG-31 im Einsatz waren.

Mikojan-Gurewitsch MiG-19S/-19PM

Einsatz:	1959 bis 1969
Stückzahl:	24
Hersteller:	Staatl. Flugzeugwerk Nr. 21 Gorki, Staatl. Flugzeugwerk Nr. 153 Nowosibirsk, beide UdSSR

oben: MiG-19S '495' bewaffnet mit Raketenstartern ORO-57, Maschine hat den kurzen Leitwerksvorkiel und ARU-3W-Modifikation.

unten: Die '872' in Sonderbemalung für die Flugschau anlässlich der Motorkunstflug-WM 1968.

RECHTE SEITE:
unten: Kurz nach dem Aufsetzen der '723' auf der Piste öffnet sich der an der Unterseite des Hecks angebrachte Bremsschirm.

Die stark gepfeilte zweistrahlige MiG-19 war das erste Überschalljagdflugzeug der DDR-Luftstreitkräfte. Seine Handhabung war kompliziert, es gab eine Reihe von Abstürzen.
Mit der MiG-17F hatten die NVA Luftstreitkräfte ab 1957 ein Flugzeug, um Ziele in mittleren Höhen am Tage und unter einfachen Wetterbedingungen in der Nacht zu bekämpfen. Die Version MiG-17PF fügte eine begrenzte Allwetterkomponente hinzu. Um aber auch sehr schnell fliegende Ziele in großen Höhen abfangen zu können, benötigte man ein Überschalljagdflugzeug. Das erste Überschalljagdflugzeug der Welt, das in Großserie produziert wurde, existierte damals schon in Form der MiG-19.
1958 entschied die Führung der DDR, dieses Flugzeug auch für die NVA-Luftstreitkräfte/Luftverteidigung einzuführen. Es war geplant, zwei Geschwader, das JG-3 und das JG-8, mit der MiG-19 auszurüsten. Zunächst vereinbarte man die Lieferung von zwölf Tagjägern MiG-19S und zwölf Allwetterjägern MiG-19PM. Da die Produktion der MiG-19 in der UdSSR bereits Ende 1957 eingestellt worden war und die Umstellung auf die MiG-21 begonnen hatte, erhielt die DDR Maschinen aus dem Bestand der sowjetischen Luftstreitkräfte. Auch die anderen Warschauer-Pakt-Länder hatten übrigens fast nur gebrauchte Exemplare erhalten. Der Vertrag, der am 5. September 1958 unterzeichnet wurde, sah für die

zwölf MiG-19S einen Preis von 15,57 Millionen Mark vor, und 17,25 Millionen für die zwölf MiG-19PM. Ende März, Anfang April 1959 reiste eine Gruppe Techniker des JG-3 nach Sawasleika bei Nishni Nowgorod zur Umschulung auf die MiG-19. Am 4. Juni folgten 13 Piloten und zwei Dolmetscher. Nach der Umschulung fand in Krasnowodsk am Schwarzen Meer eine Scharfschießübung statt. Die MiG-19PM feuerten mit Luft-Luft Raketen RS-2U auf ferngelenkte Zielflugkörper, die von Tu-4-Bombern aus gestartet wurden.
Als die Lehrgangsteilnehmer im September 1959 zurückkehrten, standen bereits alle 24 MiG-19 beim JG-3 in Preschen auf dem Platz. Sie waren gleichzeitig im August geliefert worden und trugen zu dieser Zeit noch das DDR-Hoheitszeichen ohne Emblem.

Die zwölf MiG-19S, Tagjäger mit Kanonenbewaffnung, wiesen einen unterschiedlichen Modifikationsstand auf, manche hatten noch einen kurzen Vorkiel vor der Seitenflosse, manche schon einen längeren. Alle hatten an den Tragflächennasenkanten je eine Waffenpylone für Raketenwerfer ORO-57K mit jeweils acht ungelenkten Raketen S-5 (Kaliber 57 mm) oder für Bomben zu 50 kg. Bei den sowjetischen Serienmaschinen kam diese Form der Pylone nicht vor, hier waren die Pylone unter den Tragflächen zwischen Fahrwerksschacht und Landeklappe angeordnet. Die Flugzeuge mit den kurzen Vorkielen wiesen am Übergang zur Seitenflosse eine deutliche Verdickung auf. Die MiG-19 verfügte erstmals über ein ungedämpftes Pendelhöhenleitwerk, das über Hydraulikbooster betätigt wurde. Das automatische System ARU-2A regelte Ruderausschlag und Steuerdruckrückmeldung in Abhängigkeit von Flughöhe und Geschwindigkeit. Die modifizierten Maschinen hatten das verbesserte Regelsystem ARU-3W, dessen Umlenkhebel aber wegen seines größeren Schwenkradius diese Buckelverkleidung erforderte.
Die zwölf Allwetterjäger MiG-19PM waren mit dem Funkmessvisier RP-2U und vier Pylonen für leitstrahlgelenkte Luft-Luft-Raketen RS-2U ausgerüstet, sie besaßen also keine Kanonenbewaffnung.
Die 1. Staffel des JG-3 erhielt die MiG-19S

oben: Piloten und Techniker des JG-3 an der MiG-19S '975' in Preschen. An der Maschine links sieht man am Übergang der Seitenflossennase sehr gut den „Buckel" des Regelsystems ARU-3W.

oben: Betankung und Flugvorbereitung an der MiG-19PM '512', diese Maschine ging am 2. Oktober 1963 durch Absturz verloren.

unten: Alarmübung im April 1964 anlässlich des Besuches des damaligen Verteidigungsministers der UdSSR, Marschall Malinowski, bei der NVA. Im Vordergrund die mit RS-2U-Lenkraketen bewaffnete PM '231'.

und die 2. Staffel die MiG-19PM, während die 3. Staffel weiter die MiG-17PF flog. Die allgemein strenge militärische Geheimhaltung in der NVA wurde nun bei der MiG-19, dem ersten Überschallkampfflugzeug der DDR, teilweise ins Groteske gesteigert. Auf der Abstellfläche hatte man auf dem Beton rings um die MiG-19 eine rote Linie gemalt. Der so entstandene, rechteckige „Kasten" hatte nur an den Schmalseiten zwei Öffnungen, die durch Posten bewacht wurden. Nur durch diese imaginären „Türen" durfte das berechtigte Personal den Bereich betreten. Für alle anderen war die „19" tabu. Das Gefechtsstandpersonal z.B., das jeden Tag per LKW an der Abstelllinie vorbei musste, hatte den Befehl so Platz zunehmen, dass es der MiG-19 den Rücken zuwandte und durfte sich nicht umdrehen! Bis 1961 war die Ausbildung so weit fortgeschritten, dass die MiG-19-Staffeln im Frühjahr in das „Diensthabende System" (DHS) der Luftverteidigung der Warschauer-Vertrags-Staaten übernommen werden konnten. Doch es gab Schwachpunkte im Flugdienstalltag, die nie ganz beseitigt werden konnten. Bedingt durch den langen und auf der ganzen Länge geteilten Ansaugkanal litten die Triebwerke am Boden oft an „Atemnot". Besondere Aufmerksamkeit erforderte das Anlassen bei Seitenwind. Zuerst musste das Triebwerk auf der dem Wind abgekehrten Seite gestartet werden, andernfalls hätte das andere ihm buchstäblich die Luft weggenommen.

Ein ständiges Problem waren Überhitzungserscheinungen an den nebeneinander im Rumpf liegenden Triebwerken. Da sie nicht durch ein Brandschott getrennt waren, konnte längerer Nachbrennerbetrieb schnell zu gefährlichen Temperaturen führen. Brüche in Hydraulikleitungen infolge Triebwerksschwingungen waren ein weiterer Schwachpunkt. Alle zwei Jahre mussten diese Leitungen komplett erneuert werden.

Ein permanentes Risiko stellten auch die Kraftstoffbehälter im Bereich der Triebwerke dar. Durch häufige Leckagen sammelte sich Kraftstoff am Boden der Rumpfschale, wodurch die Explosionsgefahr stieg. Nur ständige Kontrollen und

links: Eine der wenigen Farbaufnahmen einer MiG-19PM (takt. Nr. '464'). In der oberen Lippe über dem Lufteinlauf befindet sich die Antenne des Übersichtskanals, in der Mitte die des Zielkanals.

oben rechts: Die '335' erhielt nach ihrer Außerdienststellung im Museum „Traditionsvorstartlinie Bautzen" einen Tarnanstrich.

unten rechts: Die Reste der '646' im Braunkohlentagebau Greifenhain, wo ihr Triebwerk als Abtaugerät für im Winter vereiste Kohlewaggons diente.

Modifikationen brachten hier einigermaßen Sicherheit. Nur zwei Jahre nach Indienststellung kam es bereits zu Unfällen. Am 16. Dezember 1961 ging die erste Maschine durch Triebwerksbrand und Hydraulikausfall in Preschen verloren. Am 24. April 1962 stürzte die '930' bei Neukirch in der Nähe von Bischofswerda ab, wobei der Pilot Leutnant Scheibe ums Leben kam. Drei Monate später kam es zu einem weiteren Absturz einer MiG-19.
Bei der 2. Staffel gab es außerdem ständig Schwierigkeiten mit der Funkmessausrüstung und mit der Ersatzteilbeschaffung. Das führte zu einer äußerst geringen Einsatzbereitschaft der MiG-19PM, die ständig unter der der Tagjäger-Staffel lag. Zwei weitere Katastrophen 1963 und 1964 infolge Triebwerksbrand, bei denen die Piloten starben, brachten der MiG-19 schließlich den Ruf eines „Witwenmachers" ein. Piloten und Techniker, denen solche Bemerkungen nachgewiesen wurden, oder die sich offiziell über die mangelhafte Technik und die Ersatzteilsituation beschwerten, wurden mit „Parteiverfahren" und Disziplinarstrafen belegt.
Der geringe Klarstand, der Verlust von fünf Maschinen und die Tatsache, dass schon die neuen Mach-2-Jäger MiG-21F-13 zur Verfügung standen, führten dazu, dass der Plan, noch ein zweites Geschwader mit MiG-19 auszurüsten, aufgegeben wurde.
Im JG-3 wurden ab 1. September 1963 die verbliebenen MiG-19S und MiG-19PM in einer Staffel zusammengefasst, die beiden anderen Staffeln flogen nun MiG-21F-13.
In den Jahren 1965/1966 verringerte sich der Bestand weiter durch Havarien am Boden. 1968 verunglückte Hauptmann Emmerich tödlich, als seine 19S mit brennendem Triebwerk bei Bautzen abstürzte. Ungeachtet dieser Absturzserie sollten im gleichen Jahr zwei MiG-19 an einem Schaufliegen zur Eröffnung der 5. Weltmeisterschaften im Motorkunstflug in Magdeburg teilnehmen. Aus diesem Anlass versah man zwei 19S, die '844' und die '872', mit einer Sonderbemalung. Beide waren in den Farben blau/rot/gelb gehalten, hatten aber ein unterschiedliches Design. Leider sind nur Fotos der '872' überliefert, so dass das Design der anderen Maschine unbekannt ist.
Zur Vorführung der MiG-19 im Einzelkunstflug in Magdeburg kam es jedoch nicht, denn beide Flugzeuge verunglückten in der Vorbereitungsphase. Während eines Trainingsflugs bei Preschen am 9. August 1968 berührte die '844' bei einer Rolle in Bodennähe über der Runway nach einem Steuerfehler den Boden. Der Kommandeur der 1. Staffel des JG-3, Hauptmann Siegfried Wodzich, starb in den Trümmern der Maschine. Dennoch wurde die zweite Maschine, die '872', zum sowjetischen Flugplatz Stendal überführt. Von dort sollten die Flüge über Magdeburg ausgehen.
Dabei kam es zu einer schweren Bruchlandung durch Hydraulikversagen, der Pilot, Hauptmann Heinz Stammberger, blieb zum Glück unverletzt. Das Kapitel MiG-19 war damit so gut wie beendet. Im Mai 1969 wurden dann alle noch verbliebenen MiG-19 außer Dienst gestellt.
Die PM '391' stellte man ohne Triebwerke in einem Ferienlager in Forst auf. Später kam diese Maschine dann auf einen Sockel in der Dienststelle Preschen. Heute befindet sie sich in der Luftwaffenbasis Laage. Die S '335' kam in das Museum „Traditionsvorstartlinie Bautzen" und steht heute im Luftwaffenmuseum in Berlin-Gatow. Diese beiden Museums- bzw. Traditionsmaschinen erhielten nach der Außerdienststellung eine Tarnbemalung, die sie aber in ihrer aktiven Zeit nie hatten. Sämtliche MiG-19 der LSK/LV der DDR waren nur in aluminiumfarbenem Finish geflogen.

MiG-19S

Technische Daten

VERWENDUNGSZWECK:	Jagdflugzeug
BESATZUNG:	1
SPANNWEITE in m:	9,00
LÄNGE in m:	13,09
HÖHE in m:	4,02
FLÜGELFLÄCHE in m^2:	23,00
LEERMASSE in kg:	5 760
STARTMASSE max. in kg:	8 700
HÖCHSTGESCHW. in km/h:	1 450
MARSCHGESCHW. in km/h:	950
STEIGLEISTUNG in m/s:	115
REICHWEITE in km:	2 200
GIPFELHÖHE in m:	18 600
TRIEBWERK:	zwei Turbojets mit NB Mikulin RD-9B
SCHUB in kN:	je 32 mit NB
BEWAFFNUNG:	3 Kanonen Kal. 30 mm NR-30, 500 kg Bomben oder ungel. Raketen unter den Flügeln möglich

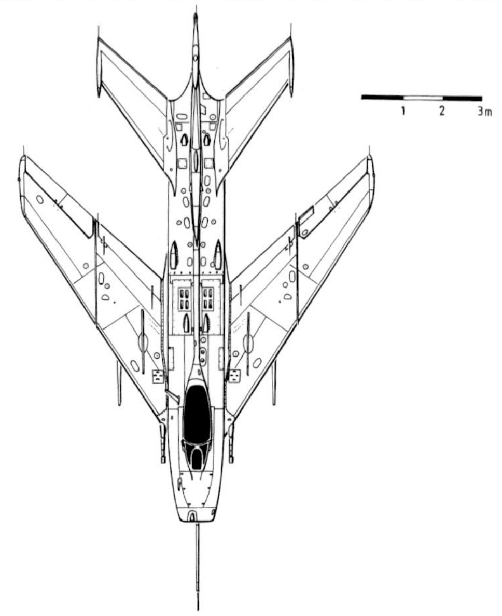

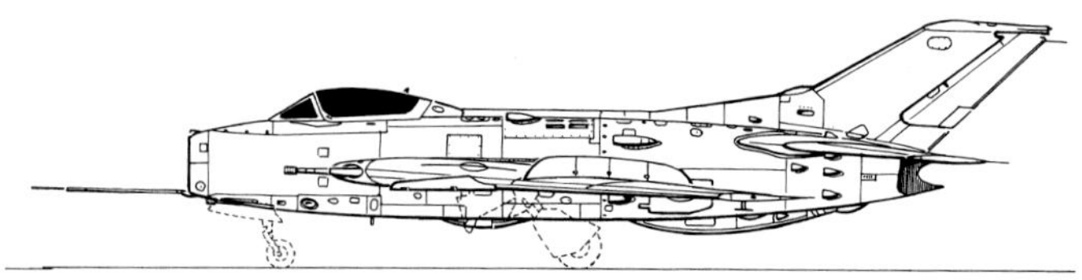

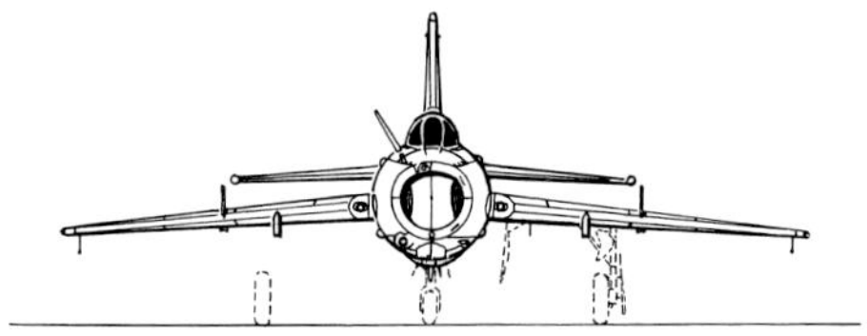

MiG-19PM

Technische Daten

VERWENDUNGSZWECK:	Allwetterjagdflugzeug
BESATZUNG:	1
SPANNWEITE in m:	9,20
LÄNGE in m:	13,50
HÖHE in m:	4,02
FLÜGELFLÄCHE in m^2:	25,00
LEERMASSE in kg:	5 760
STARTMASSE max. in kg:	8 464
HÖCHSTGESCHW. in km/h:	1 400
MARSCHGESCHW. in km/h:	950
STEIGLEISTUNG in m/s:	115
REICHWEITE in km:	1 415
GIPFELHÖHE in m:	16 700
TRIEBWERK:	zwei Turbojets mit NB Mikulin RD-9B
SCHUB in kN:	je 32 mit NB
BEWAFFNUNG:	4 radargelenkte Luft-Luft Raketen RS-2U

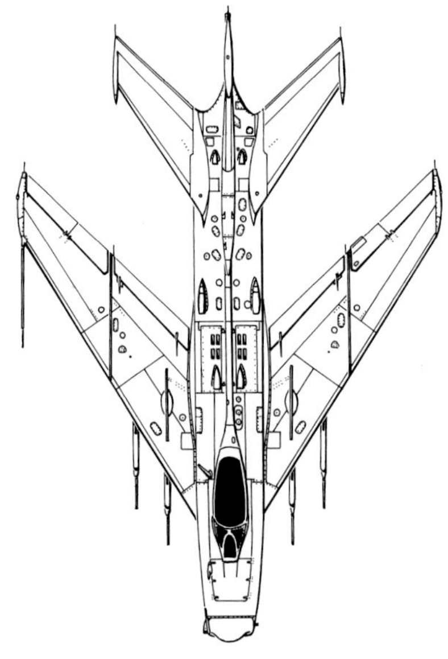

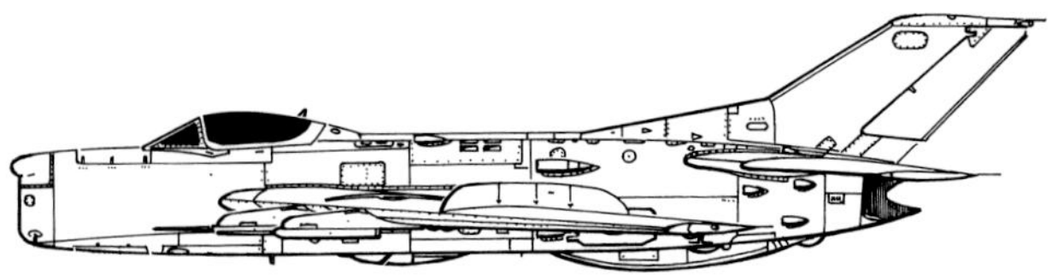

1

2

3

1 Die attraktive Kunstflugbemalung der '872' im Jahre 1968, die Maschine hat den langen Vorkiel, Waffenpylone sind für Kunstflug entfernt.

2 MiG-19PM in der Bemalung unmittelbar nach der Einführung bei den LSK, für kurze Zeit flog sie noch mit den alten Emblemen ohne Hammer, Zirkel und Ährenkranz, 1959.

3 MiG-19PM rechte Bordseite, Haube geöffnet, Landeklappen und Luftbremsen ausgefahren.

1962

Mikojan-Gurewitsch MiG-21F-13/-21U

Einsatz: 1962 bis 1990

Stückzahl: 120

Hersteller: Staatl. Flugzeugwerk Nr. 84, „Znamia Truda", Moskau, Chodinka
Staatl. Flugzeugwerk Nr. 21 „S. Ordshonikidse", Gorki
Staatl. Flugzeugwerk Tbilisi, alle UdSSR

oben: MiG-21F-13 in den 60er Jahren, bewaffnet mit infrarotgelenkten Luft-Luft-Raketen R-3S

unten: MiG-21F-13 an der Vorstartlinie, Techniker beim Einhängen einer „Schreiberrakete" R-3U .

Anfang der 60er Jahre war die erste Phase des Grundaufbaus der Luftstreitkräfte/Luftverteidigung der NVA abgeschlossen. Ihre Einheiten konnten in das „Diensthabende System" (DHS) der Luftverteidigung des Warschauer Vertrags einbezogen werden. Das erste Überschalljagdflugzeugmuster, MiG-19, hatte sich nicht bewährt, doch inzwischen stand mit der MiG-21 ein Mach-2-Jäger zur Verfügung. Die MiG-21F-13 wurde nahezu gleichzeitig in der DDR und den anderen Ostblockländern einschließlich der UdSSR eingeführt. Das war vor allem für die NVA neu, waren die Vorgängertypen doch stets später als in der Sowjetunion und den meisten anderen östlichen Ländern eingeführt worden. Zudem erschwerte bislang eine drastisch zunehmende Geheimhaltung die Einführung der neuen Technik.
Die ersten MiG-21F-13 trafen ab April/Mai 1962 in der DDR ein und bis Ende des Jahres waren es 24. Weitere 30 Maschinen folgten 1963, 1964 kamen 22 hinzu.
Als erstes Geschwader wurde das JG-8 auf den neuen Typ umgerüstet, danach das JG-9 und die 3. Staffel des JG-3.
Ab 1964 kamen MiG-21 der nächsten Generation (MiG-21PF und 1966 MiG-21PFM/SPS), so dass keine weiteren Einheiten mehr neu mit der F-13 ausgerüstet wurden. Durch die Einführung der neuen Versionen konnten auch schon ab 1964 einige F-13 an das Schulgeschwader JAG-15 abgegeben werden. Dort begann nun schrittweise die Um-

schulung vom Unterschalltrainer L-29 direkt auf die MiG-21. Ab April 1965 standen den LSK/LV dann auch endlich die sehnlich erwarteten Doppelsitzerversionen MiG-21U-400 und 1966 die verbesserte U-600 (größeres Seitenleitwerk und Bremsschirm über der Schubdüse) zur Verfügung.
Bei den Piloten war die MiG-21F-13 wegen ihrer leichten und direkten Ruderwirkung beliebt. Das gute Massen-Leistungs-Verhältnis gab ihr eine geradezu sagenhafte Manövrierfähigkeit. Weitere Vorteile waren die große Gipfelhöhe von 19 000 m, die Robustheit und Fähigkeit, von Feldflugplätzen mit Grasbahnen aus zu operieren. Nachteilig wirkte sich das Fehlen eines Funkmessvisiers aus, dadurch waren nur Einsätze bei einfachen Wetterbedingungen möglich. Auch das Fehlen von höherentwickelten Auftriebs- und Landehilfen bedingte ein hohes Wetterminima, besonders bei der Ausbildung.
Da ja insgesamt mit diesem ersten Mach-2-Leichtbaujäger technisches Neuland beschritten wurde, gab es natürlich auch viele technische Mängel, von denen manche im Laufe der Einsatzzeit beseitigt werden konnten, andere jedoch auch nicht. Das Triebwerk Tumanski R-11 F-300 bereitete z.B. ständig Probleme durch mangelnde Turbinenkühlung. Beim Raketenschießen ging das Triebwerk grundsätzlich aus und musste in der Luft wieder angelassen werden, was nicht immer gelang. Gebrochene Antriebswellen der Kraftstoffpumpe führten im Sommer 1974 zur Sperrung aller Triebwerke. In einer beispiellosen, wochenlangen Tag-und-Nacht-Aktion mussten die Wellen an allen Triebwerken neu vermessen werden.

oben: Doppelsitzer MiG-21U-400, bewaffnet mit Raketenkassetten UB-16-57U. Nach Ihrer Versetzung ins JAG-15 ersetzte man an allen U's die ursprüngliche UKW-Antenne im Kiel unter dem Rumpf durch von der L-29 stammende Antennen auf dem Rumpfrücken. Zum Ende ihrer Dienstzeit bekamen die Maschinen auch kleine Schmutzbleche unter den Startklappen, wie sie bei den neueren MiG-21-Versionen Standard waren.

unten: Außer Dienst gestellte F-13 als Schein-DHS auf dem Flugplatz Holzdorf.

Der Katapultsitz SK der MiG-21F-13 war so konstruiert, dass sich in größeren Höhen das Kabinendach als Schutz vor den Piloten legt und mit dem Sitz zusammen auslöst, in geringen Höhen musste das Kabinendach jedoch vor dem Katapultieren

Ausbildungsflugbetrieb im JAG-15 mit MiG-21F-13.

manuell abgeschossen werden, da der gesamte Vorgang sonst zu lange gedauert hätte. In der Praxis wurde dies jedoch nicht immer beachtet und einige Piloten kamen dadurch ums Leben. Der gleiche Katapultsitz SK wurde ebenfalls, leicht modifiziert (das Vorlegen des Kabinendaches entfiel), in der MiG-21U-400/600 verwendet. Hier gab es keine automatische Katapultsequenz beider Sitze, sondern es musste ein manueller Ablauf eingehalten werden.
Von den insgesamt 120 NVA-MiG-21 der 1. Generation, also F-13, U-400 und -600, sind 39 Maschinen durch Unfälle verloren gegangen. Dabei kamen 20 Menschen ums Leben.
Anfang der 70er Jahre waren alle Jagdgeschwader mit moderneren Versionen ausgerüstet und die F-13 an die Schule abgegeben worden. Nur die 3. Staffel des JG-3 behielt ihre F-13 bis 1974, vorwiegend aus diesem Bestand erfolgte ab November 1974 die Aufstellung der Aufklärungsstaffel AFS-31. Schon vom Hersteller aus war jede MiG-21F-13, deren Werknummer durch 5 teilbar ist, für den Einbau einer Luftbildkamera AFA-39 an Stelle des rechten Landescheinwerfers vorbereitet. Am 15. Oktober 1985 wurden alle noch verbliebenen MiG-21F-13 außer Dienst gestellt.
Die Schuldoppelsitzer MiG-21U-400/600 dienten noch bis März 1990 an der Offiziersschule im JAG-15 und wurden dann wegen des veralteten Katapultsystems außer Dienst gestellt. Eine große Anzahl der ausrangierten F-13 hatte die NVA als so genanntes „Schein-DHS" zur Täuschung der gegnerischen Aufkärung an den Flugplätzen der Jagdgeschwader aufgestellt. Andere endeten als Lehrmittel oder Ausbildungsobjekte auf Brand- und Schießplätzen.
Die wahrscheinlich einzige noch fliegende MiG-21U der NVA ist die ehemalige '291', die heute als N121TJ in den USA als Privatflugzeug zugelassen ist.

1

2

3

4

1 MiG-21F-13 in den 70er Jahren mit geänderten Markierungen, bewaffnet mit Kassetten UB-16-57 UD für ungelenkte 57-mm-Luft-Boden-Raketen.

2 MiG-21F-13 Ende der 70er Jahre im Einsatz als Aufklärer, ab dieser Zeit wurden alle Maschinen mit Tarnanstrich versehen, der Zusatzbehälter unter dem Rumpf fasst 480 Liter. Die Kabine ist geöffnet und die vordere Luftbremse ausgefahren.

3 MiG-21U-400 im ursprünglichen Aussehen mit 250-kg-Bomben bewaffnet.

4 MiG-21U-600 in den 80er Jahren mit Tarnanstrich und neuen Rettungsmarkierungen, sie hat die letzten Modifikationen: Antenne auf dem Rumpf, Schutzbleche unter den Startklappen und Dach über der hinteren Kabine wie die spätere Version MiG-21US. Am Waffenträger APU-13 ist eine Schreiberrakete für das Schießtraining angebracht.

rechts: MiG-21U-600 Ende der 60er Jahre noch im Originalzustand, deutlich zu erkennen das größere Seitenleitwerk und der Bremsschirmbehälter über dem Schubrohr.

Mitte: Das Cockpit einer MiG-21F-13, gut sichtbar die Anlenkung des nach vorn öffnenden Kabinendachs.

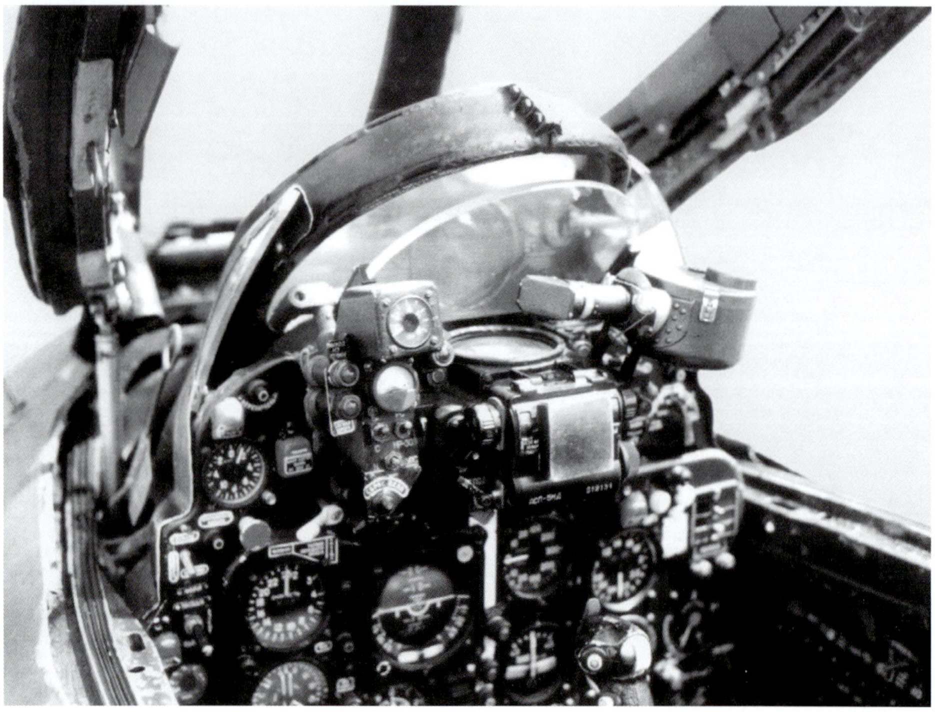

unten: Diese MiG-21F-13 steht seit 1980 als Denkmal vor dem Geburtshaus von Sigmund Jähn, dem ersten DDR-Kosmonauten und ersten Deutschen im All überhaupt, in Morgenröte-Rautenkranz.

RECHTE SEITE

oben: Vorfeldszene 1966 beim JG-3 in Preschen, die zum Start rollende '659' wurde 1969 durch vorzeitiges Einfahren des Fahrwerks während des Startvorgangs zum Totalschaden.

unten: '693' verlässt nach der Landung die SLB, der Bremsschirm wurde grundsätzlich bei jeder Landung benutzt, obwohl das Flugzeug unter normalen Bedingungen auch mit den Radbremsen zum Stehen gebracht werden konnte.

659

693

MiG-21F-13

VERWENDUNGSZWECK:	Tagjagdflugzeug
BESATZUNG:	1
SPANNWEITE in m:	7,15
LÄNGE in m:	15,76
HÖHE in m:	4,10
FLÜGELFLÄCHE in m^2:	23,00
LEERMASSE in kg:	4 871
STARTMASSE max. in kg:	8 386
HÖCHSTGESCHW. in km/h:	2 150 (in Höhe = >12 000 m)*
HÖCHSTGESCHW. in km/h:	1 200 (in Höhe = <12 000 m)*
STEIGLEISTUNG in m/s:	-
REICHWEITE in km:	960 - 1 290
GIPFELHÖHE in m:	19 000
TRIEBWERK:	ein Turbojet mit NB Tumanski R-11 F-300
SCHUB in kN:	51 mit NB
BEWAFFNUNG:	1 Kanone Kal. 30,0 mm NR-30, 2 gelenkte Luft-Luft Rakete oder 32 ungel. Raketen oder 1000 kg Bombenlast unter den Flügeln.

* = ohne Außenlasten

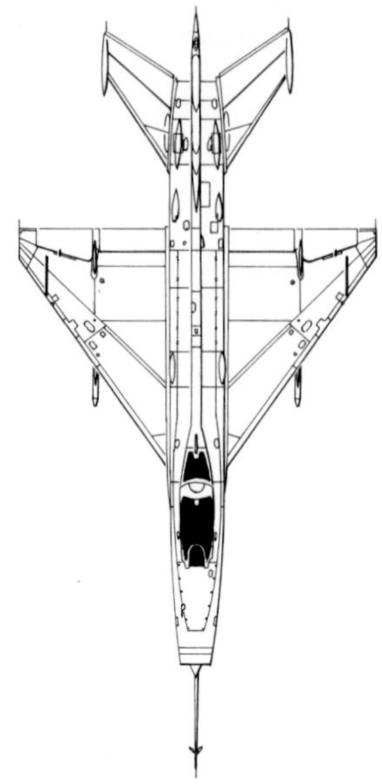

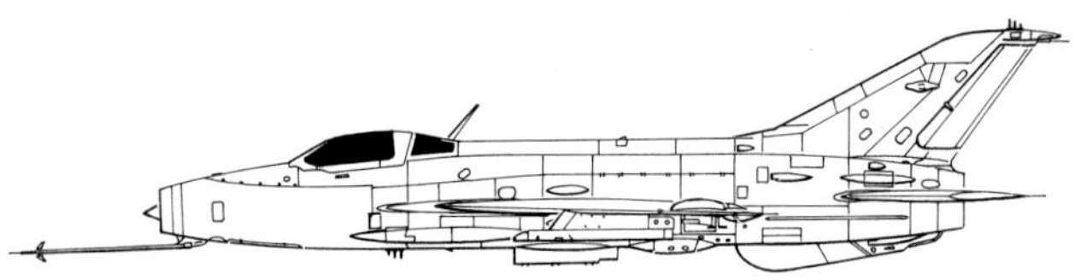

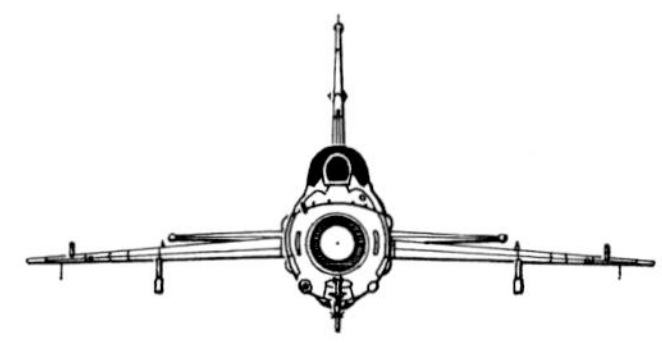

MiG-21U-400/600

VERWENDUNGSZWECK:	Schuljagdflugzeug
BESATZUNG:	2
SPANNWEITE in m:	7,15
LÄNGE in m:	15,76
HÖHE in m:	4,12
FLÜGELFLÄCHE in m^2:	23,00
LEERMASSE in kg:	4 871
STARTMASSE max. in kg:	7 800
HÖCHSTGESCHW. in km/h:	2 150 (in Höhe = >12 000 m)*
HÖCHSTGESCHW. in km/h:	1 200 (in Höhe = <12 000 m)*
STEIGLEISTUNG in m/s:	
REICHWEITE in km:	1 240
GIPFELHÖHE in m:	18 200
TRIEBWERK:	ein Turbojet mit NB Tumanski R-11 F-300
SCHUB in kN:	51 mit NB
BEWAFFNUNG:	2 gel. Luft-Luft Rak. oder 32 ungel. Raketen oder 1000 kg Bomben unter den Flügeln, Behälter mit MG Kal. 12,7 mm Afannasjew möglich, aber bei NVA nicht verwendet.

* = ohne Außenlasten

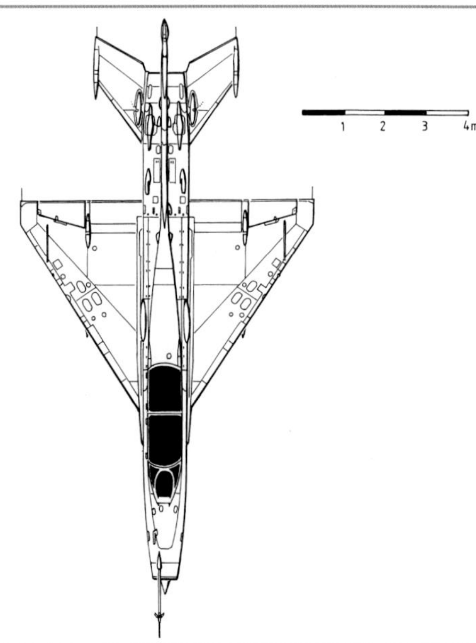

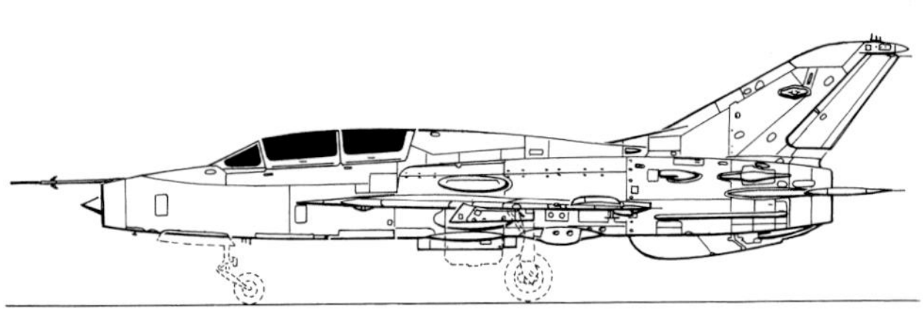

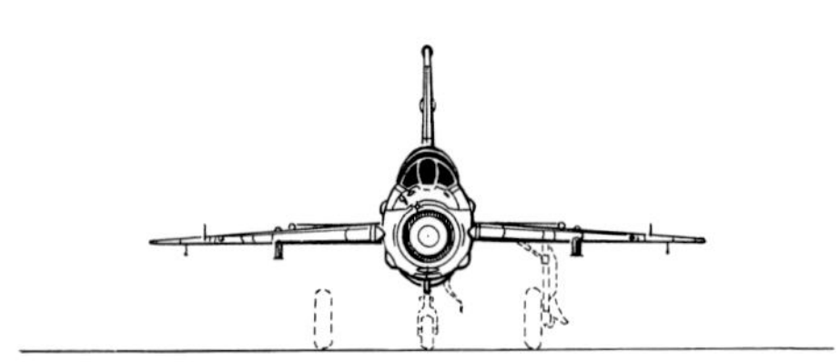

Techniker arbeitet am Bugfahrwerksschacht der '714', diese Maschine ging später als Aufklärer zur TAFS-47 und flog dort noch bis 1985.

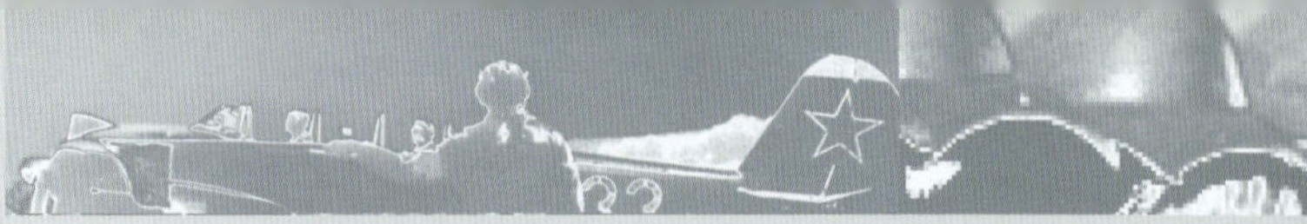

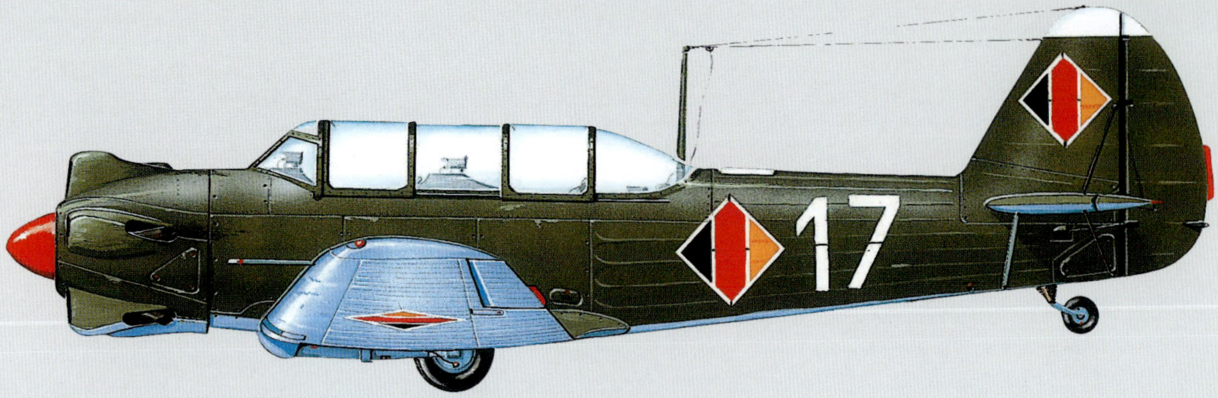

Jakowlew Jak-18/-18U

Einsatz: **1952 bis 1972**

Stückzahl: **65**

Hersteller: **Staatl. Flugzeugwerk Nr. 116 Arsenjew, UdSSR**

oben: Jak-18 der NVA, 1956

unten: Jak-18 der VP-Luft/bzw. VdAK, etwa 1954

Die North American T-6, das am weitesten verbreitete Schulflugzeug des Westens, wurde oft als „Pilotmaker" bezeichnet. Als wahrer „Pilotenmacher" erwies sich auch die Jak-18 und ihre Versionen. Ab 1947 lernten tausende Flugschüler in der UdSSR und den anderen Ostblockstaaten auf der Jak-18 das Fliegen. Als ab 1952 bewaffnete Kräfte in der DDR aufgebaut wurden, griff man ebenfalls auf das damals modernste östliche Schulflugzeug, die Jak-18, zurück.
Die teilweise als Aeroklubs getarnten Einheiten der VP-Luft erhielten 35 Maschinen dieses Typs. Die Flugzeuge trugen den roten Stern der Sowjetarmee, da Motorflugzeuge nach Maßgabe der Siegermächte in Deutschland nicht betrieben werden durften. Bei Gründung der NVA 1956 gingen diese Maschinen in deren Erstbestand ein. Aber schon ab 1957 kam die Ablösung durch das Nachfolgemuster Jak-18U. Die verbliebenen 33 Jak-18, zwei gingen in der NVA durch Unfälle verloren, kamen nun zur GST. Mit zivilen Kennzeichen versehen, behielten sie teilweise ihre grüne Tarnbemalung, teilweise bekamen sie auch einen silbergrauen Anstrich. Ab 1965 begann auch in der GST ihre schrittweise Außerdienststellung. Mindestens zwei ausgediente Exemplare stellte man, fluguntüchtig gemacht, in den Pionierparks der Pionierorganisation auf; sie sind aber heute nicht mehr vorhanden. Eine Jak-18 erhielt das Armeemuseum Dresden, die heutige

Militärhistorische Sammlung. Da die Einsatzflugzeuge, für welche die Flugschüler ausgebildet wurden, ab Mitte der 50er Jahre durchweg mit Bugradfahrwerken ausgestattet waren, musste die Jak-18 dem angepasst werden. Es entstand die Jak-18U mit fast identischer Zelle und etwas verbessertem, anders verkleidetem Triebwerk, bei allerdings gleichgebliebener Leistung. Wegen der erhöhten Masse sanken die Flugleistungen. Die Jak-18U stellte nur eine Übergangslösung dar, bis die Jak-18A mit dem 190 kW leistenden AI-14-Motor zur Verfügung stand.

Die NVA beschaffte ab 1957 die U-Variante für ihre Fliegerschule. Doch kurz darauf vollzog sich ein Strukturwandel. Aus der Fliegerschule bildete man zwei Ausbildungsgeschwader, in denen von Anfang an auf Strahltrainern MiG-15UTI, später L-29, ausgebildet wurde. Die fliegerische Grundausbildung auf den Kolbenmotormaschinen hatte, wie in der Sowjetunion und den anderen Armeen des Warschauer Pakts, die Wehrsportorganisation zu übernehmen. So kamen 30 Jak-18U zwischen September 1958 und Juli 1959 zur GST. Sie behielten die grüne Tarnfarbe und bekamen zivile Registrierungen, die in schwarz oder weiß angebracht wurden. Einige Maschinen erhielten später silbergraue Anstriche mit schwarzen Flächen hinter den Auspuffstutzen.

In den verschiedenen Ausbildungszentren der GST lief nun die Schulung der „Offiziersbewerber-Militärfliegerlaufbahn" auf der Jak-18U. Ab 1960 und ab 1964 kam die neue, leistungsfähigere Jak-18A hinzu, die U-Variante wurde schrittweise bis 1970/71 außer Dienst gestellt. Zwei Exemplare gingen durch Unfälle 1960 und 1962 verloren, die Verbliebenen verschrottete man, so dass heute keine Jak-18U mehr in Deutschland vorhanden ist.

oben: Ausbildungsflugbetrieb mit Jak-18 bei der VP-Luft.

unten: 1956 gingen etwa 35 Jak-18 der KVP in den Bestand der neu gegründeten NVA-Luftstreitkräfte ein.

oben: Junge Flugschüler der LSK/LV 1956 vor ihren Jaks mit den neuen Hoheitszeichen.

Mitte: Schon ab 1957 gaben die LSK ihre Jak-18 an die GST weiter.

unten: Frisch von den LSK übernommene Jak-18 auf einem GST-Stützpunkt.

oben links: Wie bei dieser Maschine schienen oft noch die übermalten militärischen Kennzeichen durch.

oben rechts: Später ersetzten manche GST-Stützpunkte das Militärgrün durch eine silberne Bemalung.

Mitte: Start einer Jak-18U in Kamenz 1958

unten: NVA-Techniker der Fliegerschule an einer Jak-18U.

Jak-18

VERWENDUNGSZWECK:	Schulflugzeug
BESATZUNG:	2
SPANNWEITE in m:	10,60
LÄNGE in m:	8,03
HÖHE in m:	2,2
FLÜGELFLÄCHE in m²:	17,0
LEERMASSE in kg:	750
STARTMASSE max. in kg:	1 065
HÖCHSTGESCHW. in km/h:	257
REISEGESCHW. in km/h:	195
STEIGLEISTUNG in m/s:	3,5
REICHWEITE in km:	1 050
GIPFELHÖHE in m:	4 000
TRIEBWERK:	ein 5zyl. Sternmotor M-11FR-1
LEISTUNG in kW:	118

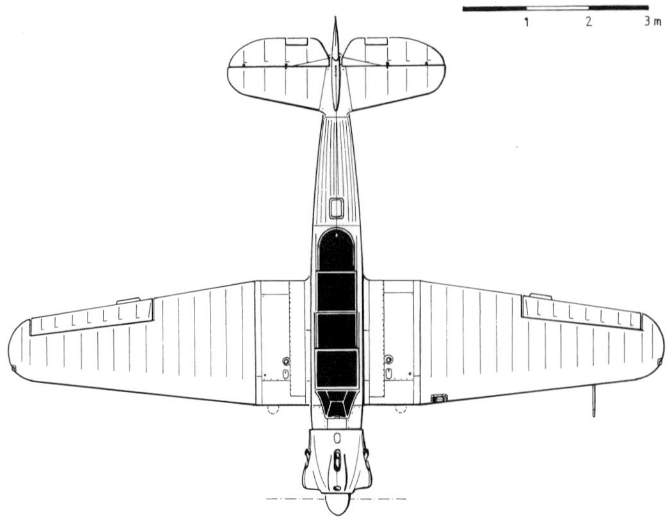

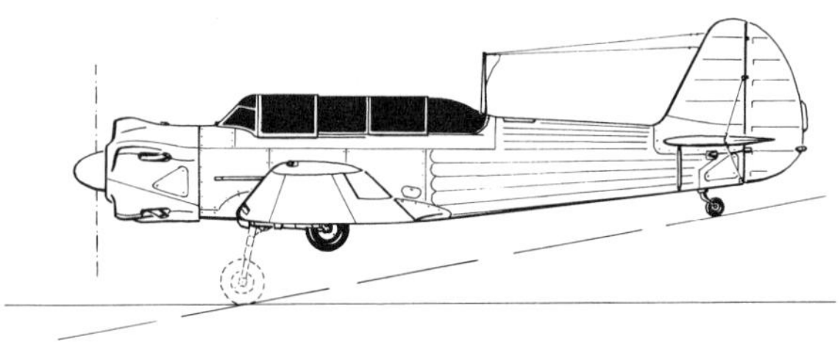

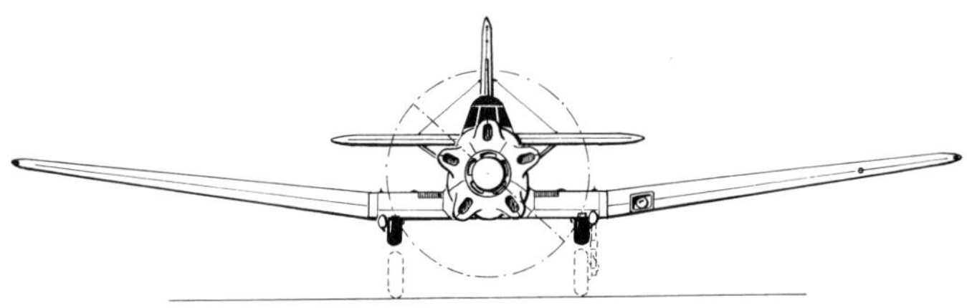

Jak-18U

VERWENDUNGSZWECK:	Schulflugzeug
BESATZUNG:	2
SPANNWEITE in m:	10,60
LÄNGE in m:	8,33
HÖHE in m:	3,4
FLÜGELFLÄCHE in m²:	17,0
LEERMASSE in kg:	884
STARTMASSE max. in kg:	1 172
HÖCHSTGESCHW. in km/h:	230
REISEGESCHW. in km/h:	186
STEIGLEISTUNG in m/s:	2,5
REICHWEITE in km:	900
GIPFELHÖHE in m:	3 440
TRIEBWERK:	ein 5zyl. Sternmotor M-11FR-2
LEISTUNG in kW:	118

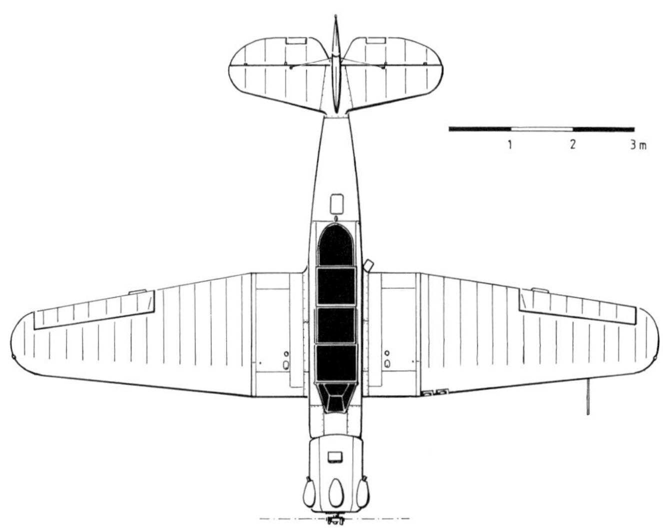

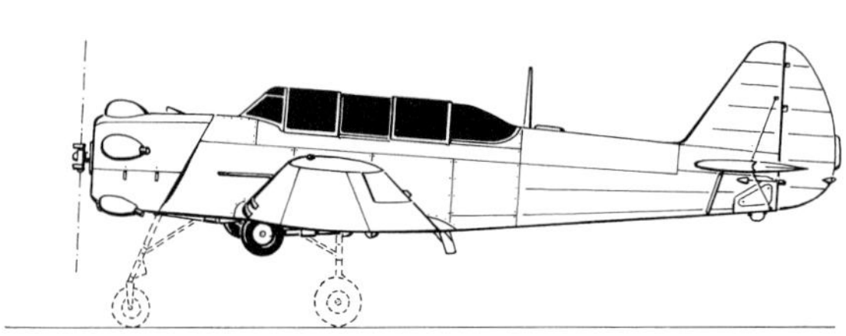

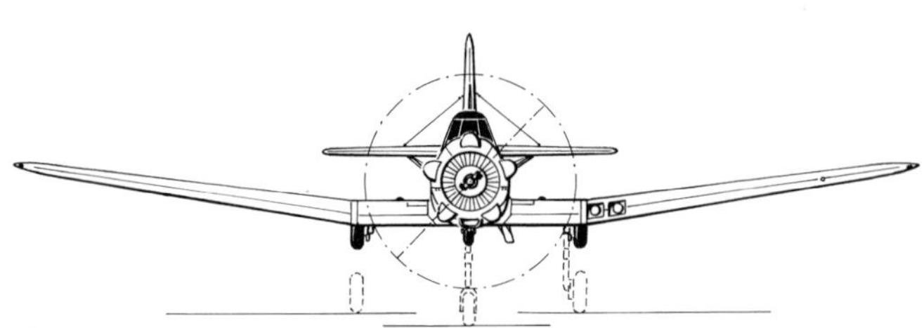

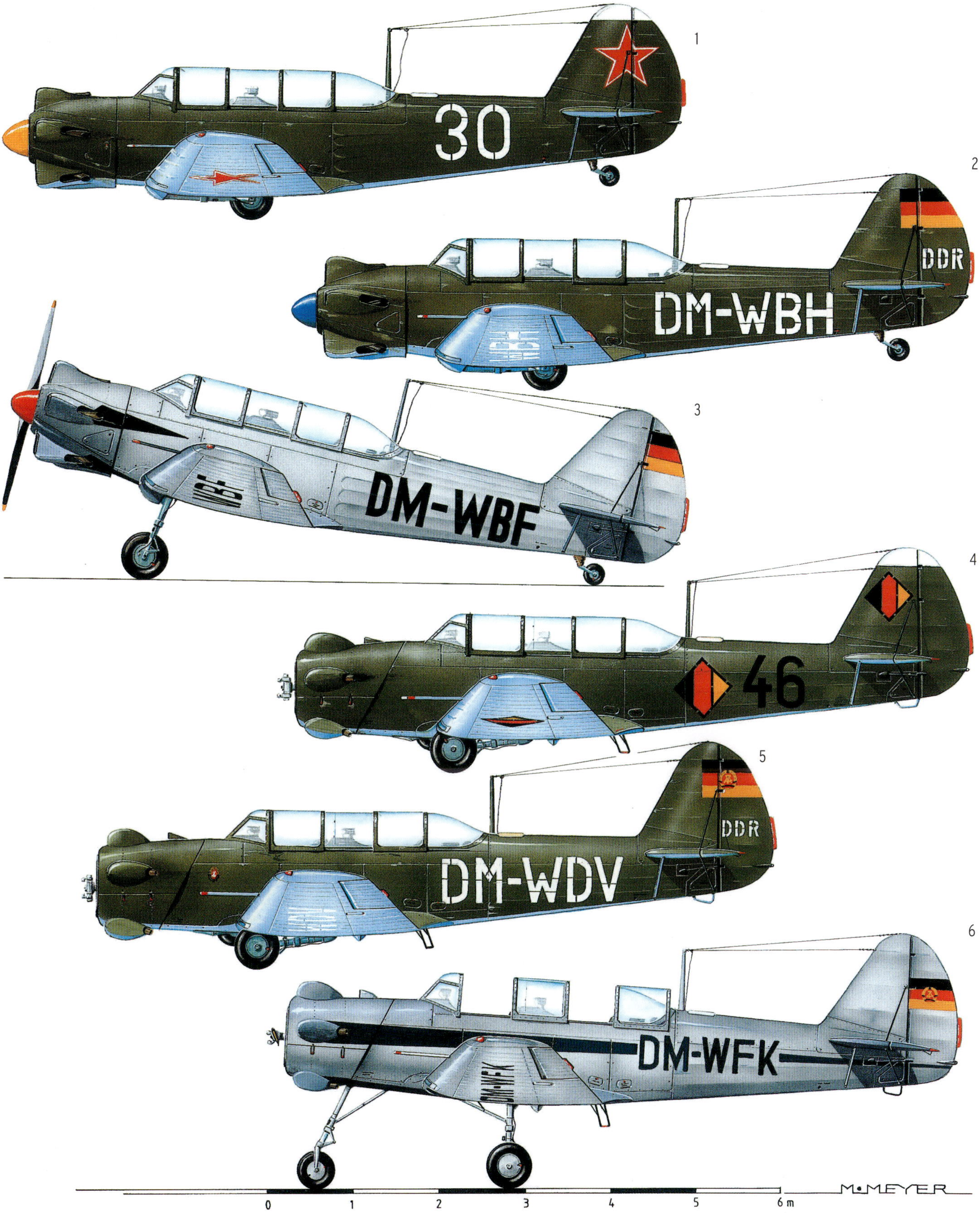

1 Jak-18 der VP-Luft, die Farbe des Spinners, rot, gelb oder blau, war jeweils einem der so genannten Aeroklubs bzw. später Fliegergeschwader zugeordnet, 1953.

2 Jak-18 der GST, 1957 in von der NVA übernommener Bemalung mit 'DDR'-Buchstaben unter der Flagge, üblich bis zur Einführung des Hammer-und-Zirkel-Emblems.

3 Jak-18 der GST in silbergrauer Bemalung mit schwarzen Flächen hinter den Auspuffstutzen zur Überdeckung der Rumpfverschmutzung.

4 Jak-18U der NVA, 1957.

5 Jak-18U der GST 1960, obwohl schon das Emblem in der Flagge vorhanden ist, hat man die Buchstaben 'DDR' im Ruder noch belassen.

6 Jak-18U der GST in silbergrau mit ungewöhnlichem Rumpfband, 1965.

Jakowlew Jak-11

Einsatz: **1953 bis 1962**

Stückzahl: **etwa 100**

Hersteller: **Let národní podnik, Uherské Hradiste-Kunovice, ČSSR**

oben: Jak-11 der LSK/LV, 1956

unten: Nach Außerdienststellung kam diese Maschine der Zieldarstellungsstaffel zum Museum „Traditionsvorstartlinie“ Bautzen.

Die Ausbildung von Piloten für die VP-Luft begann im Herbst 1952 im Rahmen des so genannten Lehrgang X/oder 200 in der UdSSR. Parallel dazu lief auch in der DDR die Grundausbildung auf der Jak-18 an. Für die Fortgeschrittenenausbildung stellte ein sowjetisches Lehrregiment in Cottbus Übungsjagdflugzeuge Jak-11 zur Verfügung. Im Zuge des weiteren Aufbaus der VP-Luft beschaffte die DDR weitere Jak-11 (C-11), die aus der tschechoslowakischen Lizenzproduktion stammten. Die Struktur der Fliegerkräfte umfasste 1953 bereits drei Fliegerdivisionen (der Öffentlichkeit gegenüber verschleiernd als „Aeroklubs“ bezeichnet). Jeder „Aeroklub“ hatte zwei Abteilungen (später auch Kommandos genannt), eine mit vier Staffeln Jak-18, die andere mit fünf Staffeln Jak-11. Die Farben der Propellerspinner in rot, gelb und blau war jeweils einem der „Aeroklubs“ zugeordnet. Die Flugzeuge trugen aus Tarngründen bis 1956 Sowjetsterne als Hoheitszeichen. Als dann aus den Abteilungen der „Aeroklubs“ langsam Einsatzverbände wurden, die sich nicht mehr mit Anfängerschulungen befassen konnten, gründete man 1954 die Fliegerschule in Kamenz. Deren 1. Fliegerausbildungsgeschwader erhielt, neben der Jak-18, ebenfalls die Jak-11.
Die Konstruktion der Jak-11 ging 1944/45 aus dem Jagdflugzeug Jak-3 hervor, die Zelle gleicht bis auf die Doppelkabine weitgehend der Jak-3. Nur der große Sternmo-

tor war untypisch für Jakowlew-Jäger dieser Zeit und erinnert eher an die Lawotschkin-Jäger. Der wartungsfreundliche und unkomplizierte luftgekühlte Sternmotor war gegenüber den flüssigkeitsgekühlten Reihenmotoren der Jagdmaschinen für den Schulbetrieb besser geeignet. Zuerst als Jak-3UTI erprobt, ging das Übungsjagdflugzeug 1946 als Jak-11 in die Serienproduktion. In der UdSSR liefen 3 859 Stück vom Band und in der ČSSR fertigte man noch einmal 707 Exemplare als C-11 in Lizenz.

Der Bestand der VP-Luft/VdAK an Jak-11 wuchs bis 1956 auf über 100 Maschinen an. 99 gingen dann am 1. März 1956, dem Gründungstag der DDR-Volksarmee, in den Erstbestand der Luftstreitkräfte der NVA ein. Gleichzeitig stellten die Jak-11 auch das erste Flugzeug der NVA dar, das sich sogar mit scharfem Schuss in Einsatz bewähren musste. In den Jahren 1956/57 standen in den Geschwadern immer zwei Jak-11, meist zusammen mit zwei MiG-15 oder MiG-17, als so genannte Einsatzkräfte in Startbereitschaft.

Von Westdeutschland aus starteten in dieser Zeit des Kalten Krieges monatlich hunderte von Ballons mit Propagandamaterial in Richtung DDR. Durch Jak-11 wurden diese Ballons abgefangen und mit dem 12,7-mm-MG abgeschossen. An zwei Bombenschlössern unter den Tragflächen konnten zwei 100-kg-Bomben mitgeführt werden. Zeitzeugen berichten, dass diese in der KVP bzw. NVA nie benutzt worden sein sollen (?).

In der Jagdfliegerausbildung konnte mit dem Foto-MG „geschossen" werden und mit einer zusätzlich einzubauenden Kamera AFA-39 waren Luftbildaufnahmen möglich. Mindestens eine Jak-11 erhielt 1957 eine rote Lackierung mit weißen Blitzen am Rumpf. Ein gewisser Major „Seppel" führte dann diese Maschine auf einer Flugschau in Cottbus im Kunstflug vor. Vermutlich trat er noch auf weiteren Veranstaltungen auf, bevor er sich 1960 in Richtung Westen absetzte. Noch einige weitere Jak-11 waren mit den weißen Blitzen bemalt, behielten aber als Grundfarbe blaugrau.

Die technische Instandhaltung der Jak-11 erfolgte im Werk Maschinen- und Anlagenbau (MAB) Schkeuditz. Einige Schwierigkeiten bereitete die Abgasanlage. Durch die kurzen, schräg nach hinten gerichteten Stutzen kam es mehrfach zu Bränden an der Rumpfunterseite im Bereich des Ölkühlers. So ging z.B. die Maschine mit der taktischen Nummer 121 vom 2. Kommando des 2. Aeroklubs Drewitz am 8. August 1956 verloren. Durch einen Triebwerksbrand im Endanflug stürzte sie aus etwa 80 m Höhe ab, wobei beide Piloten ums Leben kamen. Im MAB Schkeuditz

oben: Die ersten Jak-11 hatten noch die Luftschraube WiSch-111W-20 mit sich verjüngenden Blattspitzen.

unten: Ab 1957 kennzeichnete man mehrere Maschinen mit einem weißen Blitz am Rumpf, ihre taktischen Nummern wurden entfernt.

modifizierte man daher die Abgasrohre, indem man sie zuerst verlängerte und später gerade nach unten führte. Bei Unfällen und Havarien gingen insgesamt elf Flugzeuge verloren bzw. wurden so schwer beschädigt, dass sie abgeschrieben werden mussten.
Mit zunehmender Einführung der Strahljäger MiG-15 und MiG-17 sowie des Schulflugzeugs MiG-15 UTI für die Umschulung, verringerte sich die Bedeutung der Jak-11. Das Aus für die Jak-11 als Übungsjagdflugzeug kam dann 1958/59. Bis auf vier oder fünf Maschinen, die für die Zieldarstellung weiterverwendet wurden, stellte man alle außer Dienst. Einige Jak-11 wurden, fluguntauglich gemacht, in den Pionierparks der Pionierorganisation und auf größeren GST-Flugplätzen als Anschauungsobjekte aufgestellt. Als Denkmal oder „Gate Guard", wie man heute sagt, fanden auch einige Jak-11 in Dienststellen der NVA-LSK/LV einen Ruheplatz. So zum Beispiel die '98' im Objekt der 1. LVD in Cottbus. Die meisten Jak-11 gingen jedoch unwiederbringlich verloren, als sie im MAB Schkeuditz in eine große Grube geschoben wurden, um diese zu verfüllen und später Gebäude darauf zu errichten! Auch die bei der GST und in den Pionierparks abgestellten Maschinen verfielen im Laufe der Jahre und sind dann den Weg allen alten Metalls gegangen.
Die übriggebliebene Kette Jak-11 diente noch bis 1962 in der Zieldarstellungsstaffel ZD-21 für die Ausbildung der Truppenluftabwehr. Dabei wurde nicht auf ein geschlepptes Ziel geschossen, sondern die Waffen wurden ohne scharfen Schuss nur auf das Flugzeug gerichtet. Eine dieser Maschinen, die taktische Nummer 225 (W.-Nr. 68203), ging nach ihrer Außerdienststellung an das damalige Armeemuseum Potsdam. Später kam sie zur Traditionsvorstartlinie der LSK/LV nach Bautzen und ging nach der Wende in den Bestand des Luftwaffenmuseums Uetersen über. In Kamenz restauriert und mit einem, leider nicht sehr authentisch gelungenen Anstrich versehen, steht sie nun als Exponat im neuen Museumsstandort Berlin-Gatow.
Die zweite heute noch erhaltene Jak-11 (taktische Nummer 98, W.-Nr. 68210) ist jetzt ein Exponat des Flugplatzmuseums Cottbus.

oben: Techniker und Piloten der Zieldarstellungsstaffel mit ihren Jak-11

LINKE SEITE:
oben: Jak-11 kurz nach Gründung der NVA, man sieht, dass die ehemaligen roten Sterne übermalt wurden.

unten: Mindestens eine dieser Jak's mit dem Pfeil bekam eine rote Grundbemalung, andere blieben silbergrau.

Jakowlew Jak-11

VERWENDUNGSZWECK:	Schulflugzeug, Übungsjagdflugzeug
BESATZUNG:	2
SPANNWEITE in m:	9,40
LÄNGE in m:	8,50
HÖHE in m:	3,3
FLÜGELFLÄCHE in m^2:	15,40
LEERMASSE in kg:	900
STARTMASSE max. in kg:	2 418
HÖCHSTGESCHW. in km/h:	456
MARSCHGESCHW. in km/h:	400
STEIGLEISTUNG in m/s:	16,6
REICHWEITE in km:	1 290
GIPFELHÖHE in m:	8 000
TRIEBWERK:	ein 7zyl. Sternmotor ASch-21
LEISTUNG in kW:	515
BEWAFFNUNG:	1 MG Kal. 12,7 mm UBS starr im Rumpf, 2 Bomben je 100 kg unter den TF möglich

Technische Daten

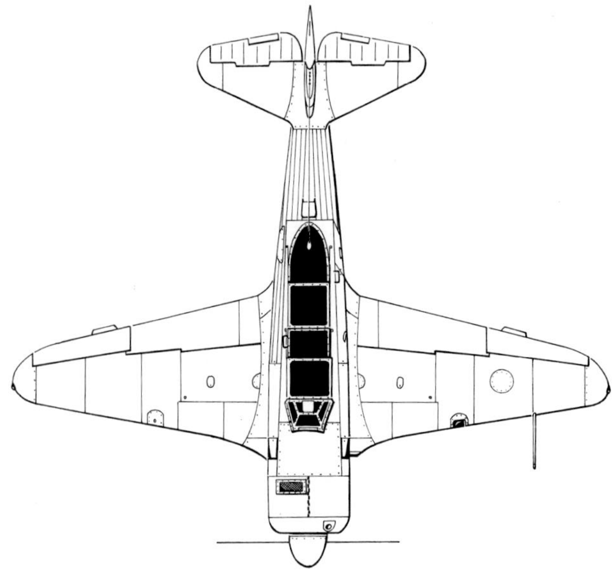

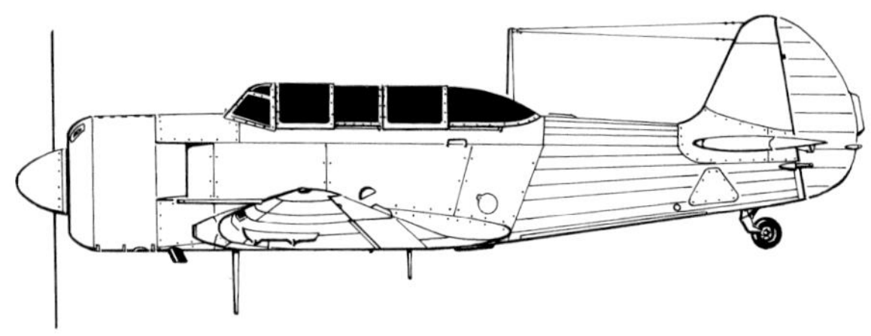

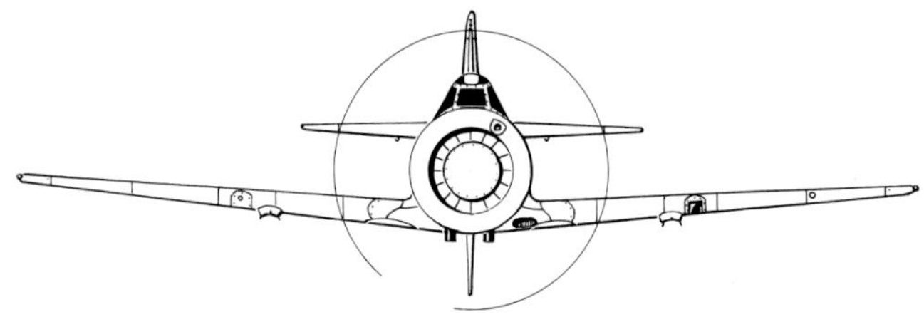

Jak-11 nach Außerdienststellung in einem Pionierpark der DDR.

Lawotschkin La-9

VERWENDUNGSZWECK:	Jagdflugzeug
BESATZUNG:	1
SPANNWEITE in m:	9,80
LÄNGE in m:	8,60
HÖHE in m:	-
FLÜGELFLÄCHE in m^2:	17,70
LEERMASSE in kg:	2 708
STARTMASSE max. in kg:	3 733
HÖCHSTGESCHW. in km/h:	690
MARSCHGESCHW. in km/h:	560
STEIGLEISTUNG in m/s:	17,3
REICHWEITE in km:	1 735
GIPFELHÖHE in m:	10 800
TRIEBWERK:	ein 14zyl. Doppelsternmotor ASch-82FNW
LEISTUNG in kW:	1360
BEWAFFNUNG:	4 Kanonen Kal. 23 mm NR-23 starr im Rumpf, leichte Bomben unter den TF möglich

Technische Daten

Als die Fliegertechnische Schule in Kamenz (Volkspolizei-Dienststelle 500) 1952 mit der Ausbildung von Technikern und Mechanikern für die VP-Luft begonnen hatte, übergaben die in der DDR stationierten sowjetischen Luftstreitkräfte der Schule neben fünf abgeschriebenen Strahljägern MiG-15 auch fünf Kolbenmotorjagdflugzeuge Lawotschkin La-9 für Anschauungs- und Lehrzwecke. Die genaue Herkunft der fünf Exemplare ist nicht klar, da es bisher keinen Nachweis über die Verwendung der La-9 bei einer sowjetischen Einheit in der DDR gibt. Dem Vernehmen nach dienten die Maschinen nur als statische Lehrflugzeuge. Wie lange die Lawotschkins an der Schule verblieben und welches Schicksal sie letztlich hatten, ist nicht bekannt.

(siehe dazu Farbschema, rechts, Nr. 4)

1

2

3

4

1 Jak-11 der VP-Luft, 1953.

2 Vorführmaschine mit Blitz, 1957.

3 Jak-11 der Zieldarstellungsstaffel 21, 1961.

4 Lehrflugzeug La-9 der VP-Luft, 1952.

Mráz M-1D Sokol

Einsatz: **1953 bis 1967**

Stückzahl: **2**

Hersteller: **Orličan, národní podnik, Chocen**

L-40 Meta Sokol

Einsatz: **1959 bis 1984**

Stückzahl: **5**

oben: Holz-Sokol '5008' des Armeesportklubs ASK „Vorwärts" Cottbus, 1964

unten: Sokol WAS im Mai 1957 in Schönhagen, bei genauerem Hinsehen kann man noch die Reste des roten Sterns am Seitenleitwerk erkennen.

Auf der Leipziger Herbstmesse 1953 stellte die tschechoslowakische Luftfahrtindustrie das Reiseflugzeug M-1D Sokol (Falke) vor. Der dreisitzige Kabineneindecker wurde 1945/46 auf Basis der Arado Ar 79 zuerst als M-1A entwickelt. Aufsehen erregte die Sokol durch spektakuläre Fernflüge Prag-Kapstadt (1947) und Zürich-Melbourne (1949), mit denen die tschechische Luftfahrtindustrie in der Nachkriegszeit international ihre Leistungsfähigkeit nachweisen wollte. So war die M-1D auf dem Leipziger Messegelände für viele luftfahrtinteressierte DDR-Bürger ein Anziehungspunkt. Auch die Flugsportfunktionäre der damals gegründeten GST waren von diesem Flugzeug offenbar so angetan, dass sie zwei Maschinen kauften. Unter welchen Umständen der Kauf zustande kam, ist unklar, denn bekanntlich verbot das Potsdamer Abkommen den Betrieb von Motorflugzeugen in Deutschland. Es übernahm schließlich die VP-Luft die beiden Sokol. Die nach Schönhagen gelieferten Maschinen mit den Werknummern 365 und 366 wurden auf dem Landweg nach Cottbus gebracht.

Dabei wurde die 366 so schwer beschädigt, dass sie fluguntauglich wurde. Die 365 diente, nun mit dem Sowjetstern markiert, in der Schleppstaffel Cottbus.

Am 20. März 1957 wurde die 366 schließlich von der GST übernommen. Nach Reparatur des Transportschadens in der Flugsportschule Schönhagen flog sie als

DM-WAP, die 365 flog ab 6. Oktober 1959 als DM-WAS.

Beide „Holz-Sokol" dienten als Verbindungs- und Reiseflugzeuge. Hauptmängel waren die wartungsintensive Holzbauweise und eine unangenehme Flugeigenschaft; das so genannte Schwimmen beim Landen mit vollen Klappen und Mindestgeschwindigkeit.

Die DM-WAS wurde 1962 von der GST abgeschrieben und an die NVA übergeben, während die DM-WAP bis 1967 im Einsatz blieb. Danach wurde sie höchstwahrscheinlich verbrannt. Abgeschriebene Flugzeuge mussten in der DDR nämlich vernichtet werden. Dadurch sollte verhindert werden, dass ein „Republikflüchtiger" sich mit ihrer Hilfe nach Westen absetzen konnte.

Die Sportflieger des ASK „Vorwärts" Cottbus restaurierten die Sokol 365 und versahen sie mit einer Verstellpropelleranlage. Die ohnehin sehr formschöne M-1D bekam dadurch ein noch schnittigeres Aussehen und wurde von den ASK-Leuten schon mal liebevoll als „Spitfire" bezeichnet.

Als '5008' diente sie nun noch einige Jahre bei der NVA. Das Datum der Außerdienststellung und der Verbleib sind nicht bekannt.

oben: DM-WAP in ihrer ersten Bemalung 1957 in Leipzig-Mockau.

unten: DM-WAP in ihrer zweiten Bemalung auf einem GST-Flugplatz 1965.

oben: Nochmals aus anderer Perspektive die DM-WAP 1957 in Leipzig Mockau.

Mitte: Nach Einbau einer Verstellluftschraube kam die ehemalige DM-WAS zum ASK „Vorwärts“ als ‘5008’, hier 1962 auf dem Flugplatz Schwarzheide.

unten: L-40 in der ersten Bemalung kurz nach Anlieferung 1959.

L-40 Meta Sokol

Als Nachfolger der M-1 Sokol erschien 1957/58 die L-40 Meta Sokol in Ganzmetallbauweise. Eine Besonderheit war das bis zur Rumpfmitte vorgezogene Spornrad. Daraus resultierte eine fast waagerechte Lage am Boden und beim Rollen eine gute Sicht nach vorn. 1959 beschaffte die GST fünf Flugzeuge dieses Typs (Werknummern 150508 u. 150509, 150511 bis 150513). Unter den Kennzeichen DM-WCL bis WCP wurden sie im Mai 1959 registriert. Stationiert waren die „Metas" an der damaligen Zentralen GST-Flugsportschule Schönhagen, später verteilte man sie auf die Bezirksausbildungszentren der GST. Hauptsächlich dienten die Maschinen höheren Flugsportfunktionären als Reiseflugzeuge. Bei Wettbewerben und anderen Veranstaltungen wurden sie ebenfalls eingesetzt. Der „normale" Sportflieger konnte manchmal bei Navigationsbelehrungsflügen in einer L-40 fliegen. Für ihn war es schon ein ungewohnt neues Gefühl, einmal in bequemen Polstersitzen des Reiseflugzeugs ohne den sonst üblichen Rettungsfallschirm zu sitzen.

oben: DM-WCM in der zweiten Bemalungsversion.

unten: Die unkonventionelle Fahrwerksanordnung und die bequeme Zugänglichkeit der Kabine der Meta Sokol wird in dieser Aufnahme deutlich.

Mráz M-1D Sokol

Technische Daten

VERWENDUNGSZWECK:	Sport- und Reiseflugzeug
BESATZUNG:	1 bis 3
SPANNWEITE in m:	10,00
LÄNGE in m:	7,35
HÖHE in m:	2,20
FLÜGELFLÄCHE in m^2:	13,80
LEERMASSE in kg:	465
STARTMASSE in kg:	800
HÖCHSTGESCHW. in km/h:	240
REISEGESCHW. in km/h:	212
STEIGLEISTUNG in m/s.:	3,3
REICHWEITE in km:	1 000
GIPFELHÖHE in m:	4 800
TRIEBWERK:	ein 4zyl. Reihenmotor Walter Minor 4-III
LEISTUNG in kW:	77

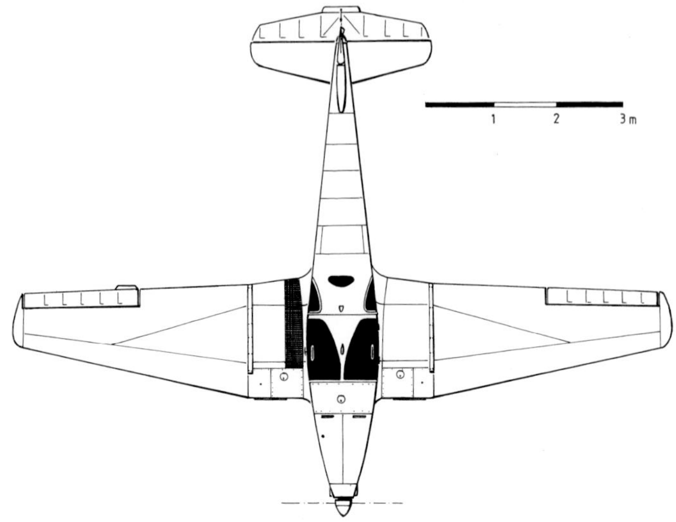

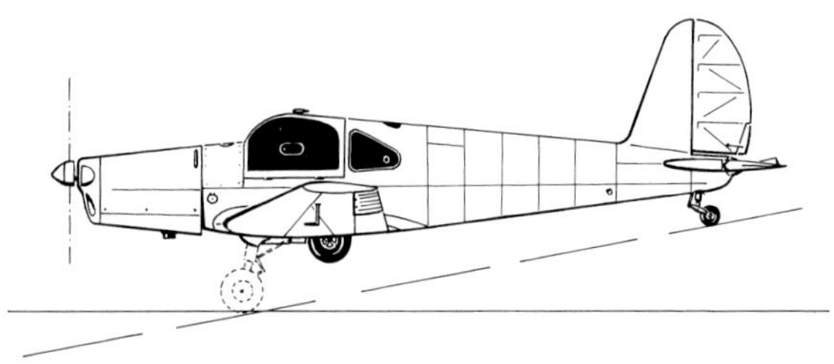

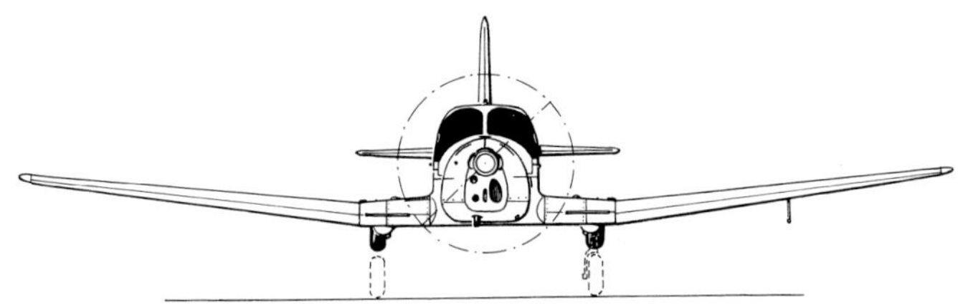

Orličan L-40 Meta Sokol

Technische Daten

VERWENDUNGSZWECK:	Reiseflugzeug
BESATZUNG:	1 bis 2
PASSAGIERE:	2 bis 3
SPANNWEITE in m:	10,05
LÄNGE in m:	7,45
HÖHE in m:	2,52
FLÜGELFLÄCHE in m^2:	14,56
LEERMASSE in kg:	534
STARTMASSE in kg:	935
HÖCHSTGESCHW. in km/h:	240
REISEGESCHW. in km/h:	213
STEIGLEISTUNG in m/s.:	4,5
REICHWEITE in Km:	1 107
GIPFELHÖHE in m:	5 000
TRIEBWERK:	ein 4zyl. Reihenmotor M-332
LEISTUNG in kW:	103

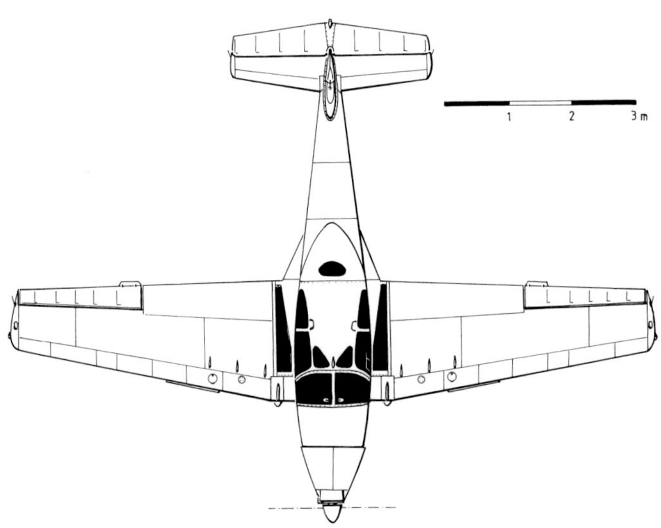

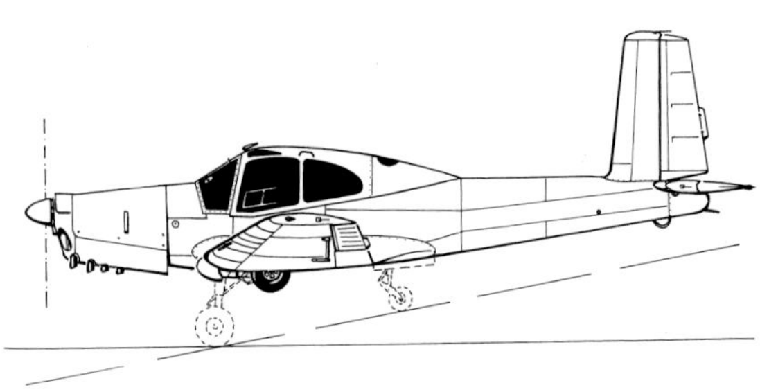

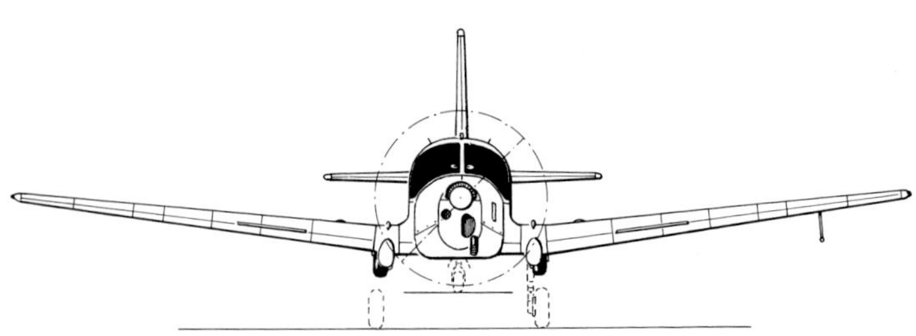

1 M-1D Sokol (Werknr. 365) der VP-Luft/VdAK Flugzeugschleppstaffel Cottbus, 1955.

2 Die gleiche Maschine wie oben als DM-WAS der GST, 1957.

3 Die DM-WAP in der ersten Bemalung, 1959.

4 Die WAP in ihrer zweiten GST-Bemalung, 1968.

5 L-40 Meta Sokol im ersten Bemalungsschema, zusätzlich am Leitwerk das Emblem des DDR-Aeroclubs, 1960.

6 Meta Sokol in der neuen GST Bemalung, 1970.

Zlin Z-126 Trenér 2

Einsatz: **1953 bis 1977**

Stückzahl: **19**

Zlin Z-226 Trenér 6

Einsatz: **1957 bis 1984**

Stückzahl: **44**

Hersteller: **Moravan, národní podnik, Otrokovice, ČSSR**

1954

oben: Z-126 mit der Werk-Nr. 742 der VP-Luft, bzw. VdAK 1954

unten: Die Trenér der Flugsportgruppe der Luftfahrtfakultät an der TH Dresden waren 1956, ähnlich wie die KVP-Maschinen, nur mit Werknummern gekennzeichnet, trugen aber statt des roten Sterns schon Schwarz-Rot-Gold.

Kaum eine Luftsportorganisation kam in den 50er und 60er Jahren an der Zlin Z-26/126/226-Typenreihe vorbei. Dem tschechoslowakischen Flugzeugbau war mit diesem Muster ein großer Wurf gelungen. In den sozialistischen Ländern galten seinerzeit die Zlin-Trenér als das Sportflugzeug schlechthin, was auch durch die hohen Stückzahlen der eingesetzten Maschinen unterstrichen wurde. Aus dem Grundmuster Z-26, das 1947 zum ersten Mal flog, war 1953 durch die Anwendung der Metallbauweise bei den Tragflächen der Z-126 geworden. Angetrieben wurden beide Versionen von Walter Minor 4-III mit 77kW. Die Kasernierte Volkspolizei, bzw. die VP-Luft beschaffte im Frühjahr 1953 drei Z-126. Diese Flugzeuge stammten aus der frühen Serienproduktion und hatten noch das runde Leitwerk der Z-26 in Holzbauweise. Weitere 12 Exemplare kamen bis 1956 in den Bestand. Diese Trenér verfügten aber schon über ein eckiges Leitwerk in Metallbauweise mit stoffbespannten Rudern. Die VP-Luft betrieb die Trenér, wie alle ihre Flugzeuge, mit roten Stern als Hoheitszeichen. Zuerst für die Anfängerausbildung eingesetzt, traten die Trenér zu Gunsten der Jak-18 bald von dieser Rolle zurück. Sie eigneten sich jedoch hervorragend für die Sportfliegerausbildung, ihre guten Leistungen ermöglichten auch den Einsatz als Schleppflugzeug. Diese Rolle übernahmen die Zlins dann auch in der KVP/VdAK.

Als 1956 die NVA gegründet wurde und Motorflugzeuge offiziell wieder erlaubt waren, gab man die 13 Z-126 Trenér – zwei waren durch Unfälle verloren gegangen – an die GST ab.
Vier weitere unter dem Deckmantel der KVP beschaffte Z-126 kamen 1956 in die DDR. Sie hatten einen aus heutiger Sicht etwas undurchsichtigen Status. Einerseits mit der zivilen schwarz-rot-goldenen Flagge versehen, erhielten sie andererseits jedoch ihre Werknummer als Kennzeichen. Betrieben wurden diese Maschinen von den Sportfliegern der TH Dresden. Dort gab es eine Art akademische Fliegergruppe, die auch der praktischen Ausbildung von Studenten und Dozenten der Aerodynamik- und Flugzeugbaufakultät diente. Nach kurzer Zeit erhielten sie jedoch Registrierungen in der WA-Reihe und waren unter GST-Halterschaft eingetragen. Als ZZF und ZZH kamen zwei dieser Trenér später zum VEB Flugzeugwerft Dresden. 1962 kam die ZZF zur GST, die ZZH wurde 1964 aus dem Register gelöscht.
Alle Trenér dienten in den Anfangsjahren der GST zum Flugzeugschlepp und der Schulung, später fast ausschließlich dem F-Schlepp. Zwei Maschinen gingen 1960 durch Unfälle verloren. Ende der 70er Jahre, am Schluss ihrer Laufbahn, als schon leistungsfähigere Schleppflugzeuge vorhanden waren, verwendete man die letzten verbliebenen 126 vorwiegend für Strecken- und Einweisungsflüge. Durch Hinzufügen von zwei Zylindern bei gleichem Hub und gleicher Bohrung war aus dem Motor 4-III der Walter Minor 6-III von 117 kW Leistung geworden. Ausgerüstet mit diesem Triebwerk und einigen Detailverbesserungen an der Zelle, entstand 1956 der Z-226 Trenér 6. Wegen des längeren und schwereren Motors musste der Z-226 solo aus dem hinteren Sitz geflogen werden. Nicht nur die Leistungen für den Schleppflug verbesserten sich erheblich, auch für die Kunstflugausbildung und den Wettbewerbskunstflug war der Trenér 6 nun hervorragend geeignet.
Die NVA führte 1957 wahrscheinlich drei Z-226 für den Armeesportklub Vorwärts ein. Diese Maschinen erhielten zunächst Militärhoheitsabzeichen und die Kennungen 5004, 5005 und 5006. Leider fehlt die Zuordnung zu den Werknummern 46, 50, und 86. Ab 1962 bzw. 1965 wechselten diese Trenér in das Zivilregister und wurden dort unter GST-Halterschaft geführt.
Für die GST importierte die DDR dann von 1958 bis 1960 40 Z-226 Trenér 6, plus eine Maschine als ZZC für die Flugzeugwerft Dresden, die später dann als WEZ ebenfalls zur GST kam.
Versuchsweise kaufte man auch ein Z-226 B (DM-WAW)-Spezialschleppflugzeug. Hier handelte es sich um eine Z-226, die vorn nur einen Notsitz ohne Steue-

oben und unten: KVP Trenér im Schleppeinsatz an der Segelflugschule Wartin 1955, markiert mit ihrer Werknummer und rotem Stern.

oben: Die DM-WAG etwa 1957, sie blieb bis 1970 im Einsatz.

Mitte (beide): Drei der 126er besaßen noch das frühe, runde Seitenleitwerk.

rechts: Im Schleppbetrieb wurden die 126er Trenér oft ohne die seitlichen Triebwerksverkleidungen geflogen.

rung und Instrumentierung hatte. Durch die Massenverringerung verbesserte sich die Steigleistung. Für lange Überlandschlepps konnte ein Zusatzbehälter eingebaut werden. Diese Bohat↔r (Held oder Recke) genannte Version blieb in der DDR jedoch ein Einzelstück. Die aSSR stellte auch nur eine kleine Serie her, da die Universalität des Trenér in dieser Konfiguration verloren ging. Dafür wurden alle Z-226T mit zwei austauschbaren Luftschrauben geliefert. Es gab eine Schleppschraube und eine Kunstflugschraube mit jeweils unterschiedlicher Steigung und Blattbreite. Die Trenér ermöglichten es durch ihre Robustheit, Wartungsarmut und relative Wirtschaftlichkeit, eine breite Basis für den F-Schlepp in der DDR zu schaffen. Im Schleppflug betrug die Steiggeschwindigkeit 5 m/s. Dank der geringen Landegeschwindigkeit von 75 km/h eigneten sich die Trenér gut für die oft recht unebenen Grasplätze der GST und natürlich auch für Außenlandefelder.

Während ihrer langen und intensiven Einsatzzeit gingen mehrere Maschinen durch Unfälle und Havarien verloren.

Der größte Teil der Trenér verbrachte seine Einsatzzeit als graue Maus, also ohne besondere äußerliche Farbgestaltung. Erst ab Ende der 70er Jahre erhielten die letzten Maschinen farbige Kontrastflächen und farbenfrohe Speziallackierungen. Anstoß für diese Entwicklung war auch die zunehmende VFR-Verkehrsdichte im DDR-Luftraum und dadurch verursachte Zwischenfälle.

Eine Z-226, WEJ, spielte eine Sonderrolle, weil sie speziell für Kunstflugvorführungen bei Veranstaltungen und Flugtagen

Zlin Z-126 Trenér 2

Technische Daten

VERWENDUNGSZWECK:	Sport- und Schulflugzeug
BESATZUNG:	1 bis 2
SPANNWEITE in m:	10,28
LÄNGE in m:	7,42
HÖHE in m:	2,10
FLÜGELFLÄCHE in m²:	14,90
LEERMASSE in kg:	510
STARTMASSE in kg:	765
HÖCHSTGESCHW. in km/h:	205
REISEGESCHW. in km/h:	180
STEIGLEISTUNG in m/s.:	5,5
REICHWEITE in km:	600
GIPFELHÖHE in m:	4 750
TRIEBWERK:	ein 4zyl. Reihenmotor Walter Minor 4-III
LEISTUNG in kW:	77

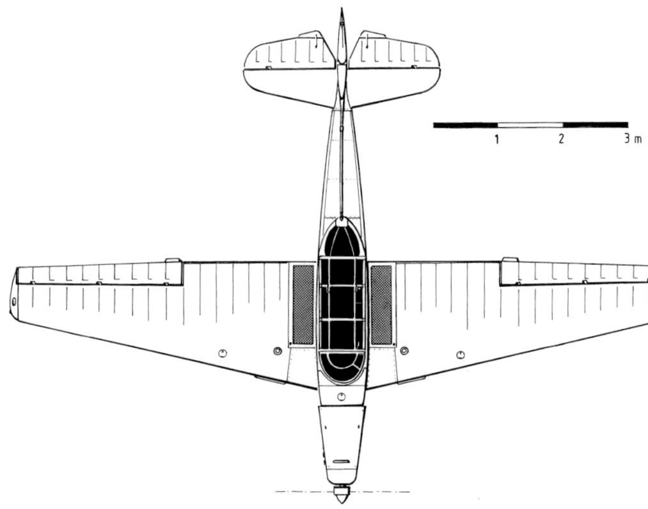

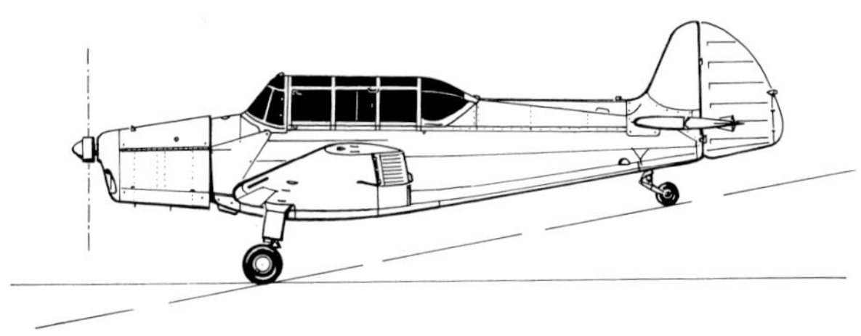

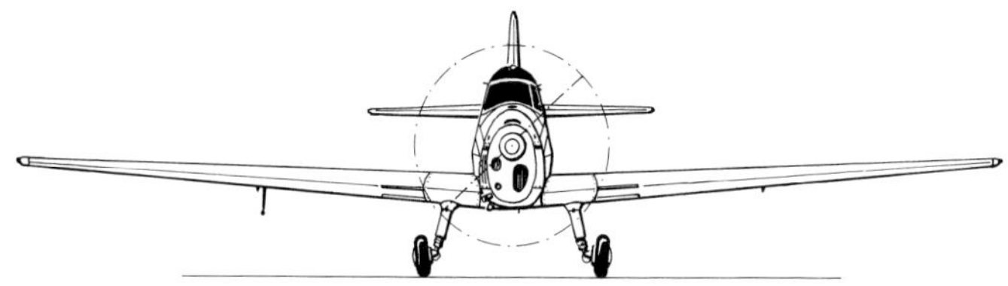

Zlin Z-226 Trenér 6

Technische Daten

VERWENDUNGSZWECK:	Sport- und Schulflugzeug
BESATZUNG:	1 bis 2
SPANNWEITE in m:	10,28
LÄNGE in m:	7,83
HÖHE in m:	2,10
FLÜGELFLÄCHE in m²:	14,90
LEERMASSE in kg:	570
STARTMASSE in kg:	820
HÖCHSTGESCHW. in km/h:	220
REISEGESCHW. in km/h:	195
STEIGLEISTUNG in m/s.:	7,0
REICHWEITE in km:	480
GIPFELHÖHE in m:	6 000
TRIEBWERK:	ein 6zyl. Reihenmotor Walter Minor 6-III
LEISTUNG in kW	118

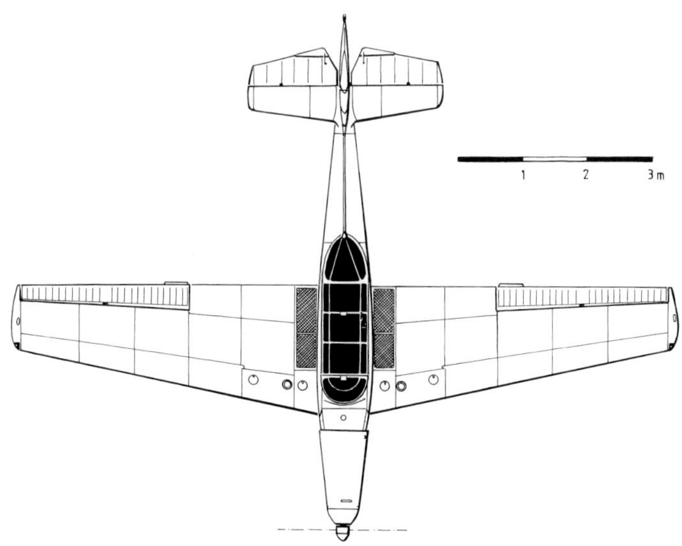

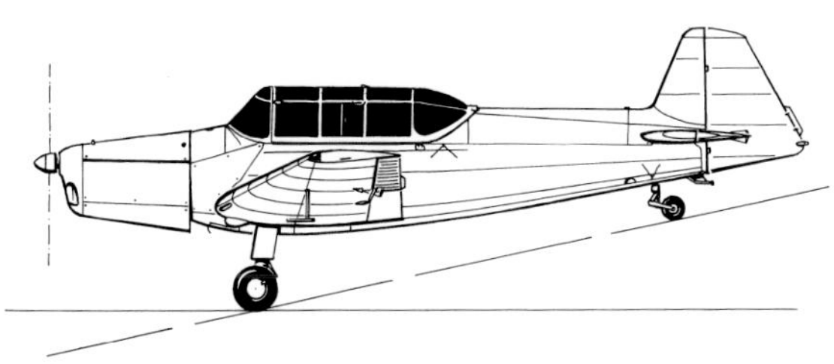

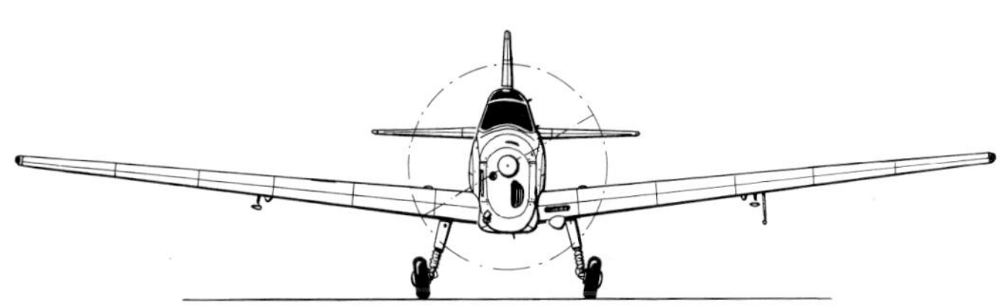

hergerichtet war (u.a. geringere Masse, Bodenfenster). Diese Maschine war sozusagen das persönliche Flugzeug des Neuhausener Fluglehrers und Kunstfliegers Heinz Richter. Er besaß als einziger in der DDR eine Berechtigung für den Kunstflug in Bodennähe und begeisterte das Publikum auf vielen Flugschauen mit atemberaubendem Programm. Die WEJ wurde als einer der letzten Z-226 1984 außer Dienst gestellt und ging in den Bestand des Flugsportmuseums Finsterwalde ein. Nach der Wende aktivierte man die Maschine, generalüberholt und mit einem M-137A-Einspritzmotor plus Verstellluftschraube ausgerüstet, fliegt die WEJ heute wieder. Die Mehrzahl der Trenér beendete zwischen 1977/78 ihre Dienstzeit und die PZL-104 Wilga übernahm die Rolle als Standardschleppflugzeug. Eine Ausnahme machte die WIA, die nach der Außerdienststellung 1984 restauriert und 1989 erneut zugelassen wurde. Noch heute ist sie als D-EWIA beim Fliegerclub in Gera aktiv.

oben: Z-226 der GST im Landeanflug mit Schleppseil in den 70er Jahren.

Mitte: Die „persönliche" DM-WEJ von Heinz Richter auf dem Flugplatz Eisenhüttenstadt 1972.

unten: Der „Richter"-Trenér WEJ nach seiner Außerdienststellung im Flugsportmuseum Finsterwalde.

oben: Die WIA trug die silbergraue Einheitsbemalung bis 1971...

Mitte: ...danach bekam das Flugzeug ein farbenfroheres Erscheinungsbild (vergleiche dazu die Farbtafeln).

unten: Z-226 der GST beim Start mit Segelflugzeug im Schlepp.

1 Z-126 Werk-Nr. 744 der KVP/VdAK, 1955.

2 Z-126 der TH Dresden, 1956

3 Z-126 der GST, 1960.

4 Z-126 der GST, 1958.

5 Z-126 des VEB FWD, 1959.

6 Z-226 der NVA / ASK Vorwärts, 1958.

7 Z-226B einziger Bohatýr der GST, 1959.

8 Z-226 der NVA / ASK Vorwärts, 1962.

9 Z-226 der GST in Einheitsbemalung, 1964.

10 Z-226 der GST, 1975.

11 Z-226 der GST, 1979.

12 Z-226 der GST, 1982 H. Richter spezial

6

5004

7

Bohatýr
DM-WAW
Z-226 B

8

5005
Z-226T

9

DM-WII
361
Z-226 T

10

DM-WEQ

11

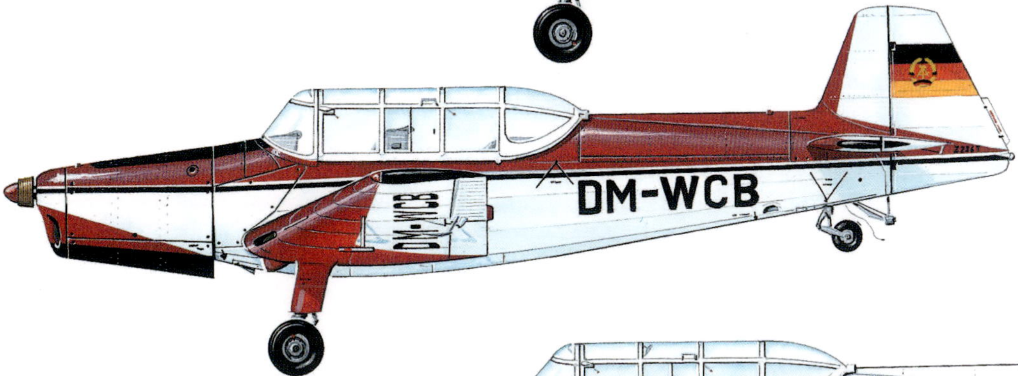
DM-WCB

12

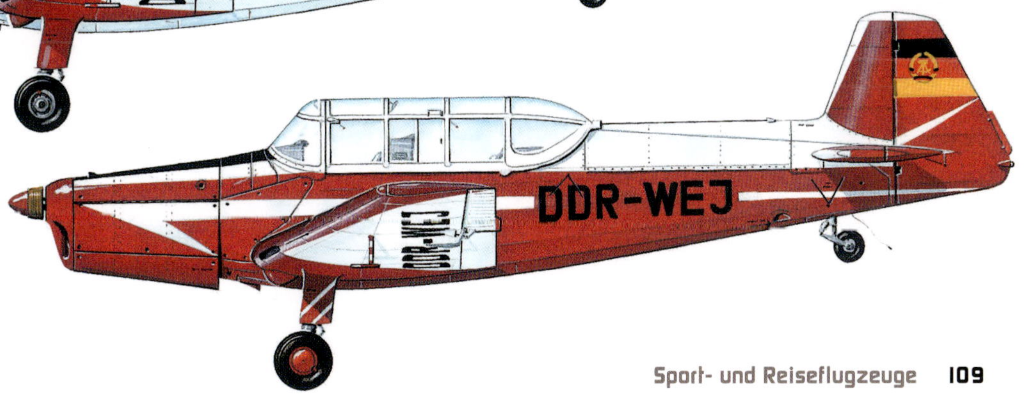
DDR-WEJ

Super Aero 45

Einsatz: **1954 bis 1964**
Stückzahl: **etwa 9**
Hersteller: **Let národní podnik, Uherské Hradiště-Kunovice, ČSSR**

oben: Nur bei den ersten beiden Maschinen SGA und SGB verwendete die Lufthansa einen eigenständigen Anstrich.

unten: „Lufttaxi" Aero 45 Super der Deutschen Lufthansa der DDR.

Die tschechoslowakische Aero 45S gehörte zu den ersten Flugzeugtypen, die in der DDR zum Einsatz kamen. Bis heute ist nicht genau geklärt, wieviele Maschinen es insgesamt waren und ab wann sie eingesetzt wurden. Unbestätigten Angaben zufolge erhielt die KVP ab 1954 zwei Reiseflugzeuge dieses Typs. Im Gegensatz zu anderen Flugzeugen, die zur „Tarnung" einen roten Sowjetstern trugen, flogen die Aero 45S anfangs vermutlich völlig ohne Kennzeichnung. Berichten zufolge sollen diese Maschinen in den ersten Jahren für allerlei „Sondereinsätze" verwendet worden sein. So erinnern sich Zeitzeugen, dass mit diesem Flugzeugtyp bei Nacht und Nebel Spione hinter die westdeutsche Grenze gebracht wurden oder auch wichtige Republikflüchtlinge, die zuvor durch Agenten in Westdeutschland „eingefangen" worden waren, ebenfalls heimlich im Tiefflug über die Grenze in die DDR zurück-geholt wurden. Andere Recherchen ergaben, dass, aus welchen Gründen auch immer, höchste Parteifunktionäre und Regierungsmitglieder, unter ihnen auch Erich Honecker, fliegen lernen sollten. Als Schulflugzeuge für dieses jedoch bald wieder aufgegebene Vorhaben dienten u. a. diese Aero 45S.
Nach Gründung der NVA 1956 sind die Flugzeuge in den Bestand der Luftstreitkräfte, vermutlich als '803' u. '804', eingegangen und waren bei der 1. Fliegerdivision in Cottbus stationiert. Als zweiter Halter dieses Flugzeugtyps in der DDR setzte die Deut-

schen Lufthansa die Aero 45S ein (DM-SGA bis DM-SGF). Man verfolgte dort den Plan, Flugzeuge für Taxiflüge und Rundflüge sowohl von den Verkehrsflughäfen, als auch von den GST-Flugplätzen aus einzusetzen. Aus diesem Grund wurden auf der Leipziger Herbstmesse 1956 zwei Aero 45S gekauft. Im folgenden Jahr kamen noch vier weitere Maschinen dieses Typs hinzu. Jedoch stellte sich bald heraus, dass der Bedarf bzw. die Möglichkeiten der Bevölkerung, sich solche Flüge zu leisten, nicht ausreichend waren. Mit 10 000 bis 20 000 Passagieren im Jahr konnte keine wirtschaftliche Auslastung erreicht werden. Zudem litten die Aero an einigen technischen Gebrechen, die bei ihrem Betrieb Probleme machten. Vor allem das Fahrwerk funktionierte nicht immer zuverlässig und zeigte auf Betonbahnen hohen Verschleiß, was in mindestens einem Fall zu einer Bauchlandung führte. Ab 1960 entschloss man sich daher, die etwas ungeliebten „Taxis" außer Dienst zu stellen.
Eine Maschine wurde nach Kenia verkauft (DM-SGC), eine weitere erhielt der MAB Schkeuditz. Da ja kein freier Markt für die Flugzeuge existierte, musste, wie im Sozialismus üblich, ein anderer Halter die Flugzeuge übernehmen, auch wenn er eigentlich keinen echten Bedarf dafür hatte. In diesem Fall waren es die Luftstreitkräfte der NVA. Man war mit dem Erbe dort nicht sehr glücklich. Denn auch im Einsatz als militärisches Verbindungsflugzeug zeigte sich die Aero 45 ebenfalls als nicht besonders geeignet. Spätestens nach dem Totalverlust einer NVA-Maschine wurden alle Aero bis 1964 außer Dienst gestellt. Ein Exemplar „landete" im Verkehrsmuseum Dresden und ist dort heute noch zu sehen. Der Rumpf einer weiteren Maschine soll noch jahrelang auf dem DEFA-Film-Gelände in Babelsberg gelegen haben. Das Fernsehen der DDR nutzte übrigens eine Aero 45S der NVA für eine Rolle in dem Abenteuer-Film „Das Grüne Ungeheuer" über den guatemaltekischen Präsidenten Arbenz.
Dritter Halter von Flugzeugen des Typs Aero 45S war die Flugzeugwerft Dresden (FWD). Dieser seinerzeitige Prestigebetrieb erhielt als einziger das Privileg, eigene Firmenflugzeuge zu betreiben. Schon 1956 wurde eine Aero 45S, die DM-ZZE, für den Betrieb registriert. 1960 kam die ehemalige Lufthansa-Maschine DM-SGA noch dazu. Registriert wurde sie als DM-ZZE auf den

oben: Start der NVA-Super Aero '803' 1957 von einem Militärflugplatz.

unten: Angehörige der Verbindungsfliegerstaffel VFS-25 vor ihrer Aero in Strausberg, wo alle NVA-Maschinen dieses Typs stationiert waren.

VEB MAB-Schkeuditz, der als Reparatur- und Umbaubetrieb ebenfalls zur Flugzeugindustrie der DDR gehörte. Neben dem Training der Werkspiloten dienten die Aero für Reisezwecke und in geringerem Maße zur Erprobung von Geräten und Ausrüstungen. Nach dem Ende der DDR-Flugzeugindustrie gingen diese beiden Aero ebenfalls in den Bestand der NVA-Luftstreitkräfte ein.
Wie bereits anfangs erwähnt, gibt es in der Geschichte dieses Flugzeugtyps in der DDR einige Lücken über den Verbleib der DM-SGF und der Flugzeuge nach Aussonderung bei der NVA.

oben: Eine der von der Lufthansa an die NVA übergebenen Super Aeros, etwa 1963 mit Militärbemalung in Strausberg.

rechts: Instrumentenbrett einer Super Aero 45 der Lufthansa.

Mitte und unten links: Lufthansa-Aero 45 im Einsatz für Rundflüge 1958 auf dem Flugplatz Görlitz.

unten rechts: Zeitgenössische Werbung für Damenstrümpfe: Aero 45S als Kulisse, 1957.

beide: DM-SGC und SGF der Lufthansa hatten eine gegenüber den ersten Maschinen abweichende Bemalung.

Let Aero Ae 45S Super

Technische Daten

VERWENDUNGSZWECK:	Reiseflugzeug
BESATZUNG:	1 bis 2
PASSIEGERE:	2 bis 3
SPANNWEITE in m:	12,32
LÄNGE in m:	7,54
HÖHE in m:	2,30
FLÜGELFLÄCHE in m²:	17,09
LEERMASSE in kg:	960
STARTMASSE in kg:	1 600
HÖCHSTGESCHW. in km/h:	265
REISEGESCHW. in km/h:	230
STEIGLEISTUNG in m/s:	6,0
REICHWEITE in km:	1 600
GIPFELHÖHE in m:	6 800
TRIEBWERK:	zwei 4zyl. Reihenmotore Walter Minor 4-III
LEISTUNG in kW:	je 77

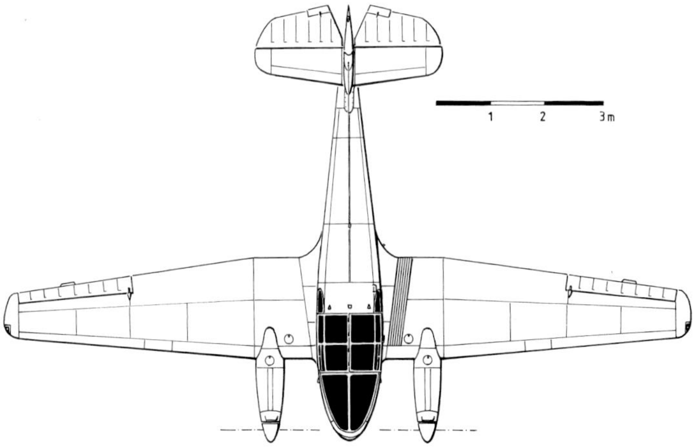

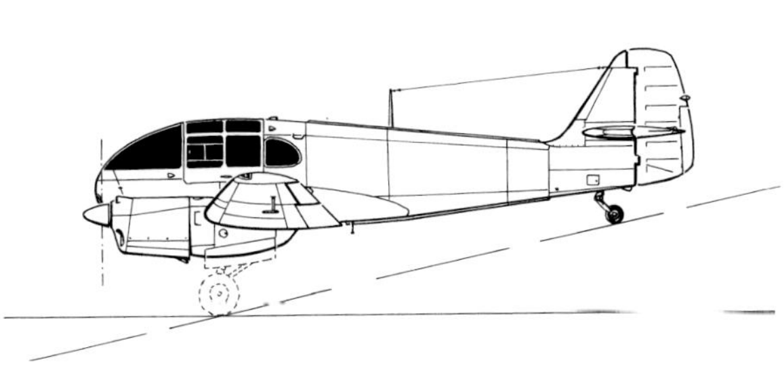

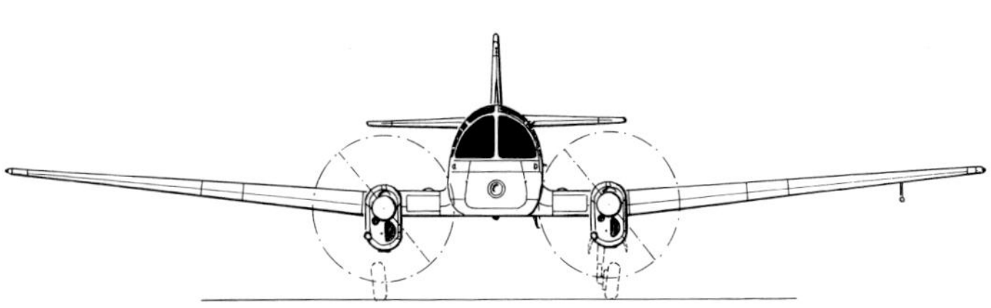

oben: Die Aero 45S im Dienste der DDR-Luftfahrtindustrie.

Die ehemalige DM-SGC der Deutschen Lufthansa der DDR kurz vor dem Abflug am 16.11.1960 als VP-KRF in Berlin-Schönefeld. Ein in der damaligen britischen Kolonie Kenia ansässiger Geschäftsmann hatte das Flugzeug für seine Firma Mwanza Textiles Ltd. gekauft. Der GST-Sportflieger, Fluglehrer, Lufthansa- und spätere Interflugkapitän Heinz Maiwald gab dem Käufer eine Typeneinweisung und überführte die Maschine mit ihm gemeinsam in die Hauptstadt Nairobi.
Die über 7000 km lange Route ging von Berlin über Belgrad, Athen, Kairo, Luxor, Khartoum und Juba nach Nairobi. In fünfstündigem Flug wurde das Mittelmeer überquert, und mehr als 2000 km führten über Wüsten.
Trotz unzureichenden Kartenmaterials und fehlender Funknavigation verlief der Flug ohne Zwischenfälle. War schon der Verkauf eines DDR-Flugzeugs an einen englischen Privatmann für die politischen Verhältnisse seinerzeit ungewöhnlich, so war der Flug von der fliegerisch/navigatorischen Seite her allemal etwas Besonderes.

zwei mal Mitte: Aero 45 auf dem Flugplatz Bautzen im Juni 1957.

unten: Ehemalige Super Aero der NVA mit einer „amputierten" Tragfläche und fiktivem Kennzeichen DM-VMD im Verkehrsmuseum Dresden.

1 Aero 45S im Werksstandardanstrich ohne Kennung, KVP/VdAK, 1955.

2 Aero 45S der Lufthansa in einem abgewandelten Werksanstrich, DM-SGC, 1960.

3+4 Die 804 der NVA mit rotem, und 803 mit blauem Werksanstrich, die Hoheitszeichen in alter Form noch ohne Hammer-und-Zirkel-Emblem, 1957.

5 Eine Aero 45S in grünem Tarnanstrich der NVA, um 1962/63.

6 Die DM-ZZE der Flugzeugwerft Dresden, 1957.

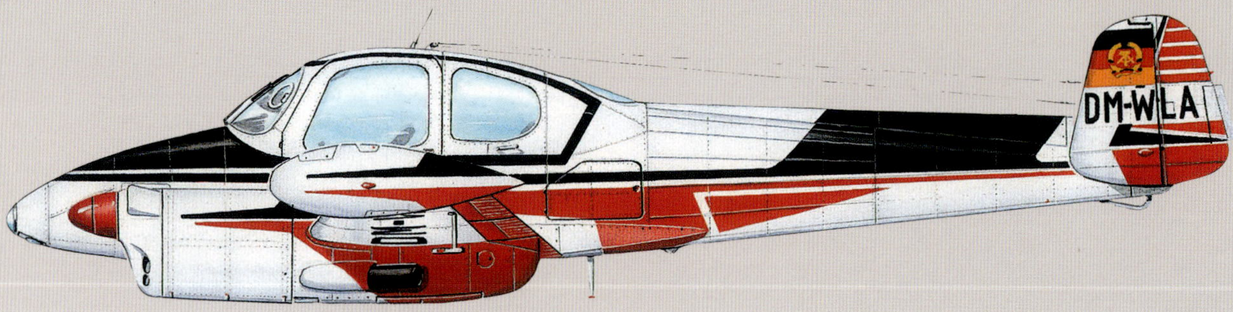

L-200 Morava		FSS-100 Tourist	
Einsatz:	1963-1987	Einsatz:	1962-1978
Stückzahl:	3	Stückzahl:	1
Hersteller:		Hersteller:	
Let národní podnik, Uherské Hradiště-Kunovice, ČSSR		**Flugsportschule Schönhagen, DDR**	

oben: L-200D DM-WLA in der ersten Bemalung

unten: Die WLA, schon etwas verwittert, abgestellt in Schönhagen 1992.

Die L-200 Morava

Das tschechoslowakische zweimotorige Reiseflugzeug L-200 Morava wurde in 361 Exemplaren produziert und in 22 Länder exportiert, darunter 181 allein in die UdSSR. In Ausstattung und Bedienungskomfort nicht ganz mit den westlichen Typen ihrer Klasse vergleichbar, war sie doch in Sachen Robustheit, Zuverlässigkeit und Flugeigenschaften vorbildlich. Auch in der DDR gab es drei Exemplare dieses eleganten und von seinen Piloten gelobten Flugzeugs.

Die erste L-200 kam 1963 in die DDR und hatte eine nur kurze, etwas zwielichtige Laufbahn. Die Maschine der Version L-200D war werksneu und eine der letzten zehn produzierten L-200. Das Flugzeug wurde durch das Verteidigungsministerium angeschafft und vermutlich im Auftrag der Staatssicherheit betrieben. Diese Morava trug eine zivile Bemalung und bekam aus Tarnungsgründen ein mit „W' beginnendes Zivilkennzeichen, das Außenstehende auf eine GST-Zugehörigkeit schließen lassen sollte. Seltsamerweise gab es nie eine Eintragung in das Zivilregister der DDR.

Die DM-WZY wurde in Schönhagen stationiert und intern als „Repräsentationsflugzeug" bezeichnet. Geflogen wurde sie fast ausschließlich vom damaligen Leiter der Abteilung Flugsport beim Zentralvorstand der GST, Heinz Schubert. Doch schon 1965

wurde die Morava auf ihrem Abstellplatz in Schönhagen von einer GST-An-2 überrollt und so schwer beschädigt, dass der Hersteller von einer Reparatur abriet.
Zwei vom Herstellerwerk aus Österreich zurückgekaufte L-200 wurden daraufhin der GST angeboten und schließlich gekauft. Eine Maschine der Version L-200D, Baujahr 1962, und eine Maschine der älteren Version L-200A vom Baujahr 1961.
Die Moravas waren das einzige zweimotorige Flugzeugmuster der GST und nur eine begrenzte Zahl von Piloten erhielten eine Lizenz, einige von ihnen bekamen auch eine IFR-Ausbildung. Beide Maschinen waren in Schönhagen stationiert und dienten als Reiseflugzeuge für höhere GST-Funktionäre und zur Sicherstellung von Wettbewerben im In- und Ausland. So wurden z.B. die Flugzeuge der Kunstflugnationalmannschaft auf den Überführungsflügen zu Wettbewerben ins Ausland begleitet. Gelegentlich erhielten auch Fluglehrer in der Ausbildung so genannte Navigationseinweisungsflüge auf der L-200. Ein paarmal kam es auch vor, dass hohe ausländische Staatsgäste bei ihrem Besuchsprogramm innerhalb der DDR mit der Morava befördert wurden. Wenn in Filmen der DEFA oder des Fernsehens Szenen aus der „kapitalistischen Welt" mit Reiseflugzeugen vorkommen sollten, griff man auf die GST-Moravas zurück.
Im Dezember 1987 stellte man dann beide Maschinen außer Dienst, und das Ende der DDR und der GST erlebten sie abgestellt in Schönhagen. Während die L-200A 170712 wieder restauriert wurde und seit 1992 als D-GALE zugelassen wieder fliegt, verfiel die L-200D 171213 mehr und mehr auf ihrem Abstellplatz in Schönhagen.
Sie ist mittlerweile nun an die Luftfahrthistorische Sammlung Finow gegangen und soll dort als statisches Exponat restauriert werden.

oben: WLA in ihrer ursprünglichen Bemalung im Flug über der märkischen Landschaft.

Mitte und unten: Die DM-WZY wurde als „Repräsentationsflugzeug" von hohen GST-Funktionären genutzt.

oben: Das „Gesicht" der eleganten Morava. Deutlich ist der Unterschied zur D-Version zu sehen: die Zweiblattluftschraube.

Mitte rechts: Die L-200A WLB trug immer diese blaue Bemalung, nur die Anbringung des Kennzeichens veränderte sich.

Mitte links: Blick in das für IFR ausgerüstete Cockpit einer GST-Morava.

unten: Das Einzelstück FSS-100 Tourist in seiner zweiten Bemalung nach Überholung, im linken Sitz Fritz Fliegauf.

oben links: Segelflugzeugbaumeister Gerhard Winkler beim Bau der FSS-100 in der Schönhagener Werkstatt.

oben rechts: Eine der wenigen Flugaufnahmen des Schönhagener Eigenbauflugzeugs.

unten: FSS-100 Tourist im Juni 1963 in Schönhagen, Walter Schmeier beim Anreißen des Motors.

FSS-100 Tourist

Die FSS-100 Tourist war das einzige in der DDR gebaute Sportflugzeug. Das Kürzel FSS steht für Flugsportschule Schönhagen, denn dort entstand der kleine Zweisitzer in Holzbauweise. Ausgangspunkt für den Bau des Flugzeugs war ein Flugmotor Walter Mikron III, der in den 50er-Jahren auf der Leipziger Messe gekauft wurde und längere Zeit in Schönhagen eingelagert war. Als die Schönhagener 1958 bei ihren vorgesetzten Dienststellen nachfragten, was mit dem Motor geschehen soll, antwortete die GST-Führung ungewohnt unbürokratisch: „Baut doch ein Flugzeug dazu". Der Leiter der Zentralen Entwicklungs- und Reparaturbasis, Johannes Höntsch, besorgte eine Baubeschreibung und Zeichnungsteile der bekannten französischen Konstruktion CP-30 Emeraude. Auf dieser Grundlage erfolgte mit vielen Änderungen und Anpassungen die Projektierung und Konstruktion. Der Bau zog sich mit längeren Unterbrechungen bis 1962 hin und wurde größtenteils vom Segelflugzeugbaumeister Gerhard Winkler durchgeführt. Schließlich konnte am 9. Oktober 1962 die Flugerprobung durch Fritz Fliegauf beginnen.

Nach 50 Flügen und insgesamt 19 Flugstunden konnten zufriedenstellende Flugeigenschaften festgestellt werden. Nachteilig wirkte sich das Fehlen einer Landeklappe aus, und der Motor zeigte meist wenig Lust zum Anspringen und blieb im Leerlauf oft stehen, da die Tankbelüftung unzureichend war. Das anfängliche Interesse ließ deshalb bald nach, und die FSS-100 wurde immer seltener genutzt. Dennoch bekam das Flugzeug noch einmal eine Grundüberholung im Segelflugzeugwerk Lommatzsch, wobei die Haube durch zusätzliche Streben verstärkt wurde.

Lange Zeit zum „Stehzeug" degradiert, erfolgte 1978 die offizielle Löschung aus dem Register. Dank der Fürsorge „Hannes" Höntschs entging die FSS-100 jedoch der staatlich verordneten Zerstörung. An einem sicheren Ort verwahrt, überstand die Tourist auch Wendewirren.

Heute gehört sie zum Fundus des Flugsportmuseums Finsterwalde. Es bestehen Pläne, die FSS-100 so zu restaurieren, dass sie wieder fliegen kann.

Let L-200D Morava

Technische Daten

VERWENDUNGSZWECK:	Reiseflugzeug
BESATZUNG:	1 bis 2
PASSIEGERE:	3 bis 4
SPANNWEITE in m:	12,31
LÄNGE in m:	8,61
HÖHE in m:	2,21
FLÜGELFLÄCHE in m^2:	17,28
LEERMASSE in kg:	1 275
STARTMASSE in kg:	1 950
HÖCHSTGESCHW. in km/h:	310
REISEGESCHW. in km/h:	285
STEIGLEISTUNG in m/s.:	8,0
REICHWEITE in km:	1 900
GIPFELHÖHE in m:	6 200
TRIEBWERK:	zwei 6zyl. Reihenmotore M-337
LEISTUNG in kW:	je 154

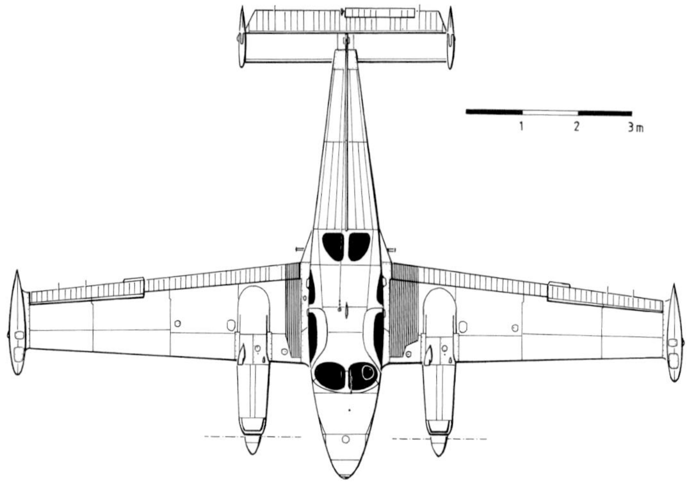

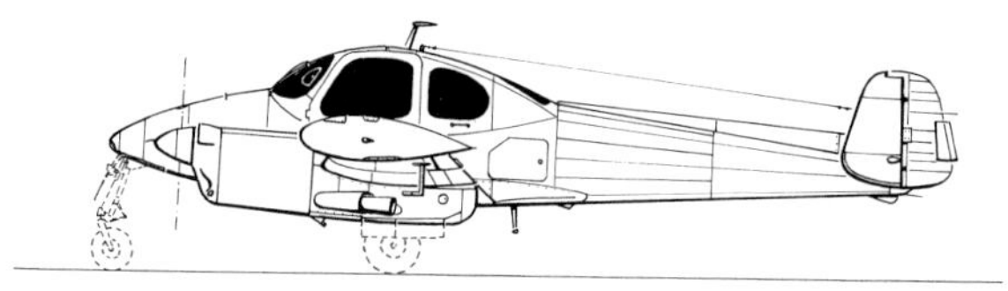

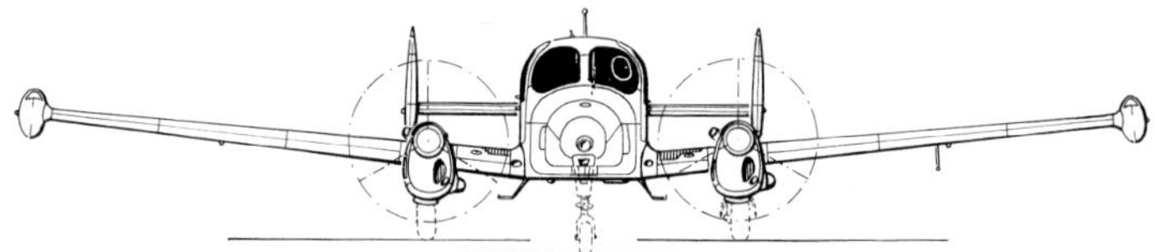

FSS-100 Tourist

Technische Daten

VERWENDUNGSZWECK:	Sport- und Reiseflugzeug
BESATZUNG:	1 plus 1
SPANNWEITE in m:	8,04
LÄNGE in m:	6,53
HÖHE in m:	1,85
LEERMASSE in kg:	325
STARTMASSE in kg:	540
HÖCHSTGESCHW. in km/h:	180
REISEGESCHW. in km/h:	150
STEIGLEISTUNG in m/s.:	2
REICHWEITE in km:	525
GIPFELHÖHE in m:	3 000
TRIEBWERK:	ein 4zyl. Reihenmotor Walter Minor III
LEISTUNG in kW:	47,8

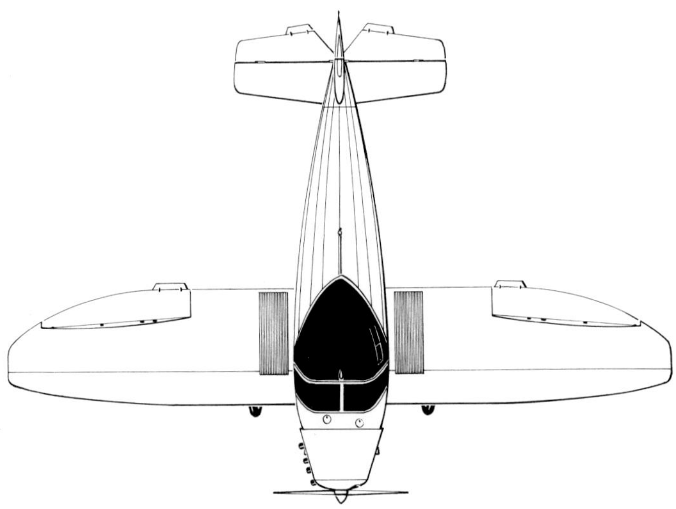

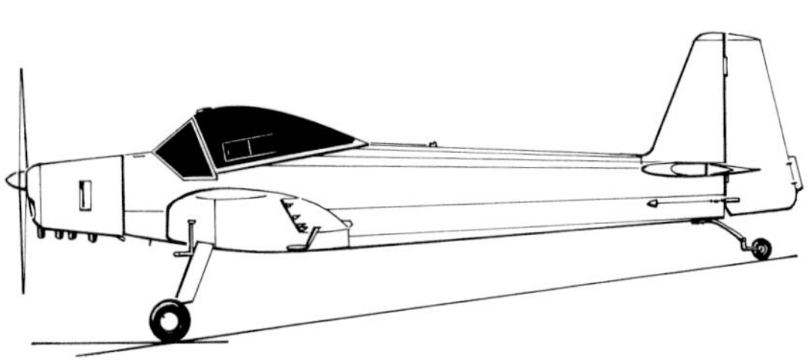

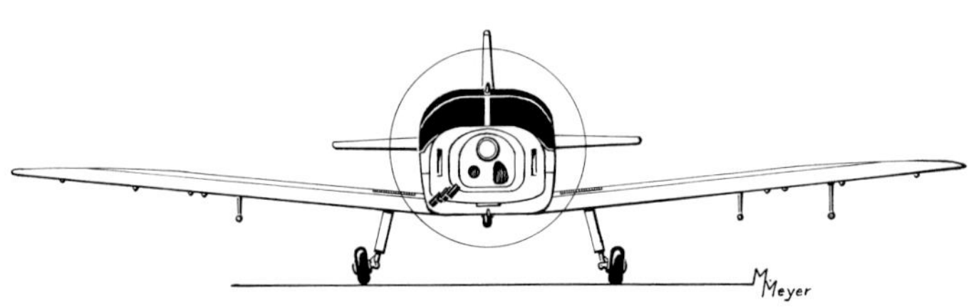

1

2

3

4

5

1 L-200D DM-WZY, man beachte das Fehlen der Landesflagge!

2 L-200A DM-WLB, noch mit kleinem Kennzeichen an den Seitenleitwerken.

3 L-200D DDR-WLA in der zweiten Bemalung mit großen Kennzeichen am Rumpf.

4 FSS-100 in seiner attraktiven ersten Bemalung.

5 FSS-100 in der etwas schlichteren zweiten Bemalung nach Grundüberholung in Lommatzsch.

Iljuschin IL-14P

Einsatz: 1955 bis 1984

Stückzahl: 70

Hersteller: VEB Flugzeugwerft, Dresden, DDR
Staatl. Flugzeugwerk Nr. 30
„Znamia Truda", Moskau-Chodinka
Staatl. Flugzeugwerk Nr. 34
„W. Tschkalow", Taschkent, beide UdSSR

oben: Die zweite Maschine aus der Dresdner Produktion trug 1956 diese attraktive Werksbemalung mit dem Logo der DDR-Flugzeugindustrie im Leitwerk, bevor sie dann an die NVA geliefert wurde.

unten: Salonmaschine '485' im letzten Erscheinungsbild 1975.

Der militärische Einsatz

Die robuste und zuverlässige IL-14P diente ab 1956 mehr als zwei Jahrzehnte in den Luftstreitkräften für die unterschiedlichsten Aufgaben.
Ab 1955 führte die DDR Kurz- und Mittelstreckenverkehrsflugzeuge vom Typ IL-14P aus der Sowjetunion ein, um sie bei der Deutschen Lufthansa der DDR einzusetzen. Parallel dazu bereitete man den Serienbau dieses Flugzeugtyps durch die im Aufbau befindliche eigene Flugzeugindustrie vor. Damit war auch klar, dass die Luftstreitkräfte der NVA, die 1956 aus der KVP/VdAK hervorgegangen waren, die Iljuschin IL-14 als Transportflugzeug erhalten würden.
Zur theoretischen Schulung für die IL-14 fand im Oktober/November 1955 in Preschen ein Lehrgang statt, an dem KVP- als auch Lufthansa-Personal teilnahm. Die ersten beiden Flugzeuge erhielt der Lehrgang im Dezember 1956 bzw. Februar 1957 aus dem VEB Flugzeugwerft Dresden. Es waren die 3. und die 4. dort produzierte IL-14P, sie waren als DM-ZZD bzw. -ZZG im Werk erprobt worden. In der NVA erhielten sie aus heute nicht mehr nachvollziehbaren Gründen zunächst die Zivilkennungen DM-UAA und -UAB.
Die fliegerische Ausbildung begann mit Hilfe sowjetischer Instrukteure in der eigens im Dezember 1956 gebildeten Transportfliegerschule (TFS) in Dessau.

Nachdem der ehemalige Junkers-Flugplatz wiederhergerichtet war, kamen Anfang 1957 die IL-14P von Preschen nach Dessau. Zehn weitere Maschinen, zwei 1957 und acht 1958, kamen aus der Dresdner Produktion zur Truppe. Auch Piloten für die Deutsche Lufthansa der DDR erhielten in Dessau ihre Ausbildung. Zur weiteren Qualifizierung gingen die zivilen und die NVA-Kommandanten an die Höhere Fliegerschule der sowjetischen Fluggesellschaft Aeroflot nach Uljanowsk. Im Juli 1957 befahl der DDR-Verteidigungsminister die Bildung einer Regierungsfliegereinheit. Diese stellte im Juli 1957 zwei IL-14P aus sowjetischer Produktion in Dienst, die zuvor von der Lufthansa als DM-SBM und DM-SBS betrieben worden waren. Nun militärisch gekennzeichnet, diente die '470' als Salonflugzeug und die '471' als normale Passagier- und Schulmaschine. Diese Flugzeuge waren zunächst auf dem Flughafen Berlin-Schönefeld stationiert. Vier weitere IL-14P, drei aus Dresdner Produktion und eine sowjetische, kamen 1958 hinzu. Erst 1959 zog die inzwischen als „Selbstständige Transportfliegerstaffel 29" (STS-29) bezeichnete Einheit zum Militärflugplatz Marxwalde (heute wieder Neuhardenberg) um.
Auch in der „Reg-Staffel" dienten sowjetische Berater als Ausbilder. Anfangs flogen sie auch bei Regierungsflügen mit.
Da bis 1963 ein gewisser Bestand an militärischen und zivilen Transportpiloten geschaffen war, löste man die Transportfliegerschule Dessau auf, die Flugzeuge wurden nach Dresden zu der am 1. März 1963 aufgestellten Transportfliegerstaffel 27 (TS-27, später inTS-24 umbenannt) verlegt. Vorher war die '400' nach Kollision mit einem Schornstein des Kraftwerks Vockerode verlorengegangen, wobei die Besatzung ums Leben kam. Als Ersatz gab die Lufthansa 1961 die DM-SAA an die NVA ab. Auch das ehemalige Muster- und Erprobungsflugzeug DM-ZZA des Flugzeugwerks ging in dem gleichen Jahr zu den Luftstreitkräften.

oben: Angehörige der Transportstaffel 27, angetreten zum Nachtflugtraining.

unten: Transportfliegerschule Dessau 1958, im Vordergrund die '400', die 1960 unter tragischen Umständen verloren ging.

oben: IL-14 der Dresdner Transportstaffel mit Qualitätsabzeichen für guten Wartungszustand am Bug.

unten: Die '434' als Passagiermaschine der TS-24 1972 in Berlin-Schönefeld.

Die meisten IL-14P der TS-27 waren als so genannte Schul-, Transport- und Springervariante gebaut worden, also mit normaler Einstiegstür und Klappsitzen. Vier Maschinen wurden mit einer großen Ladeluke ausgerüstet und eine, die '445', diente als „fliegender Hörsaal" zur Ausbildung von Navigatoren und Bordfunkern. Die '411' hatte man schon 1962 in der Flugzeugwerft Dresden zu einem Fotoflugzeug umgebaut. Dazu erhielt die Maschine unter dem Rumpf eine Gondel für den Operateur, um punktgenau nach Sicht navigieren zu können. Wegen des großen Bedarfs an Fotoflügen baute man 1965 zwei weitere IL-14P dazu um.

Nachdem die Regierungsflieger IL-18 und Tu-124 erhalten hatten, gab die Einheit 1964/65 ihre IL-14P an die Transportstaffel 27 in Dresden ab, wo sie als normale Passagier- und Transportflugzeuge weiter genutzt wurden. Andererseits stellte die Transportstaffel in diesem Zeitraum fünf ihrer meist verbrauchten Maschinen außer Dienst und exportierte sie nach Ägypten. Allerdings soll die '445' bei der Ankunft in Ägypten durch die eigene Luftabwehr irrtümlich abgeschossen und die '491' durch einen Unfall bei der Überführung verlorengegangen sein.

Die IL-14P der LSK/LV waren in der Ära der Transportfliegerschule militärgrün getarnt. Anfang der 60er Jahre flogen alle Maschinen der Dresdner Transportstaffel in metallisch-silber und erst ab Mitte der 70er Jahre wurden zweifarbige Tarnanstriche (wie bei den anderen Flugzeugtypen auch, als eine der Lehren aus den Nahostkriegen) verwendet.

Die Regierungsmaschinen trugen zuerst blaue und rote Bemalungsschemen. Sie zeigten sich später aber auch ganz silbern mit kleinen schwarzen Bordnummern am Seitenruder. Hin und wieder benutzten die NVA-IL-14P auch Zivilkennzeichen und Interflugembleme, um bei bestimmten Flügen die Identität der Maschinen zu verschleiern. Dabei wurden ab 1965 die Kennzeichen DM-SAR, -SAS und -SAT für verschiedene Maschinen der STS-29 und der TS-27 verwendet.
Außer der schon erwähnten Katastrophe der '400' im Jahre 1960 flogen die IL-14 der LSK/LV ohne schwere Unfälle, sieht man von einer Bauchlandung der '426' in Berlin-Schönefeld 1969 ab. Zu dieser Zeit war sie allerdings zur Pilotenausbildung an die Interflug ausgeliehen. Nach mehr als 20jähriger Dienstzeit begann ab 1979 die schrittweise Außerdienststellung der IL-14P. Es zeigten sich auch schon Haarrisse in den Fahrwerksbeinen und in der Beplankung, eine Maschine hatte beim Start einen Notausstieg verloren. Als Ablösemuster führte man ab November 1980 die Antonow An-26 ein.
Den letzten Einsatz einer NVA-IL-14P flog am 17. Dezember 1982 die Fotomaschine '422', bevor sie dann an die Interflug übergeben wurde. Die anderen Maschinen wurden, bis auf zwei Ausnahmen, verschrottet. Die '426' ging 1980 an das ungarische Luftwaffenmuseum in Szolnok und 1982 die '482' an das damalige Museum Traditionsvorstartlinie Bautzen. Heute steht sie in der Luftfahrttechnischen Sammlung in Finow. Die Fotomaschine '422' diente noch ein Jahr bei der Interflug im Betrieb Forschungs- und Industrieflug als DDR-SAM. Danach stellte man sie auf dem Flugplatz Eilenburg auf, wo sie dem Training von Antiterroreinsatzkräften des MfS diente. Nach der Wende durch Vandalismus schwer beschädigt, befinden sich die Reste heute im Luftwaffenmuseum Berlin-Gatow.

oben: Die 1965 zur Fotoversion umgebaute '422', hier 1974 in Garz/Heringsdorf. Bei Start und Landung musste der Fotooperateur die Gondel aus Sicherheitsgründen verlassen, zum Schutz vor Steinschlag durch das Bugrad gab es für die Gondel eine jalousieartige Abdeckung.

links: Anfang der 60er Jahre trugen die meisten NVA IL-14 einen einfarbig grünen Anstrich über hellblau.

rechts: Die Fotomaschine '411' trug einen stumpfen, so genannten Chlor-Buna-Anstrich, hier beim Anlassen in Berlin-Schönefeld 1982.

Mitte: Die ehemalige Regierungsmaschine '485', hier 1979 auf dem Flughafen von Dubrovnik im normalen Transporteinsatz bei der TS-24. Alle ab etwa 1973 mit diesem Anstrich versehenen Maschinen hatten ein individuelles Muster bei der Anordnung der Flecken.

unten: Ladearbeiten an der kleinen Tür der '409' von einem LKW aus.

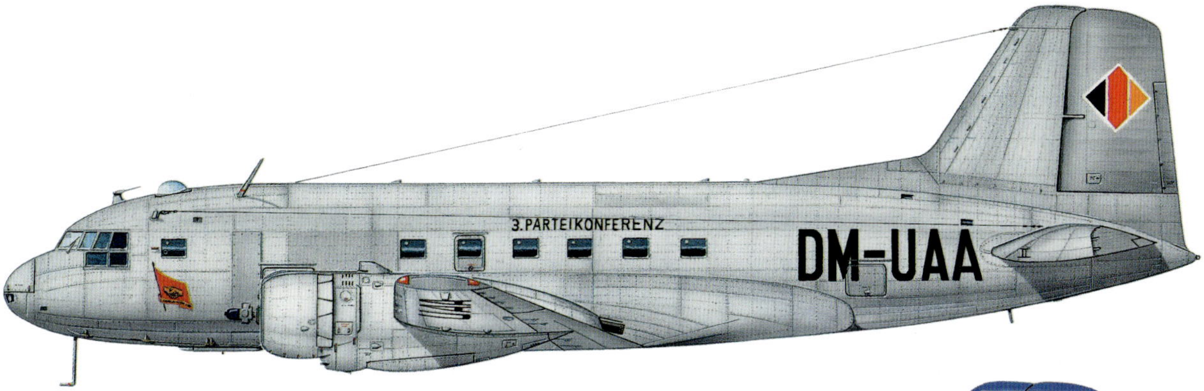

1

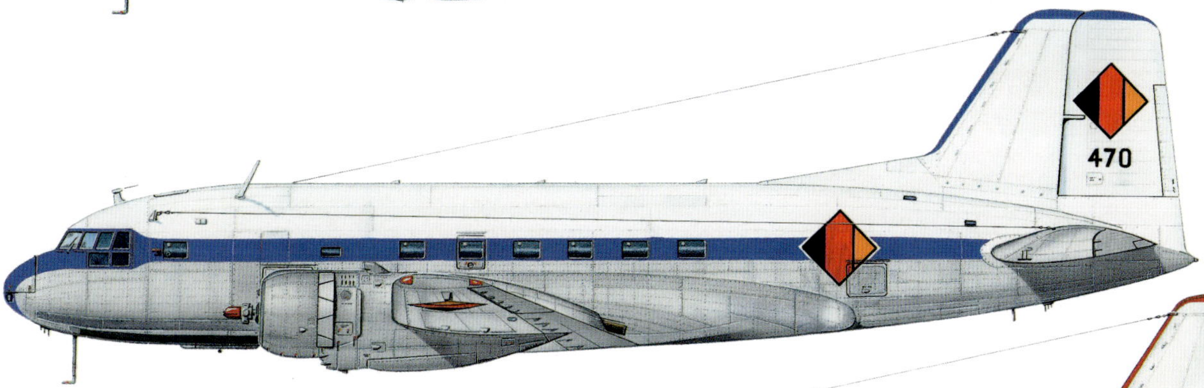

2

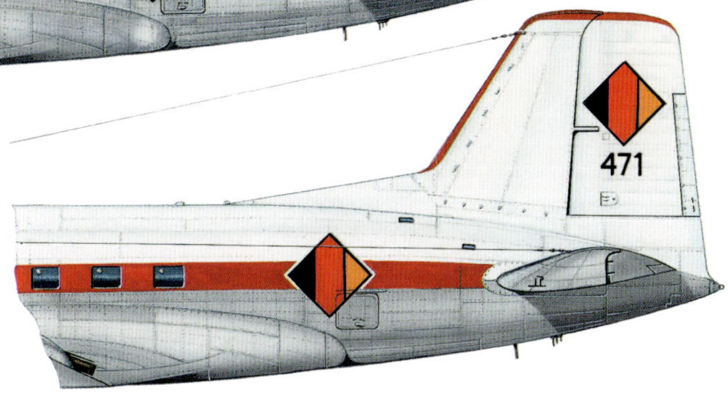

3

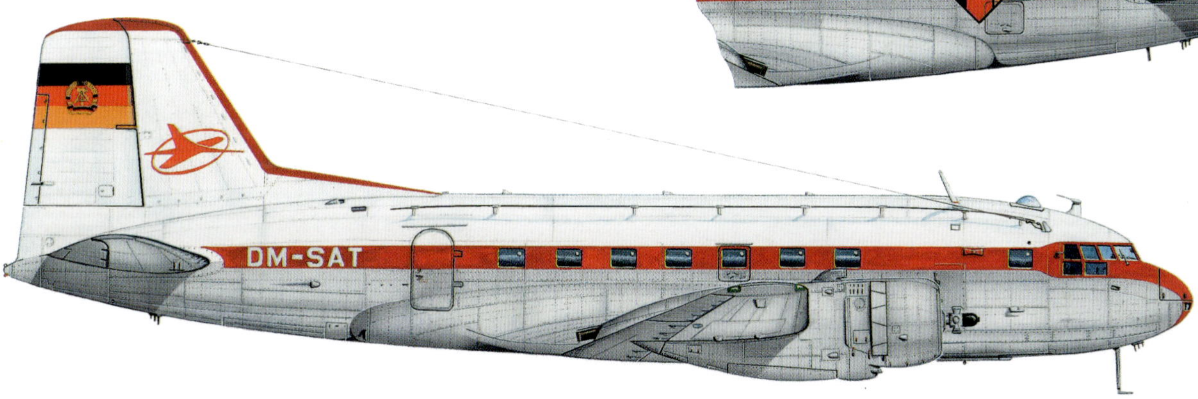

4

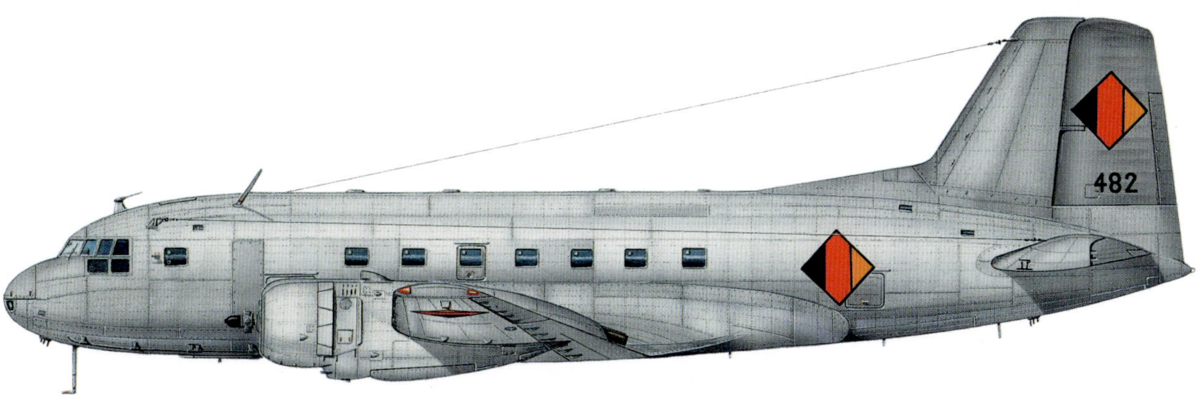

5

1 Erste an die NVA gelieferte IL-14P der Flugzeugwerke Dresden, noch mit den Emblemen der 3. SED-Parteikonferenz (vom 24. bis 30.3.1956) geschmückt. Kurze Zeit später bekam sie die Nummer '437' und dann die grüne Bemalung.

2/3 Die ersten beiden Regierungsflugzeuge der DDR trugen ab 1957 diese Bemalung.

4 Zeitweise benutzte die NVA solche Pseudo-Interflugkennzeichnungen für ihre Maschinen, hier die '485' als DM-SAT in 1966.

5 Regierungsflugzeug '482', flog 1960 völlig silberfarbig und noch ohne Embleme im Hoheitszeichen.

Iljuschin IL-14P

Technische Daten

VERWENDUNGSZWECK:	Mittelstreckenverkehrsflugzeug
BESATZUNG:	4 bis 5 plus Kabinenpersonal
PASSIEGERE:	18 bis 32
SPANNWEITE in m:	31,70
LÄNGE in m:	21,30
HÖHE in m:	7,90
FLÜGELFLÄCHE in m^2:	100,0
LEERMASSE in kg:	12 200
STARTMASSE in kg:	17 000
HÖCHSTGESCHW. in km/h:	395
REISEGESCHW. in km/h:	345
STEIGLEISTUNG in m/s:	6,2
REICHWEITE in km:	1 000
DIENSTGIPFELHÖHE in m:	7 000
TRIEBWERK:	zwei 14zyl. Doppelsternmotore Schwezow ASch-82T
LEISTUNG in kW:	je 1 395

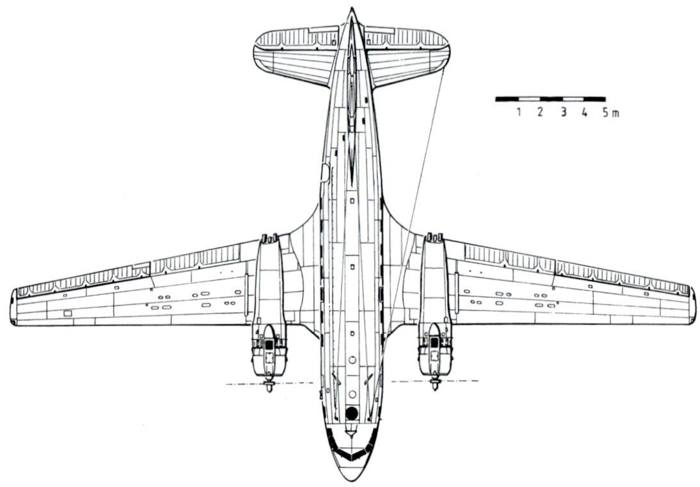

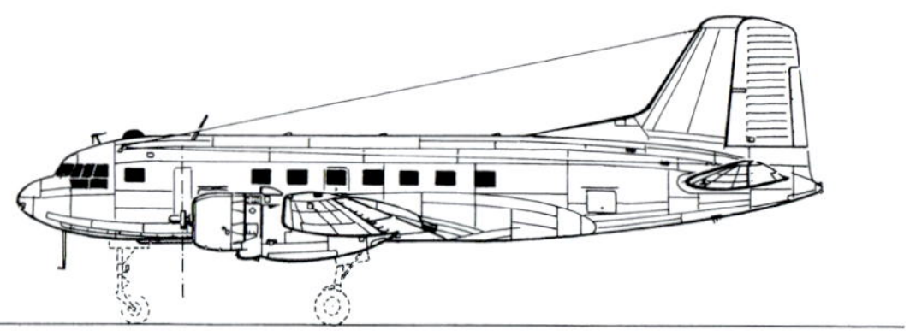

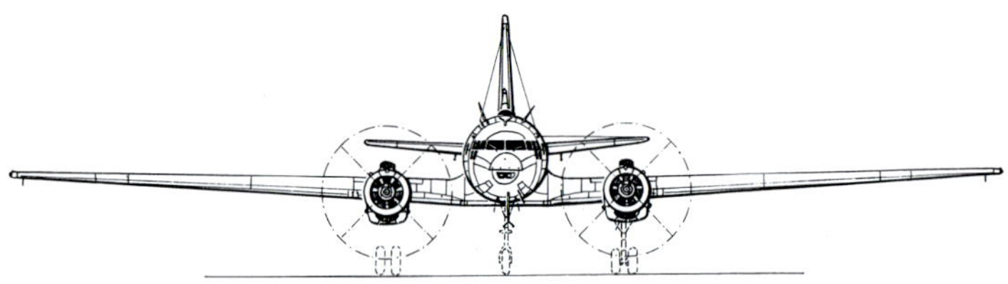

Die DM-ZZA, das für die Serienproduktion in Dresden von der Sowjetunion gelieferte Musterflugzeug.

Der zivile Einsatz

Bei Gründung der Deutschen Lufthansa der DDR (DLH) 1955 war die Iljuschin IL-14 das Standardverkehrsflugzeug in der Sowjetunion und den anderen Ländern des Ostblocks. Die Vorläufermuster IL-12 und Li-2/DC-3 waren in das zweite Glied zurückgetreten. Die DLH vereinbarte also mit der sowjetischen Seite die kurzfristige Lieferung von vier Maschinen IL-14P. Die erste kam im Juli 1955 nach Berlin-Schönefeld, die drei anderen folgten im November. Diese Maschinen erhielten noch DDR- als Präfix vor der Registrierung (das DM- wurde erst ab 1956 eingeführt) und mit AB... beginnende Registrierungen. Den ersten offiziellen Flug der DLH führte die DDR-ABA am 16. September 1955 von Berlin nach Moskau durch, an Bord eine Regierungsdelegation unter Leitung von Ministerpräsident Otto Grotewohl.

Ebenfalls 1955 begann die DDR eine eigene Luftfahrtindustrie aufzubauen, die das Strahlverkehrsflugzeug 152 entwikkeln und produzieren sollte. Um dafür die Grundlagen zu schaffen, Erfahrungen zu

5

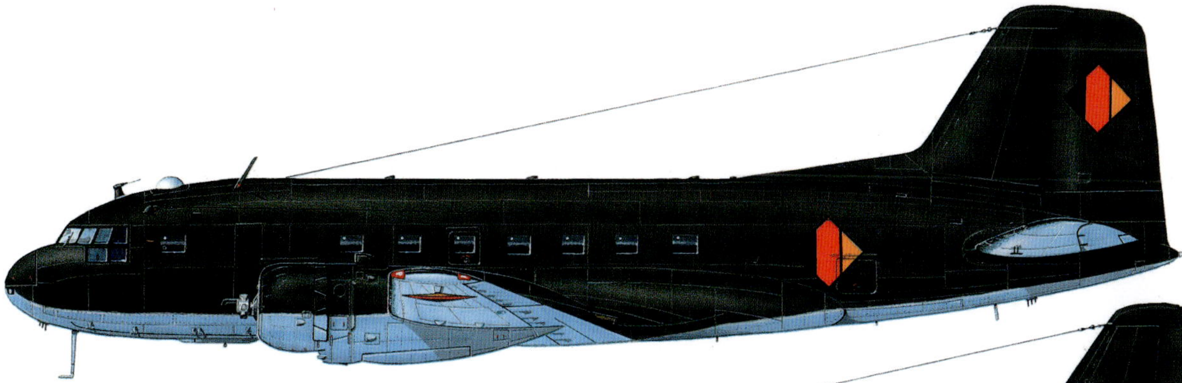

6

7

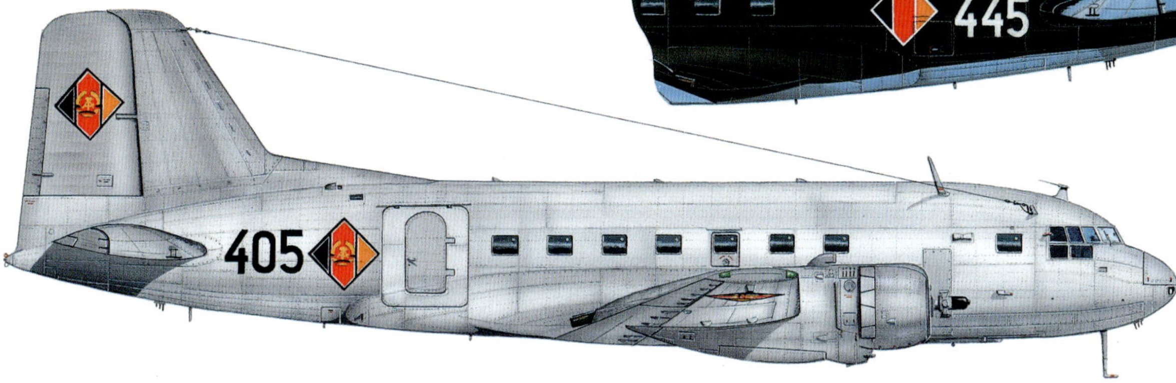

8

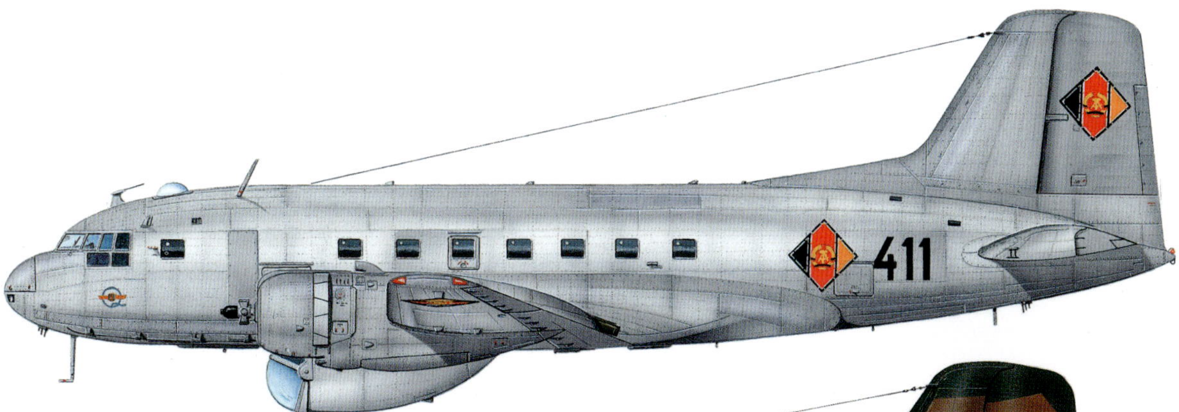

9

5/6 Die Flugzeuge der Transportfliegerschule flogen ab 1957/58 in dieser grünen Bemalung mit, je nach Staffelzugehörigkeit, schwarzer oder weißer Kennzeichnung. Auch nach Übernahme durch die Transportstaffel 27 blieb zuerst noch das Grün, allerdings nur mit schwarzen Kennungen.

7 Von 1964/65 an bis Mitte der 70er Jahre waren alle IL-14P der NVA-Transportflieger völlig silberfarbig mit großen schwarzen Nummern. Die Darstellung zeigt eine der Maschinen mit großer Ladeluke.

8 Die erste zur Fotoversion umgebaute IL-14P noch silberfarbig. Die Fotomaschinen erhielten ab Mitte der 70er Jahre einen stumpfen so genannten Chlor-Buna-Tarnanstrich.

9 Mit diesem glänzenden Tarnanstrich waren ab Mitte der 70er Jahre alle noch verbliebenen NVA-IL-14P versehen (mit Ausnahme der Fotomaschinen), allerdings hatte jedes Flugzeug sein individuelles Fleckenmuster und die Farbe neigte zu schnellem Abblättern und Verwittern.

sammeln und Personal auszubilden, begann man zunächst, die IL-14P nachzubauen.
Der Nachbau im VEB Flugzeugwerft Dresden erfolgte auf der Grundlage kostenlos übergebener Dokumentationen in eigener Verantwortung (kein Lizenzbau). Dazu lieferte die UdSSR im Frühjahr 1955 ein so genanntes Musterflugzeug, die DDR-AVI (später DM-ZZA). Die erste in Dresden gefertigte Maschine, DM-ZZB, absolvierte am 11. Oktober 1955 ihren Erstflug. Dieses Flugzeug verblieb als Erprobungsträger im Werk und diente auch zum Test vieler Anlagen und Komponenten der 152, so unter anderem zur Flugerprobung des Höhenleitwerks dieses Typs. Es folgten drei weitere Vorserienmaschinen, die an die

oben: Flugbetriebsszene um 1957/58 vom Flughafen Berlin-Schönefeld.

Mitte: Die DLH-Maschinen aus sowjetischer Produktion waren in der DM-SB... - Reihe registriert.

rechts: Mit dem Bugradwagen der DLH in Schönefeld wurde, ähnlich wie bei den heutigen Jumbo-Schleppern, das Bugrad auf dem Wagen fixiert und angehoben, um dadurch das Heck des Flugzeugs abzusenken und so die niedrigen Tore der alten Henschel-Hallen passieren zu können.

oben: 1963 zur Frühjahrsmesse stand zum ersten Mal der Flughafen Leipzig-Schkeuditz für den Messeflugverkehr zur Verfügung. Man erkennt Interflug-IL-14 in verschiedenen Bemalungen.

unten: Flugkapitän Kurt Winkler (2.v.l.) und seine Besatzung vor der SAG während des Messeflugverkehrs 1964.

LSK//LV der NVA gingen. Erst die fünfte IL-14P aus der eigenen Produktion ging 1957 an die DLH, nachdem die Maschine zuvor in einer Werksbemalung als Exponat auf der Leipziger Frühjahrsmesse gestanden hatte. Vorher waren weitere elf IL-14P aus sowjetischer Produktion zur DLH gekommen, wovon jedoch zwei gleich als Regierungsflugzeuge an die NVA gingen. Aus der eigenen Produktion erhielt die DLH bis März 1958 noch zehn Maschinen. Die SBZ aus sowjetischer Produktion ging 1959 an die NVA, 1961 musste die Dresdner SAA an die NVA abgegeben werden. Inzwischen lief auch der Export von Dresdner IL-14P nach Polen, Ungarn und Bulgarien.
Für die Werkserprobung und für Überführungsflüge erhielten viele der in Dresden gebauten Flugzeuge DM-Registrierungen, die mit Z begannen. Nachdem bis Ende 1958 etwa 50 Maschinen verkauft waren, geriet der Absatz ins Stocken und einige Flugzeuge standen sozusagen erstmal „auf Halde". Werbeflüge nach China und Vietnam brachten weitere Verkaufserfolge und auch Rumänien konnte als Kunde gewonnen werden. Als die DLH 1959 gedrängt wurde, noch drei IL-14P aus Dresden abzunehmen, stellte sie diese drei Maschinen als Mehrzweckvariante mit großer Ladeluke auf der rechten Seite in Dienst. Danach endete mit der 80. Maschine der Serienbau der IL-14 in Dresden und nach dem Scheitern des Strahlverkehrsflugzeugprojekts 152 löste man die DDR-Luftfahrtindustrie auf. Danach hat man den Prototypen und Erprobungsträger ZZB zum Messflugzeug für die Kalibrierung von Flugsicherungsanlagen umgebaut und

oben links: DM-SAZ, die Dresdner Baunummer 01, diente später als Messflugzeug für Flugsicherung.

oben rechts: Zwei IL-14P der Lufthansa in Berlin-Schönefeld 1962. Links die SBU aus sowjetischer Produktion und rechts die SAF aus Dresden in der neuen DLH-Bemalung.

rechts: DM-SAL in der interessanten Lufthansa/Interflug Mischbemalung in Leipzig-Schkeuditz 1963. Sie sollte später als Kalibrierflugzeug für Navigationsanlagen der DM-SAZ nachfolgen.

an die DLH übergeben, während das Muster- und Versuchsflugzeug ZZA an die NVA ging.

Der Einsatz der IL-14P bei der DLH erfolgte zunächst mit sowjetischen Beraterbesatzungen und mit gemischten Crews. Die Maschinen flogen in der silberfarbenen DLH-Bemalung mit blauem Blitz. Ab 1959 führte man schrittweise ein neues weiß/blaues DLH-Farbschema mit breiterem Fensterstreifen ein. Die ersten aus der UdSSR gelieferten Maschinen hatten nur 18 Plätze und wurden in der DDR auf 26 Plätze umgerüstet. Die Flugzeuge aus eigener Produktion hatten von Anfang an 26 Plätze. Sie wurden später teilweise auf 32 Plätze umgebaut.

Als 1958 die Interflug gegründet wurde, führten einige vorwiegend für Messeflüge noch mit DLH-Bemalungsschema eingesetzte IL-14 den Schriftzug der neuen Fluggesellschaft. Ab 1963 erhielten alle IL-14P Aufschrift und Logo der Interflug und einige später auch die neue, rote IF-Bemalung. Als auf den Auslandslinien zunehmend IL-18 die IL-14P verdrängten, stellte die Interflug 1964 neun IL-14P außer Dienst. Davon gingen acht Maschinen an die Luftwaffe Ägyptens und eine zusammen mit fünf weiteren IL-14P der NVA an Syrien. Nach Einführung der An-24 übergab die Interflug 1966 nochmals fünf Maschinen an Ägypten und vier an Syrien. Während des über 10jährigen Einsatzes der IL-14P im zivilen Luftverkehr der DDR gingen zwei Flugzeuge durch Unfall verloren, wobei aber keine Personen zu Schaden kamen. Im Dezember 1963 musste die SBL bei Königsbrück auf freiem Feld not-

oben: Die IL-14 als Ausstellungobjekt auf der Leipziger Messe.

rechts: Fertig montierte IL-14P vor der Halle 222 im VEB Flugzeugwerft Dresden 1959.

1

2

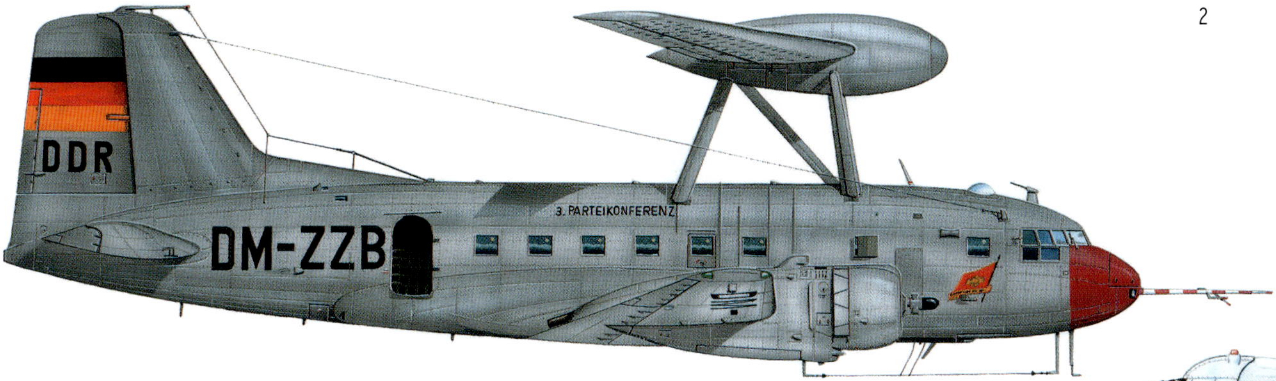

3

4

1 Musterflugzeug DDR-AVI 1955, später DM-ZZA.

2 Der erste VEB-Prototyp diente 1958 auch zur Erprobung des Höhenleitwerks der 152, geflogen wurde ohne Einstiegstür, um die Stellung der Wollfäden an der Versuchsflosse beobachten und filmen zu können.

3 Das gleiche Flugzeug wurde ab 1961 von der Lufthansa und später von der Interflug als Messflugzeug zur Kalibrierung von Flugsicherungsbodenanlagen benutzt.

4 In dieser etwas sparsamen Bemalung kam 1955 die erste IL-14P aus sowjetischer Herstellung zur Deutschen Lufthansa der DDR.

oben: Alle nach 1964/65 bei der Interflug verbliebenen IL-14P bekamen dann die rote IF-Bemalung.

Mitte: Ladearbeiten an der 1,60 X 1,90 m großen Luke der SAO, einer der drei Frachtmaschinen der DLH bzw. Interflug.

rechts: Als letzte aktive IL-14 in der DDR diente die SAL bis März 1984 als Kalibrator für Flugsicherungsbodenanlagen.

landen, nachdem es zu einem totalen Bordnetzausfall gekommen war. Die SAF rammte im November 1967 bei der Landung in Leipzig-Mockau mit dem Fahrwerk die Pistenkante, dadurch kam es zur Faltenbildung im Bereich des Flügelmittelstücks und die Maschine musste abgeschrieben werden. Sie wurde danach in Halle/S. vor der Eissporthalle aufgestellt. Von den vier ab 1967 noch bei der Interflug verbliebenen IL-14P löste die SAL 1968 die SAZ als Messflugzeug ab. Als 1968 ein größerer Bedarf an Pilotennachwuchs entstand, setzte man die drei noch verbliebenen IL-14 als Schulflugzeuge ein. Während der Pilotenausbildung mit der '426' kam es 1969 in Berlin-Schönefeld zu einer Bauchlandung ohne Fahrwerk, bei der jedoch niemand verletzt und das Flugzeug nur leicht beschädigt wurde. Nach Ende dieser Schulaktion wurden die dann ausrangierten SAB und SAH in Cämmerswalde bzw. Dessau aufgestellt.

In Schönefeld verblieben, diente die SAI noch als Kulisse für eine Fernsehshow und wurde 1972 bei einer Feuerwehrübung abgebrannt. Nur die SAL oder „Alte Lotte", wie sie liebevoll genannt wurde, flog noch bis März 1984 als Messflugzeug. Eine kurze Episode war die knapp einjährige Verwendung der NVA-Fotomaschine '422' als DDR-SAM beim Forschungs- und Industrieflug der Interflug.

Die SAL kam nach ihrer Außerdienststellung nach Dresden, wo sie noch heute im Gelände der Elbe Flugzeugwerke steht.

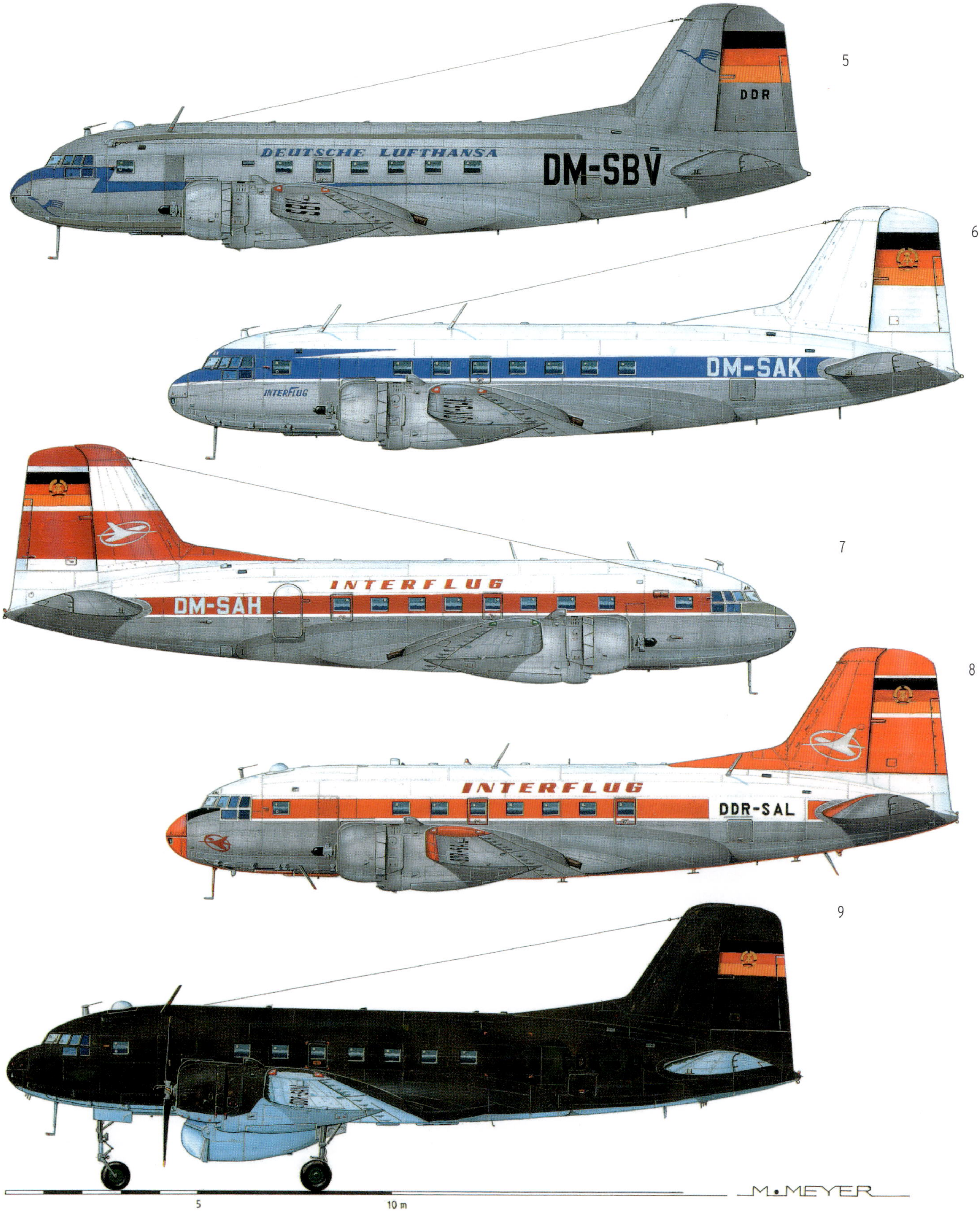

5 Alle weiteren IL-14P der DLH hatten dann dieses Bemalungsschema und die erste Maschine wurde dem angeglichen.

6 DM-SAK im zweiten Bemalungsschema der DLH etwa 1959, Kraniche und Lufthansa-Aufschrift sind entfernt und dafür eine frühe Form des IF-Schriftzugs am Bug angebracht.

7 DM-SAH in der neuen roten IF-Bemalung 1964, acht Fenster an der rechten Rumpfseite zeigen, dass die Maschine für 32 Passagierplätze eingerichtet ist.

8 Die SAL löste 1968 die SAZ als Messflugzeug ab und so sah ihre letzte Bemalung aus, in der sie bis 1984 flog. Als Präfix vor der Registrierung trägt sie DDR-, welches ab 1981 das DM- ersetzte.

9 In diesem stumpfen, abgewetterten Chlor-Buna-Tarnanstrich diente die ehemalige '422' der NVA 1983 bis zu ihrer endgültigen Außerdienststellung noch ein paar Monate bei der Interflug.

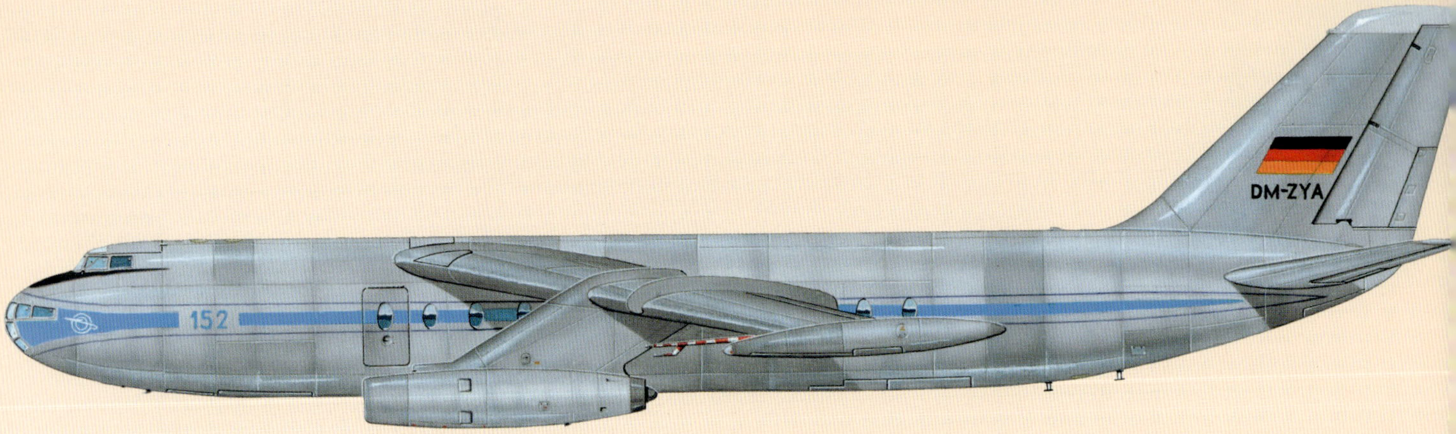

152

Einsatz: 1958
Stückzahl: 3
Hersteller: VEB Flugzeugwerft Dresden, DDR

oben: So sah die 152/I V1 zum Erstflug 1958 aus.

unten: 152/I V1 beim Start zum Erstflug am 4. Dezember 1958 in Dresden-Klotzsche.

Die DDR-Führung hatte 1954 beschlossen, eine eigene Flugzeugindustrie aufzubauen. Die Schaffung entsprechender Produktionsstätten und die Ausbildung von Fachpersonal erfolgte gleichzeitig mit der Aufnahme der Serienproduktion des sowjetischen Typs IL-14P. Ziel der neuen DDR-Flugzeugindustrie war der Bau eines Mittelstreckenverkehrsflugzeugs mit Strahlantrieb.

Eine Gruppe von Ingenieuren und Technikern der ehemaligen deutschen Luftfahrtindustrie war 1945 durch die sowjetische Siegermacht verpflichtet worden, in Dessau an dem Strahlbomber Ju 287 weiterzuarbeiten. Unter diesen Leuten war auch der Diplom-Ingenieur Brunolf Baade, der spätere Schöpfer der 152.

Baade war schon an der Entwicklung der Bomber Ju 88, 188, und 388 beteiligt. 1946 wurde diese Gruppe zusammen mit etwa 2 300 weiteren Wissenschaftlern, Ingenieuren, Flugzeugbauern und Piloten in die UdSSR verbracht. Dort mussten sie in verschiedenen Konstruktionsbüros und Versuchswerken an während der Nazizeit begonnenen Strahltriebwerksprojekten und einigen Versuchskampfflugzeugen weiterarbeiten. Die Gruppe um Baade arbeitete u. a. an der EF-131, einem Nachfolgemuster der Ju 287, und entwickelte den zweistrahligen Bomber '150'. Ihr letzter Auftrag in der Sowjetunion war die Projektierung eines kleinen, so genannten Schnellverkehrsflugzeugs, für 26 Personen mit der Be-

zeichnung '152'. Für dieses Flugzeug schuf sie, ebenfalls noch in der UdSSR, das Triebwerksprojekt '014'.
Nachdem diese Luftfahrtexperten schrittweise von 1950 bis 1954 wieder in die Heimat entlassen worden waren, bildeten sie hier unter Leitung von Brunolf Baade den personellen Grundstock der neuen Flugzeugindustrie der DDR. Auf der Grundlage der Erfahrung mit dem Bomber '150' und in Anlehnung an das erste Projekt '152' entstand nun in relativ kurzer Zeit das Mittelstreckenverkehrsflugzeug '152'. Der erste Prototyp V-1 erinnerte mit seinem Tandemfahrwerk und der Navigatornase noch stark an den Bomber '150'.
Nach großen Anstrengungen konnte die fertige Maschine bereits am 30. April 1958 aus der Halle gerollt werden. Der ursprünglich auf den 13. August 1958 festgelegte Termin für den Erstflug ist allerdings nicht eingehalten worden, da die Ergebnisse aus den statischen Belastungsversuchen mit der 152 V2 nicht rechtzeitig vorlagen. Auch waren Entwicklung und Erprobung der Triebwerke Pirna 014 noch nicht weit genug fortgeschritten, so dass in die 152 V1 vorerst sowjetische Triebwerke Mikulin RD-9B eingebaut werden mussten. Am 4. Dezember 1958 erfolgte dann aber der erfolgreiche Erstflug dieses ersten deutschen Strahlverkehrsflugzeugs. Beim zweiten Flug am 4. März 1959 stürzte die Maschine jedoch nach 55 Minuten Flugzeit beim Anflug acht Kilometer vor dem Flughafen Dresden ab, wobei die vierköpfige Besatzung um Flugkapitän Willi Lehmann ums Leben kam. Langwierige und schwierige Untersuchungen ergaben dann die vermutliche Unfallursache. Durch falsche Auslegung des Belüftungssystems der Kraftstoffanlage kam es zu einem Zusammenziehen von sich leerenden Gummisackbehältern, die sich dadurch auch teilweise aus ihren Halterungen lösten. Während des steilen Sinkflugs von 6000 auf 2000 m Höhe kam es dadurch zur Unterbrechung der Kraftstoffzufuhr und zum Ausfall der Triebwerke.
Der zweite Prototyp für die Flugerprobung V4, auch als 152/II bezeichnet, wies gegenüber dem ersten eine Reihe wesentlicher Änderungen auf. Das Tandemfahrwerk ersetzte man durch ein konventionelles Bugradfahrwerk, die Navigatorkanzel fiel weg

oben: Am 30. April 1958 wird der fertige Prototyp feierlich aus der Halle gerollt. Lange Ledermäntel sind damals Mode, besonders bei einigen staatlichen Dienststellen.

unten: Bis zum 30. April 1958 durften nur die an der Entwicklung und am Bau Beteiligten die 152 sehen. Wollten sie die Endmontagehalle 222 betreten, mussten sie dazu eine spezielle Kennmarke vorweisen.

rechts und Mitte: Landeanflug der 152/I V1 nach ihrem Erstflug am 4. Dezember 1958 in Dresden.

unten: Beim Rollout am 30. April 1958 sind die Triebwerke aber noch nicht eingebaut, in den Gondeln befindet sich Ballast.

und machte Platz für den Einbau eines Wetterradars. Eingebaut waren nun auch die eigenen Triebwerke Pirna 014 in neu gestalteten Gondeln. Im August und September 1960 absolvierte diese Maschine dann zwei Testflüge, es sollten die beiden einzigen bleiben. Am 5. April 1961 gab die DDR-Führung die komplette Einstellung und Auflösung der Flugzeugindustrie bekannt. Viele verschiedene Gründe hatten zu dieser Entscheidung geführt. Es gab keine Exportchancen mehr, weder in die Sowjetunion, dort stand die Tu-104 in Massenproduktion und die Tu-124 stand vor der Einführung, noch ins kapitalistische Ausland, dort gab es inzwischen die Caravelle, andere Typen mit besseren Eigenschaften standen vor der Einführung. Die Überschätzung der vorhandenen ökonomischen Potenzen und Möglichkeiten der DDR war sicherlich einer der Hauptgründe für dieses Scheitern. In Dresden stand zum Zeitpunkt des Abbruchs die 152/II V5 nach abgeschlossener Bodenerprobung zum Jungfernflug bereit, zu dem es jedoch nicht mehr kam. Die erste Maschine für die Deutsche Lufthansa der DDR, die 008, war im Rohbau fertiggestellt und für die 009 bis zur 028 waren schon Baugruppen und Einzelteile hergestellt.

Die Flugzeuge wurden dann verschrottet und einige der vorgefertigten Rümpfe auf NVA-Flugplätze ausgelagert, wo sie zweckentfremdet als Unterstellhütten und Lagerschuppen bis in die 80er Jahre hinein benutzt wurden. Der Rumpf der 011 wurde vom Flugplatz Rothenburg geborgen. Er wird derzeit im heutigen Elbe Flugzeugwerk Dresden als Museumsstück restauriert.

Die bei Ende der kurzlebigen DDR-Luftfahrtindustrie vorhandenen Triebwerke Pirna 014 der Nullserie und der ersten Produktionsserie verwendete man nach entsprechendem Umbau als Gasgeneratoren für Schiffsantriebsanlagen SAG 51/1 (für zwölf kleine U-Abwehrschiffe Typ „Hai") und für die 12,5-MW-Spitzenlastgaskraftwerke E-1.

152/I V-1

VERWENDUNGSZWECK:	Prototyp für Mittelstreckenverkehrsflugzeug
BESATZUNG:	4 plus Kabinenpersonal
PASSIEGERE:	48 bis 66
SPANNWEITE in m:	27,0
LÄNGE in m:	31,40
HÖHE in m:	9,53
FLÜGELFLÄCHE in m^2:	138,0
LEERMASSE in kg:	26 500
STARTMASSE in kg:	46 500
HÖCHSTGESCHW. in km/h:	850 (H= 4800 m)
REISEGESCHW. in km/h:	680
STEIGLEISTUNG in m/s:	12,4
REICHWEITE in km:	2 400
GIPFELHÖHE in m:	10 700
TRIEBWERK:	vier Turbojets Mikulin RD-9B
SCHUB in kN:	je 25,5

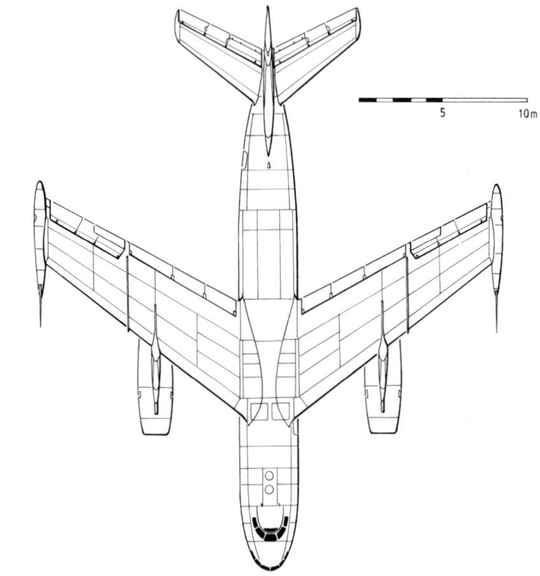

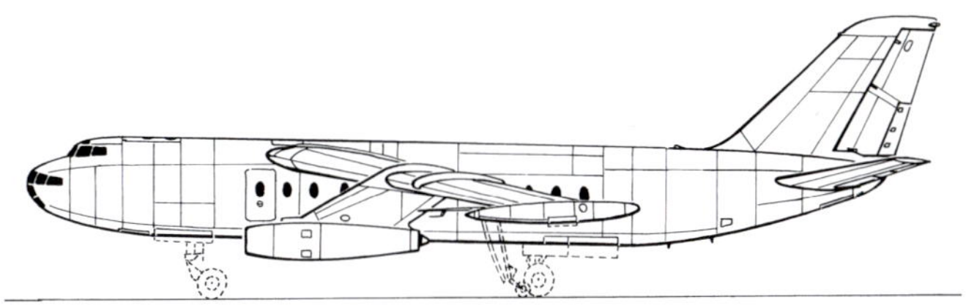

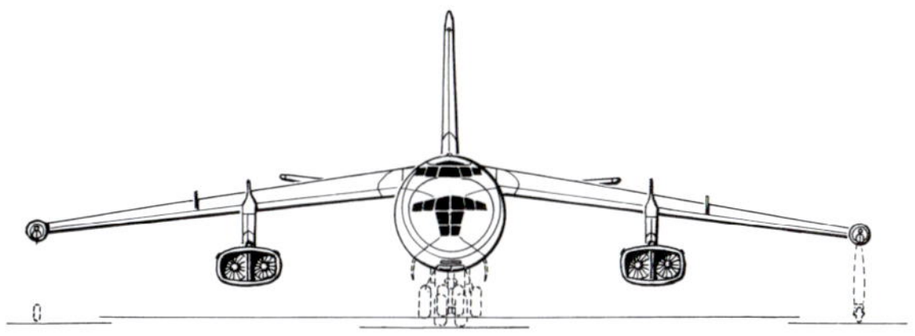

152/II V-4

VERWENDUNGSZWECK:	Prototyp für Mittelstreckenverkehrsflugzeug
BESATZUNG:	4 plus Kabinenpersonal
PASSIEGERE:	48 bis 72
SPANNWEITE in m:	27,0
LÄNGE in m:	31,4
HÖHE in m:	9,0
FLÜGELFLÄCHE in m^2:	138,0
LEERMASSE in kg:	29 995
STARTMASSE in kg:	51 000
HÖCHSTGESCHW. in km/h:	920 (H= 4800 m)
REISEGESCHW. in km/h:	800
STEIGLEISTUNG in m/s:	22,6
REICHWEITE in km:	1 080 bis 2 970
GIPFELHÖHE in m:	10 700
TRIEBWERK:	vier Turbojets Pirna 014
SCHUB in kN:	je 32,4

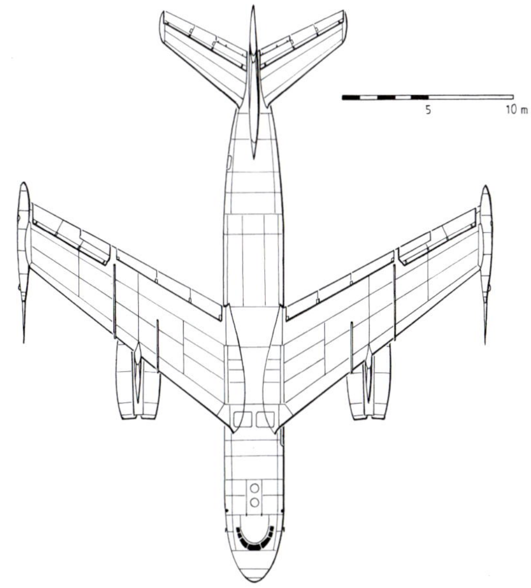

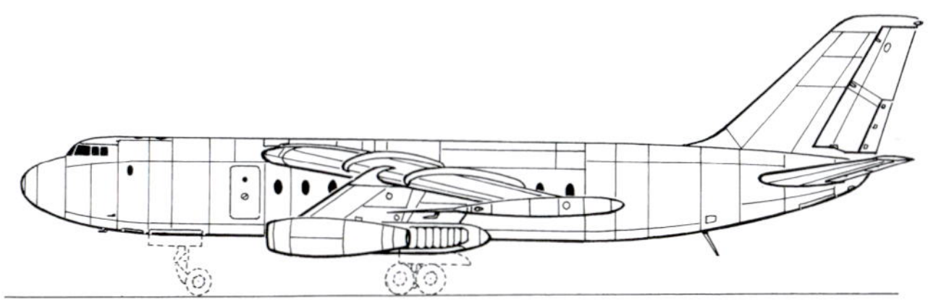

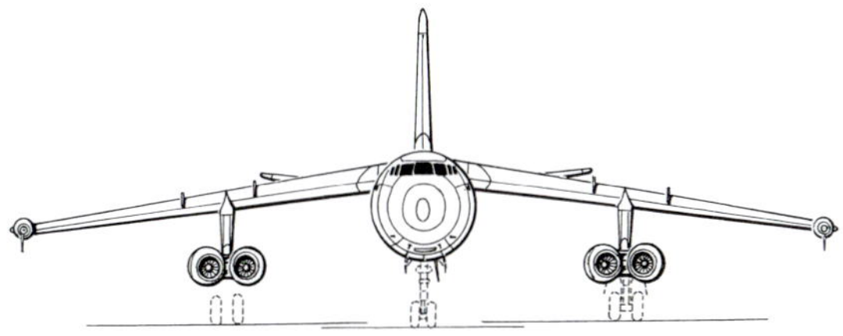

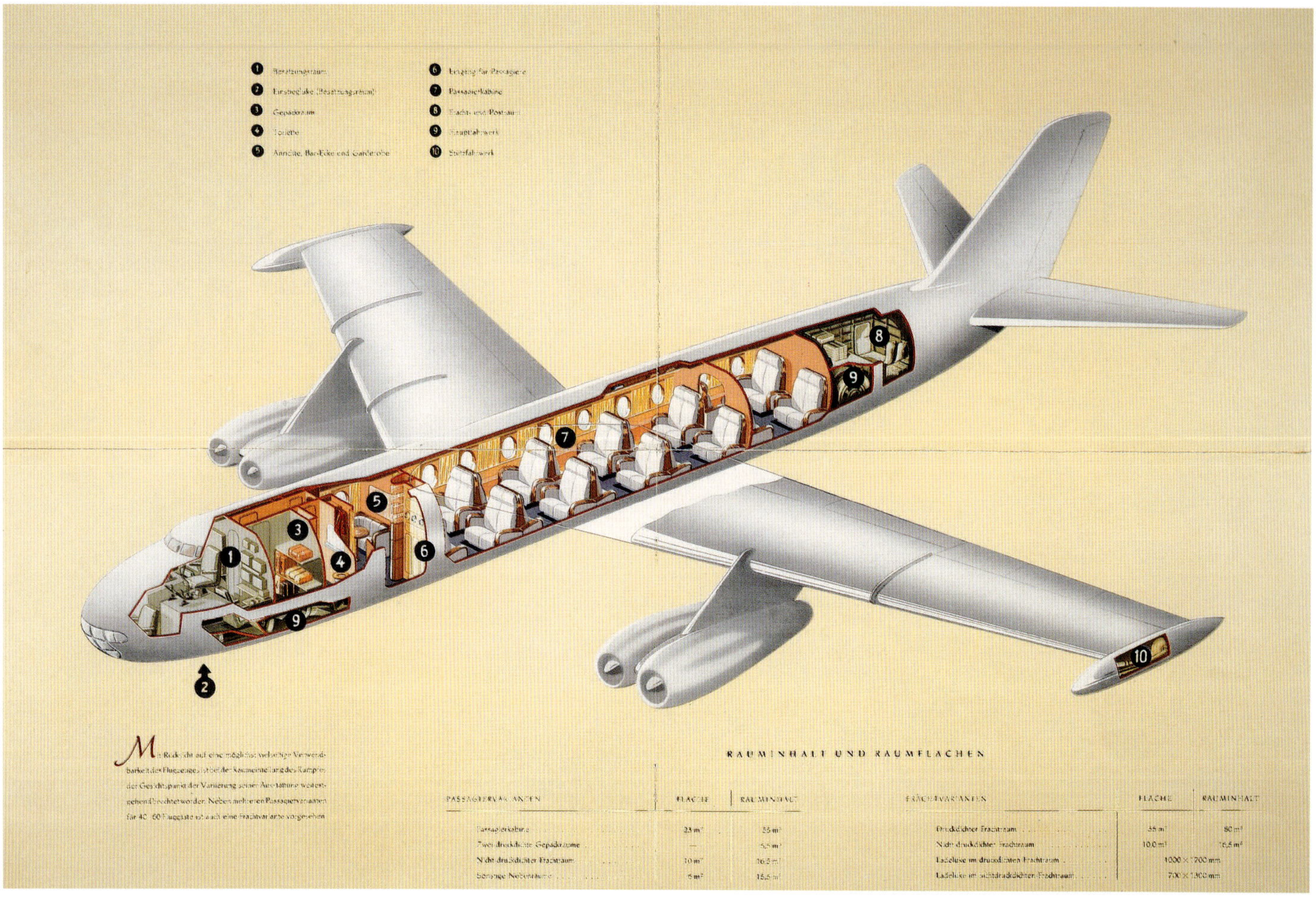

oben: Grafik aus einer zeitgenössischen Werbung.

Mitte: Attrappe des Cockpits der 152.

unten: „Passagiere" in der Kabinenattrappe.

RECHTE SEITE

oben: Blick in die Montagehalle, der Serienbau der 152 hat begonnen, vorn die 152/II V4.

unten: Rollout der 152/II V4 zur Roll- und Flugerprobung.

oben: Die 152/II V4 wird zur Roll- und Flugerprobung geschleppt. Der Erstflug erfolgte am 26. August 1960.

rechts: Detailansicht der neuen, veränderten Triebwerksgondeln der 152/II V4 für das Pirna 014 und ein konventionelles Hauptfahrwerk.
Die Platten hinter dem Schubrohr dienten dem Wärmeschutz der Fahrwerksgondelstruktur.

oben: Landung der 152/II V4 nach ihrem zweiten und letzten Flug, am 4. September 1960.

links: So sollte das erste Serienflugzeug für die Lufthansa der DDR aussehen.

Bemalungsschema der 152/II V4.

Iljuschin IL-18

Einsatz:	1960 bis 1990
Stückzahl:	16
Hersteller:	Staatl. Flugzeugwerk Nr. 301 „Znamia Truda", Moskau-Chodinka, UdSSR

oben: In dieser DLH-Bemalung flogen die ersten IL-18 bis spätestens 1963.

unten: Die '493' der Regierungsstaffel, hier 1962 in Berlin-Schönefeld, wurde später zur DM-STD der Interflug, nach 1981 DDR-STD.

Die ersten Jahre stützte sich fast der gesamte Verkehrsflug der Deutschen Lufthansa der DDR (DLH) auf das Kolbenmotorflugzeug IL-14. Erst 1959 sah die DLH die Notwenigkeit, ein neues Muster mit modernerem Antrieb und höherer Reisegeschwindigkeit zu beschaffen. Angewiesen auf das Angebot aus der Sowjetunion, konnte die Wahl nur auf das viermotorige Propellerturbinenflugzeug IL-18 fallen. Die Anschaffung eines Strahlflugzeugs, wie zum Beispiel der Tu-104, kam nicht in Frage, da man zu diesem Zeitpunkt noch auf den Einsatz der '152' aus eigener Produktion setzte.
Im Oktober 1959 vereinbarte dann eine Delegation der DLH in Moskau die Lieferung von drei IL-18W (in der westlichen Literatur oft auch als IL-18V oder IL-18B, kyrillisch B=W, bezeichnet). Anschließend begann für eine Gruppe des fliegenden Personals die Ausbildung an der Aeroflot-Fliegerschule in Uljanowsk. Am 28. März 1960 lieferte eine sowjetische Besatzung die erste IL-18, DM-STA, in Berlin-Schönefeld ab. Am 2. April folgte die nächste, die dritte kam im Juli des Jahres. In Berlin halfen derweil fünf Instrukteure der Aeroflot bei der Umschulung weiterer Besatzungen und des technischen Personals.
Am 3. April 1960 flog dann erstmals eine IL-18 im Liniendienst der DLH auf der Strecke Berlin-Moskau. Doch die planmäßigen Linienflüge mit den neuen Maschinen waren in diesem und im folgenden Jahr

1961 recht selten, da die Ausbildung noch im Gange war und einige technische wie organisatorische Anlaufschwierigkeiten zu überwinden waren. Im Frühjahr 1962 wurden zwei weitere Maschinen in Dienst gestellt. Zu diesem Zeitpunkt war dann klar, dass die IL-18 der Hauptflugzeugtyp für die nächsten Jahre sein würde, da die eigene Flugzeugindustrie und damit das Projekt eines eigenen TL-Verkehrsflugzeugs eingestellt worden waren.

Diese ersten fünf IL-18 flogen zunächst in der blauen Bemalung der Deutschen Lufthansa. Für den Bedarfsluftverkehr, besonders für die Messeflüge in das westliche Ausland, war schon im September 1958 die Interflug (IF) als zweites Luftverkehrsunternehmen der DDR gegründet worden. Zur Leipziger Frühjahrsmesse 1963 erfolgten dann erstmals Messeflüge mit IL-18 nach Prag, Wien, Stockholm und Kopenhagen. Dazu hatte man den Deutsche Lufthansa-Schriftzug und den Kranich von den Flugzeugen entfernt und durch Interflug-Aufschrift ersetzt. Als die Flugzeuge dann wieder auf regulären Lufthansa-Linien flogen, wurden sie wieder umgemalt. Ab September 1963 hörte die Deutsche Lufthansa der DDR auf zu existieren und es gab nur noch eine Fluggesellschaft in der DDR, die Interflug. Alle Flugzeuge IL-18 (und IL-14) bekamen nun nach und nach das neue rote IF-Farbschema. Eine erste große Bewährungsprobe für Flugzeug und Besatzung stellte 1964 der Flug der IL-18 DM-STC mit einer Regierungsdelegation nach Indonesien, Kambodscha, Burma, Ceylon und Indien dar. 1965 bis 1967 wurden mit IL-18 mehrere Liniendienste neu eröffnet, so nach Kairo, Nikosia und Damaskus (später weitergeführt bis Bagdad), Algier, Bamako (später weitergeführt bis Conakry und Freetown) und nach Beirut.

Im Herbst 1964 kamen zwei weitere IL-18 von den Luftstreitkräften der NVA zur IF-Flotte. Mit den nunmehr sieben Maschinen konnte ein stabiler Flugbetrieb mit zufriedenstellender Auslastung durchgeführt werden, zumal die Anlaufschwierigkeiten überwunden waren und gute Betriebserfahrungen vorlagen.

Während der ersten Zwischenüberholung in Moskau kam es im Frühjahr 1967 zum Verlust der DM-STF. Ein Feuer im Hangar des Reparaturwerkes in Bykowo beschädigte das Flugzeug so schwer, dass eine Wiederherstellung fraglich wurde. Als Kompensation für den Schaden stellte die sowjetische Seite sofort eine Ersatzmaschine zur Verfügung. Aus dem Bestand der 235. Abteilung für besondere Aufgaben (235. OAGA) der Aeroflot erhielt die IF die CCCP-75553. Umregistriert als DM-STF(2), diente diese Maschine dann der Interflug bis zu deren Liquidation, bzw. als D-AOAO noch der BerLine. Die ursprüngliche DM-STF hat man übrigens in der UdSSR aufwändig repariert und später als

oben: Die Passagiere verlassen eine gerade in Dresden gelandete Linienmaschine IL-18.

unten: Die STB der Deutschen Lufthansa der DDR 1961 beim Anlassen in Schönefeld.

INTERFLUG
DM-STF

CCCP-75475 bei der Aeroflot (Krasnojarsker Direktion) wieder in Dienst gestellt, wo sie bis 1979 im Einsatz war.
Die Interflug kaufte 1966/67 zwei Maschinen der Langstreckenversion IL-18D, die dank eines Zusatzbehälters im Flügelmittelstück eine größere Kraftstoffkapazität hatten, außerdem erhöhte sich die maximale Abflugmasse auf 64 t. Ein Dreikeulen-Dopplernavigationsradar, eine in den Autopiloten integrierte Trimmautomatik und die Möglichkeit der Klimatisierung am Boden waren weitere Verbesserungen bei dieser Version. Außerdem hatte sie leistungsstärkere Triebwerke AI-20M, mit denen später teilweise auch die IL-18W nachgerüstet wurden. Die IL-18D konnten bei etwas verringerter Nutzlast auf sehr langen Strecken eingesetzt werden. 1968 kamen noch mal zwei neue IL-18D hinzu und 1970 erfolgte die Übernahme von zwei weiteren ex-NVA-Maschinen.
Langstrecken nach Kuba und Bangladesch wurden nun beflogen und am 4. November 1973 konnte die bis dahin längste IF-Linie von Berlin über Moskau, Taschkent und Dacca nach Hanoi eröffnet werden.
Ein wichtiges Kapitel des Einsatzes der IL-18 bei der Interflug stellen die Sonder- und Hilfsflüge, seinerzeit oft „Solidaritätsflüge" genannt, dar. Hilfsflüge für Erdbeben- und Überschwemmungsopfer in vielen Teilen der Welt gehörten zu den Aufgaben der IL-18. Auch längere Einsätze mit Stationierung im Ausland hat es gegeben. So z.B. 1974 die Repatriierungsflüge zwischen Pakistan und Bangladesch im Auftrag der UN und mehrwöchige Frachteinsätze zwischen Hanoi und Vientiane 1976 und 1977. Während eines solchen Auslandseinsatzes in Angola ereignete sich auch die einzige Katastrophe, von der eine IF-IL-18 betroffen war. Am 26. März 1979 stürzte die DM-STL kurz nach dem Start in der Hauptstadt Luanda ab. Leistungsabfall an einem Triebwerk führte dazu, dass die überladene Maschine bei den hohen Außentemperaturen keine Höhe gewinnen konnte. Sie zerschellte in einer Senke hinter der Runway. Mehrere Explosionen und Feuer zerstörten das Flugzeug völlig, alle vier Besatzungsmitglieder kamen dabei ums Leben.
1974 verfügte die Interflug über 15 IL-18. Sie flogen verstärkt Charter nach Bulgarien, Rumänien und vielen anderen internationalen Destinationen, aber auch auf Inlandslinien nach Heringsdorf, Erfurt und Dresden. Da inzwischen auch die An-24, Tu-134 und IL-62 eingeführt worden waren, gab es eine gewisse Überkapazität an Passagierplätzen. Deshalb rüstete man 1974/75 und 1979 insgesamt vier IL-18 zu reinen Frachtflugzeugen um. Einen großen Nachteil hatten diese „Frachter" allerdings: Es gab keine speziellen Ladeluken, sämtliche Güter mussten durch die kleinen Einstiegstüren gezwängt werden (erst später, nach dem Ende der DDR, gelang es unter der Halterschaft der BerLine, in zwei IL-18

oben: DM-STE rollt von der 1976 in Betrieb genommenen neuen Passagierabfertigung in Schönefeld zum Start.

LINKE SEITE:
Die erste STF 1964 auf dem seit 1962 als Abfertigung genutzten Nordteil des Flughafens Berlin-Schönefeld, nach einem Hangarfeuer in Moskau wurde die Maschine durch eine zweite STF ersetzt. Die neben der IL-18 geparkte Bristol Britannia kam übrigens am 27. Mai 1964 als erstes Flugzeug der CUBANA nach Berlin.

unten: IL-18-Cockpit in ursprünglichem Zustand. Besatzung in Lufthansa-Uniform.

große Ladeluken einzubauen). Ende 1984 wurden IL-18 der Interflug in Äthiopien zur Beförderung von Nahrungsmitteln und Hilfsgütern zwischen Assab (diente als Basislager), Axum, Asmara, Addis Abeba, Mekele, Jimma, Dire Dawa und Gode eingesetzt. Besatzungen und Techniker arbeiteten unter schwersten Bedingungen und extremem Klima. Bei Starts und Landungen auf den primitiven Airstrips wurden hohe fliegerische Leistungen vollbracht.
Während des fast 30-jährigen Einsatzes der IL-18 in der DDR wurden die Flugzeuge durch Bulletins und Änderungen des Herstellers sowie auch durch Interflug-spezifische Änderungen technisch weiterentwikkelt. Schon kurz nach ihrer Einführung erhielten die IL-18 Hilfsenergieanlagen (APU), die Passagierkapazität stieg von anfangs 84 (hintere Kabine First Class) bzw. 89 auf

oben: Die STP löste 1985 die IL-14 SAL als Kalibrierungsflugzeug für Flugsicherungsanlagen ab.

rechts: Die zum Frachter umgerüstete STM ist Ende der 70er Jahre zur Durchführung von Hilfsflügen mit roten Kreuzen gekennzeichnet.

RECHTE SEITE
unten: Die ehemalige STC wurde 1978 an die tschechoslowakische Prüfstelle für Luftfahrtgerät verkauft und diente dort bis 1990 als fliegender Prüfstand für neu entwickelte Triebwerke.

später einheitlich 100 Plätze Economy. Natürlich mussten die Funk- und Navigationsanlagen ständig gemäß den internationalen Vorschriften modernisiert werden. Bemerkenswert ist auch die Nachrüstung aller IL-18 der Interflug mit Flugkommandosteuerungsanzeigen (FDI, Flight director indicator). Einzige IL-18E der Interflug war übrigens die 1967 eingeführte DM-STK. Die IL-18W wurden nach und nach dem Standard dieser verbesserten E-Version angepasst.
Eine besondere Rolle spielte die DM-STP (ex '497' der Luftstreitkräfte/Luftverteidigung). Nachdem die IL-14 DM-SAL als Kalibrierungsflugzeug für Flugsicherungsanlagen außer Dienst gestellt wurde, baute man die IL-18 STP ab 1978 für diese Aufgabe um. Sie erhielt zusätzliche Sende-, Empfangs-, Antennen- und Registrierungsanlagen, vor dem Cockpit ausfahrbare Messscheinwerfer, im Rumpf Konsolen mit den Arbeitsplätzen. Das Flugzeug erhielt einen grauen Anstrich mit roten Kontrastflächen.
Von 1986 bis 1990 stellte die Interflug nacheinander sieben IL-18 außer Dienst. Von den anderen im Einsatz verbliebenen IL-18 gingen nach der Wende und der Liquidierung der Interflug zwei nach Polen, die anderen fünf an die von ehemaligen IF-Mitarbeitern gegründete BerLine. Nach dem Zusammenbruch der BerLine sind die restlichen IL-18 durch die Hände zahlreicher Halter gegangen.
IL-18 flogen auch in der 1957 zunächst aus IL-14 gebildeten Regierungsfliegereinheit (Selbstständige Transportfliegerstaffel STS-29). Am 28. Oktober 1960 erhielt die Staffel ihre erste IL-18W mit der taktischen Nummer '493' und dem Funkrufzeichen DM-VAX. Letzteres stand nur in den Papieren und war nicht sichtbar am Flugzeug angebracht. Eine zweite Maschine kam 1962 als '499' DM-VAY dazu und beide Flugzeuge wurden 1964 an die Interflug abgegeben. Im gleichen Jahr stellten die LSK/LV die '497' DM-VAZ und eine weitere IL-18 mit der Zivilregistrierung DM-STH in Dienst. Letztere trug komplette Interflugbemalung und war äußerlich nicht von den regulären IF-Flugzeugen zu unterscheiden. Dies wurde von da an zur generellen Praxis der NVA-Regierungsflieger, auch bei ihren späteren Flugzeugtypen. Bei den Flügen mit diesen Maschinen trugen die Besatzungen auch IF-Uniformen. Um Flugstunden zu sammeln, flogen die STS-29-Besatzungen auch IF-Maschinen auf normalen Linienflügen, ohne dass die Passagiere ahnten, dass im Cockpit hochrangige Militärpiloten saßen. Bis 1968 beschaffte die NVA noch zwei weitere IL-18.
Eingesetzt wurden die IL-18 der „Reg-Staffel", wie die Einheit im NVA-Sprachgebrauch hieß, für Flüge mit dem Regierungschef und anderen hochrangigen Mitgliedern von Partei und Regierung. Alle NVA-IL-18 hatten eine Salonaustattung mit Firstclass-Sitzen, Tischen mit Drehsesseln, Couch und Schreibbüro. Später, nach der Einführung modernerer Flugzeugmuster (Tu-124 u. Tu-134), führte man auch andere Transportflüge von geringerer Bedeutung mit den IL-18 durch. Die '497' musste 1969 vorzeitig stillgelegt werden, da sich aus der Waffe eines Wachpostens versehentlich ein Schuss gelöst und die Druckkabine durchschlagen hatte. Sie ging zusammen mit der STH 1970 an die Interflug. Bei den Flugzeugen der Regierungsflieger war eine Höchstgrenze an Flugstunden festgelegt worden, nach deren Erreichen diese Maschinen an die Interflug abgegeben und durch neue Regierungsflugzeuge ersetzt wurden. Diese Praxis galt auch für alle anderen Flugzeugtypen der Reg-Staffel.

Iljuschin IL-18W

Technische Daten

VERWENDUNGSZWECK:	Mittelstreckenverkehrsflugzeug
BESATZUNG:	4 bis 5 plus Kabinenpersonal
PASSIEGERE:	bis 111
SPANNWEITE in m:	37,40
LÄNGE in m:	35,7
HÖHE in m:	10,2
FLÜGELFLÄCHE in m^2:	140
LEERMASSE in kg:	34 700
STARTMASSE max. in kg:	61 200
HÖCHSTGESCHW. in km/h:	690
REISEGESCHW. in km/h:	625
STEIGLEISTUNG in m/s.:	8,0
REICHWEITE in km:	5 000 mit max. KS-Vorrat
GIPFELHÖHE in m:	10 000
TRIEBWERK:	vier Propellerturbinen Iwtschenko AI-20K
LEISTUNG in kW:	je 2 942

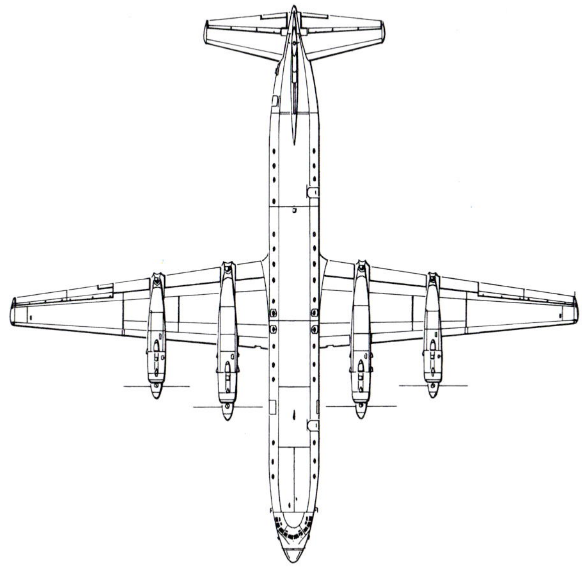

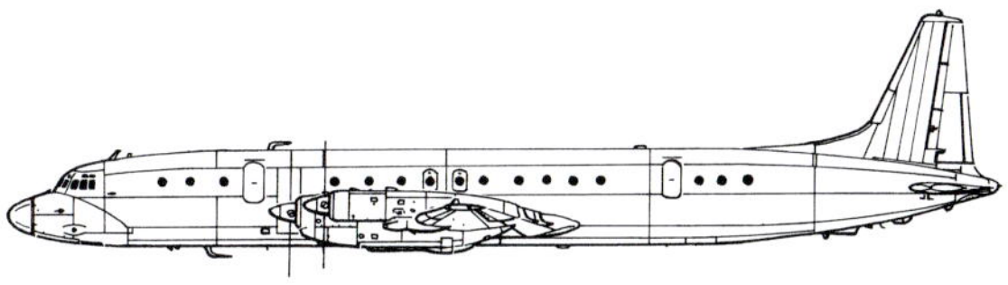

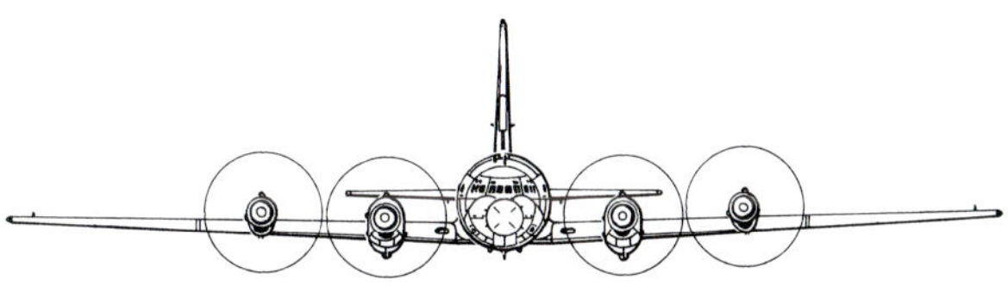

Iljuschin IL-18D

Technische Daten

VERWENDUNGSZWECK:	Mittel- und Langstreckenverkehrsflugzeug
BESATZUNG:	4 bis 5 plus Kabinenpersonal
PASSIEGERE:	bis 122
SPANNWEITE in m:	37,40
LÄNGE in m:	35,9
HÖHE in m:	10,2
FLÜGELFLÄCHE in m^2:	140
LEERMASSE in kg:	35 000
STARTMASSE max. in kg:	64 000
HÖCHSTGESCHW. in km/h:	675
REISEGESCHW. in km/h:	650
STEIGLEISTUNG in m/s:	7,5
REICHWEITE in km:	6 500 mit max. KS-Vorrat
GIPFELHÖHE in m:	9 200
TRIEBWERK:	vier Propellerturbinen Iwtschenko AI-20M
LEISTUNG in kW:	je 3 125

1

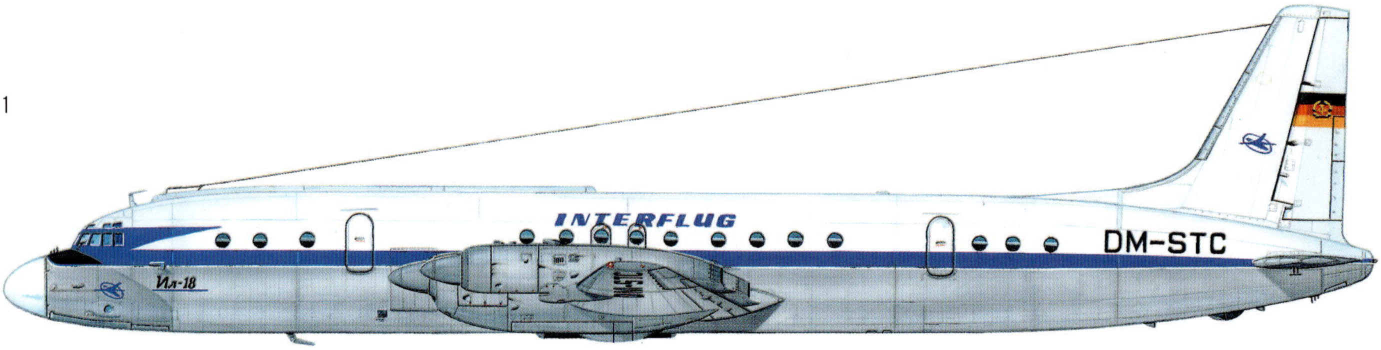

2

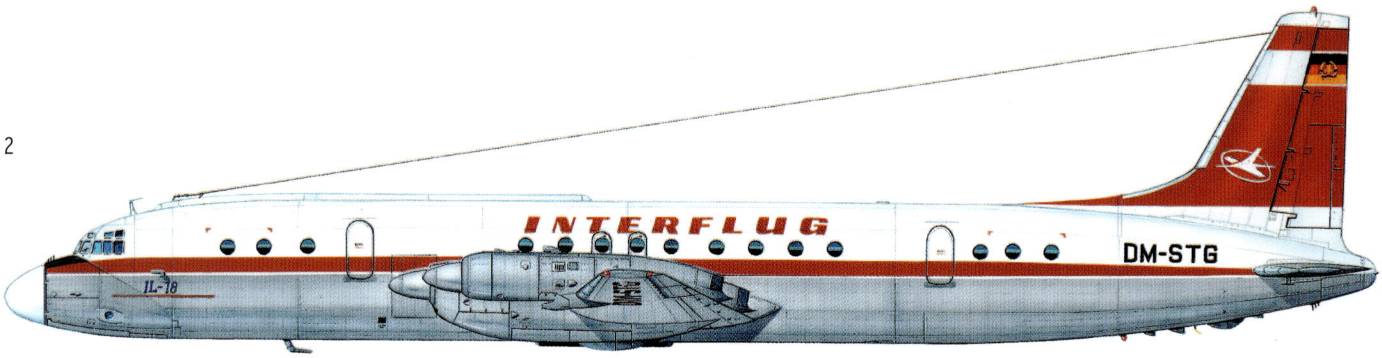

3

M. MEYER

1 Beim Einsatz auf Interflug-Flügen änderte man Schriftzug und Logo, bei häufigerem Wechsel hat man den Interflug- bzw. Deutsche Lufthansa-Schriftzug auch am vorderen Rumpf unterhalb des blauen Streifens im silbergrauen Bereich angebracht.

2 Ab 1963 wurde diese neue, rote Interflug-Bemalung eingeführt, später in den 70er Jahren ersetzte man die IL-18-Aufschrift am Rumpfvorderteil durch das IF-Logo in rot. Einen roten Standardfarbton gab es nicht, von himbeerrosa bis fußbodenbraun war alles vertreten, so wie die Farben bei den jeweiligen Überholungen gerade zur Verfügung standen.

3 Die letzte IF-Bemalung der 80er Jahre zeigte neben anderen Detailänderungen einen etwas modifizierten Schriftzug, und alle ehemals silbermetallischen Flächen waren nun grau, wobei diese Grautöne auch unterschiedlich ausfielen.

4 Die erste IL-18 der Regierungsflieger der NVA-Luftstreitkräfte erschien 1960 in diesem blauen Farbschema.

5 Die 1964 eingeführte '497' der Regierungsstaffel trug das gleiche Schema mit geringen Änderungen in rot.

6 1970, nach Übernahme der '497' durch die IF als DM-STP, flog die Maschine eine Zeit lang in dieser Interimsbemalung.

7 Ab 1983 betrieb die IF die STP nach Umbau zum Messflugzeug für die Abteilung Technische Prüfung des Flugsicherungs- und Nachrichtenwesens. Spitzname war „Graue Maus", eine solche (Stoffmaus) hing übrigens auch im Cockpit.

4

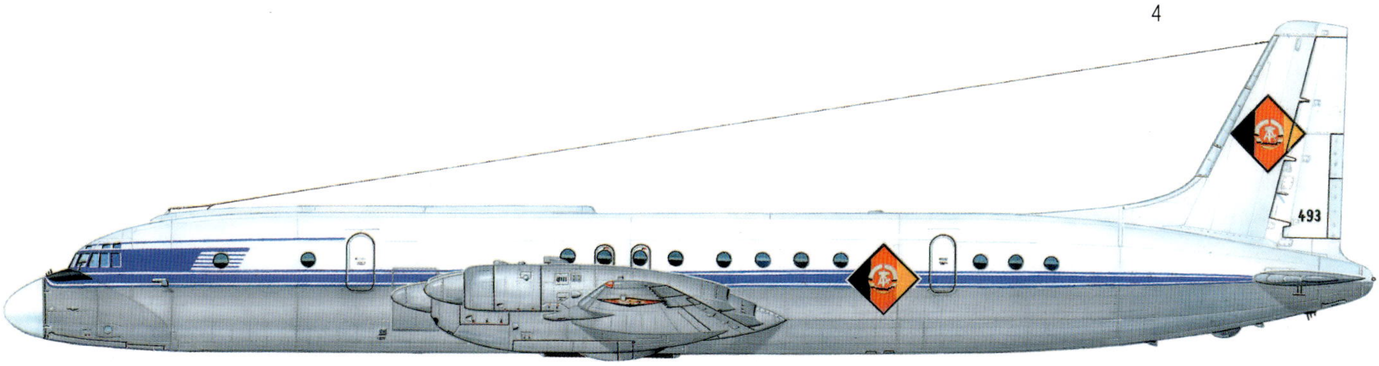

5

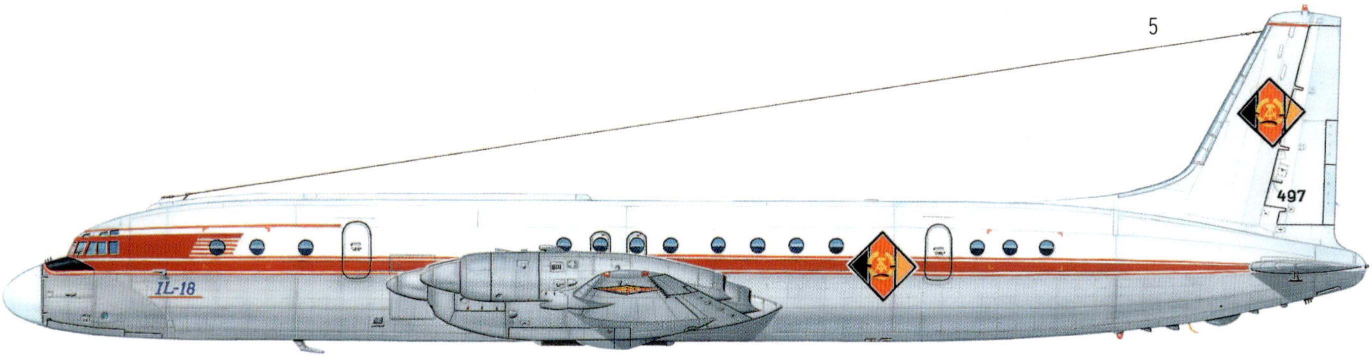

6

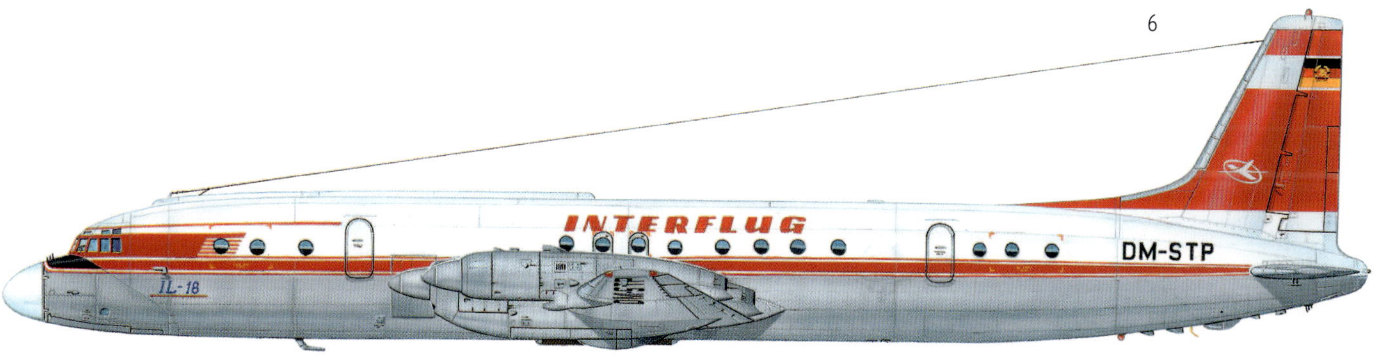

7

M. MEYER

Mil Mi-4

Einsatz: **1957 bis 1979**
Stückzahl: **etwa 50**
Hersteller:
Staatl. Flugzeugwerk Nr. 292, Saratow
Staatl. Flugzeugwerk Nr. 387, Kazan
beide UdSSR

Mil Mi-1/SM-1

Einsatz: **1957 bis 1973**
Stückzahl: **etwa 25**
Hersteller:
Staatl. Flugzeugwerk Nr. 47, Orenburg
Staatl. Flugzeugwerk Nr. 168, Rostow am Don
beide UdSSR
WSK Swidnik, Polen

oben: Mi-4A der Transportfliegerschule Dessau 1957.

unten: Dieser '546' kam 1963 zum HG-31, wurde später an die Grenztruppen abgegeben und kam 1973 an das nun in HG-34 umbenannte Hubschraubergeschwader wieder zurück.

Mil Mi-4

Der mittlere Transporthubschrauber Mi-4 aus sowjetischer Produktion entsprach zu seiner Zeit dem Stand der Technik und wurde für den Einsatz in der NVA vorgesehen. Ab Mai 1957 begann die Ausbildung des Personals in einer sowjetischen Hubschraubereinheit in Berlin-Schönefeld und im Juli sowie im Oktober des Jahres trafen die ersten sechs Mi-4A in der DDR ein. Diese ersten Hubschrauber erhielt die neu gebildete Transportfliegerschule TFS in Dessau. Nach Umstrukturierung und Aufteilung der Schule kamen die Hubschrauber zum Transportfliegerausbildungsgeschwader TAG-4. Im Januar 1959 bildete man schließlich das Hubschraubergeschwader HG-31 mit Standort Brandenburg-Briest. Alle 13 Mi-4 wurden hier zusammengefasst. Das HG-31 (1971 in HG-34 umbenannt) wurde nun zur Basis aller militärischen und zivilen Hubschrauberaktivitäten in der DDR. Alle später gebildeten Hubschraubereinheiten der Marine, der Grenztruppen, der Landstreitkräfte und die Hubschrauberabteilungen der Deutschen Lufthansa/Interflug sowie der Volkspolizei wurden mit Personal und Technik aus Briest aufgebaut.
Der Bestand an Mi-4A stieg bis 1963 auf etwa 40 Maschinen. Sie dienten in der NVA zum Transport von Personal und Ausrüstung und wurden im Such- und Rettungsdienst sowie im Sanitätsdienst ver-

oben: Mi-4A der Volksmarine im Seenoteinsatz, an der Winde steht der Bordmechaniker bereit.

unten: Mi-4A der Deutschen Lufthansa der DDR 1961.

wendet. Im Laufe der Jahre kamen neue Einsatzvarianten hinzu, wie z.B. zum Absetzen von Luftlandetruppen, zum Minenlegen oder zur Funkretranslation und Aufklärung. Ein Einzelexemplar war der '563', ein Mi-4S-Salonhubschrauber mit entsprechender Inneneinrichtung, erkennbar an der fehlenden MG-Wanne und den rechteckigen Fenstern.
Zur Sicherung des Flugbetriebs beim JG-9 in Peenemünde stellte das HG-31 ab 1960 ständig Mi-4A ab. Dazu hatten diese Maschinen abwerfbare Schlauchboote, Netzbojen für die Winde und zusätzliche Funkanlagen. Eine Kette ähnlich ausgerüsteter Mi-4A wurde im März 1960 nach Parow abkommandiert, um von dort aus für die Volksmarine zu fliegen. Diese Maschinen wurden 1962 dem Kommando der Volksmarine unterstellt und bildeten ab 1. Mai 1963 die Hubschrauberkette Volksmarine (HKVM), welche 1976 zum Marinehubschraubergeschwader MHG-18 wurde. Außerdem beschaffte man 1965 für diese Einheit vier Mi-4MÄ. Für die U-Boot-Abwehr wurden sie mit einer Funkmessstation RBP-4G, einer Magnetortungsanlage und hydroakustischen Bojen ausgerüstet. In der Bekämpfungsvariante führten sie bis zu 1000 kg Wasserbomben mit.
Auch an die 1964 gebildeten Hubschrauberketten der Grenztruppen in Meiningen (Süd) und Salzwedel (Nord) gab das HG-31 Mi-4A ab.

Dank der großen Hecktore mit anlegbaren Spurrampen, einer ausschwenkbaren Winde und der Außenlasttransportmöglichkeit galt der Mi-4A als vielseitig verwendbare, zuverlässige Konstruktion. Allerdings sank seine Leistungsfähigkeit bei höheren Außentemperaturen und abnehmender Luftdichte (Druckhöhe) drastisch ab. Während der über 20jährigen Dienstzeit in der NVA gingen mindestens acht Mi-4 durch Unfälle verloren.
Alle Mi-4 hatten einen grünen Anstrich mit graublauer Unterseite und schwarze taktische Nummern. Kurz vor ihrer Außerdienststellung Ende der 70er Jahre erhielten noch einige Mi-4A einen zweifarbigen Tarnanstrich. Nach der Übernahme durch die Volksmarine führte diese große weiße Nummern, ähnlich den Bordnummern ihrer Schiffe, ein. Diese Variante

oben: Mi-4A in der Variante für das Verlegen von Landminen.

unten: Mi-4MÄ war der erste spezielle Marinehubschrauber der Volksmarine zur U-Boot-Suche und U-Boot-Bekämpfung.

wurde aber bald wieder aufgegeben und manche Hubschrauber trugen in der Übergangszeit zusätzlich die kleinere schwarze Nummer. Der letzte Flug eines NVA-Mi-4 fand 1980 statt, als Oberstltn. Tübler die '534' nach Ungarn überführte, wo er im Museum Szolnok aufgestellt wurde.
Die Deutsche Lufthansa der DDR übernahm 1959 einen Mi-4A von der NVA für funktechnische Messflüge, Fernsehübertragungsflüge, sowie für Erkundungs- und Rettungsflüge. Zwei weitere Maschinen von der NVA kamen 1961/62 dazu.

Pionierarbeit leisteten die Hubschrauberbesatzungen der DLH bzw. später Interflug bei der Entwicklung des Kranflugs. Das ging allerdings nicht ganz ohne Lehrgeld ab. So stürzte 1962 der DM-SPC beim Setzen von trigonometrischen Punkten im Thüringer Wald ab.
Zwei weitere Mi-4A erhielt die IF 1963 von der NVA, wobei es zu folgender kuriosen Geschichte kam. Eine der Maschinen hatte der Reihenfolge entsprechend die Registrierung DM-SPD erhalten und einer der Hubschrauberführer hieß Hubert Wehner.

Während der Demonstration eines Rettungsfluges am Berliner Alexanderplatz, kommentierte ein Rundfunksprecher: "Und nun landet der Kommandant Wehner mit seiner SPD am Alex". Am nächsten Tag wurde der Hubschrauber in DM-SPE umregistriert. Dieser Mi-4 ging 1965 auch durch einen Unfall verloren, als er im Fesselstand in Briest umstürzte, wobei leider ein Techniker ums Leben kam.
Einen Mi-4A mietete die Interflug 1963 kurzfristig von der NVA als DM-SPX für die Übertragung der Friedensfahrt.
Auch die GST trat kurz als Halter von Mi-4A auf. Im September 1972 erhielten drei Maschinen des HG-34 mit DM-WS... beginnende Zivilregistrierungen für die Teilnahme an einer Flugschau in Dresden.

oben: Transporthubschrauber Mi-4A der Volksmarine im Wintereinsatz zur Versorgung von durch Schneemassen abgeschnittenen Orten an der Küste.

Mitte: Mi-4A im Einsatz der Hubschrauberstaffel HS-16 der Grenztruppen.

links: Ein Mi-4MÄ des MHG-18 mit Strandpionieren bei einer Landungsübung an der Küste.

oben: Von der NVA lieh sich die GST für eine Flugschau in Dresden 1972 drei Mi-4 aus - eine davon war diese DM-WSB.

unten: Zwei Mi-4 der Marineflieger aus Parow mit „großen Schiffsnummern"

MIL MI-4A

Technische Daten

VERWENDUNGSZWECK:	mittlerer Transporthubschrauber
BESATZUNG:	3
NUTZLAST:	15 Soldaten oder 1,5 t Fracht
ROTORKREISDURCHMESSER in m:	21,00
RUMPFLÄNGE in m:	16,79
HÖHE in m:	4,40
LEERMASSE in kg:	5 400
STARTMASSE max. in kg:	7 600
HÖCHSTGESCHW. in km/h:	210
REISEGESCHW. in km/h:	185
STEIGLEISTUNG in m/s:	3,6
REICHWEITE in km:	425
GIPFELHÖHE in m:	5 500
TRIEBWERK:	ein 14zyl. Doppelsternmotor Schwezow ASch-82W
LEISTUNG in kW:	1 500
BEWAFFNUNG:	1 MG Kal. 12,7 mm Afanasjew A-12,7 beweglich in der Bodenwanne

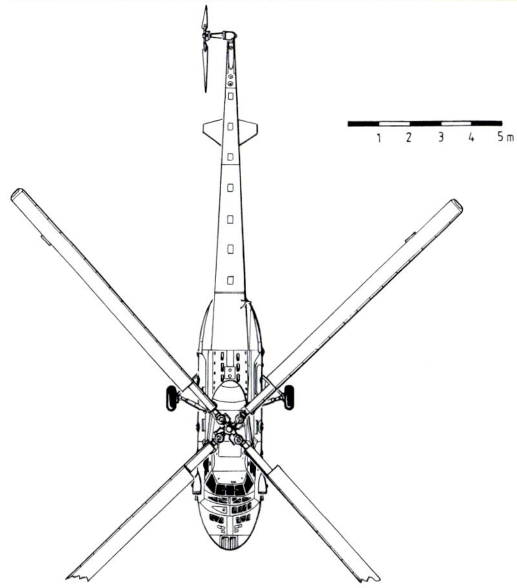

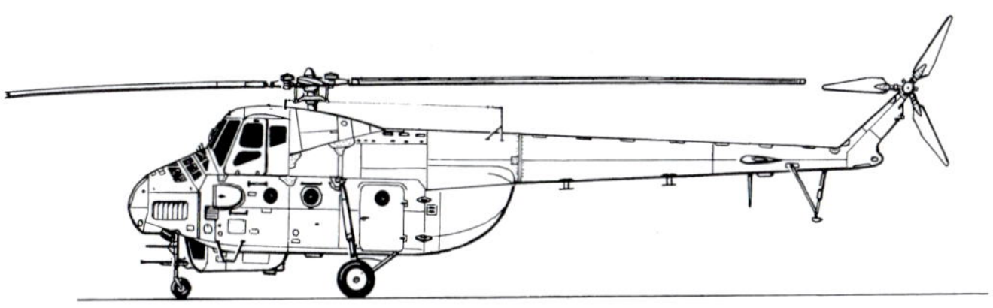

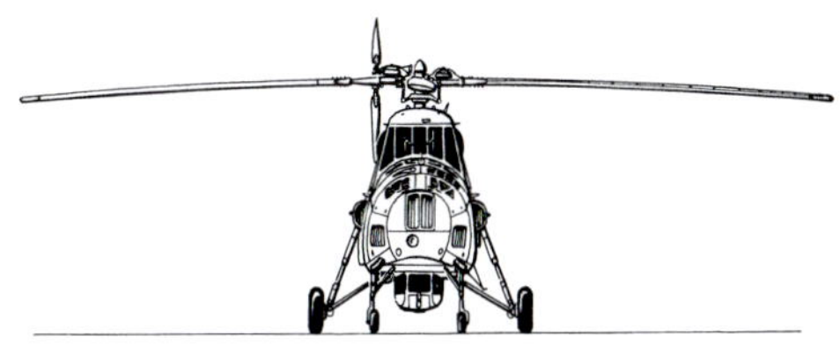

Mil Mi-1/SM-1

Technische Daten

VERWENDUNGSZWECK:	leichter Beobachtungs-, Verbindungs- und Ambulanzhubschrauber
BESATZUNG:	1
PASSIEGERE:	2 bis 3
ROTORKREISDURCHMESSER in m:	14,35
LÄNGE in m:	12,50
HÖHE in m:	3,30
LEERMASSE in kg:	1 950
STARTMASSE in kg:	2 500
HÖCHSTGESCHW. in km/h:	170
REISEGESCHW. in km/h:	140
REICHWEITE in km:	360
GIPFELHÖHE in m:	4 000
TRIEBWERK:	ein 7zyl. Sternmotor Iwtschenko AI-26WF
LEISTUNG in kW:	423

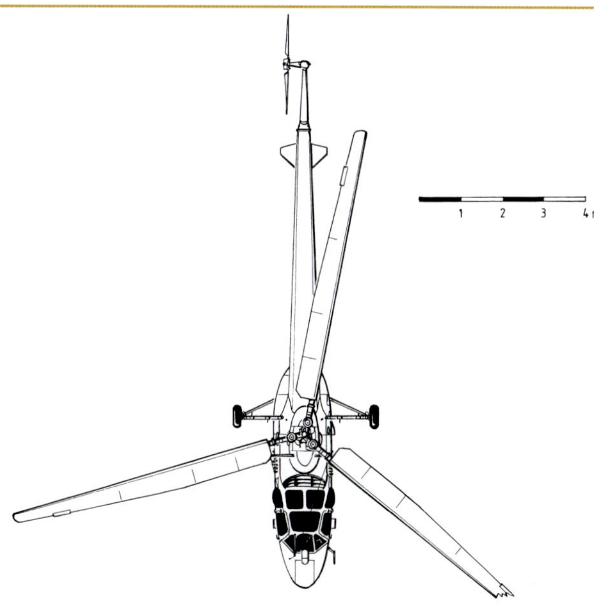

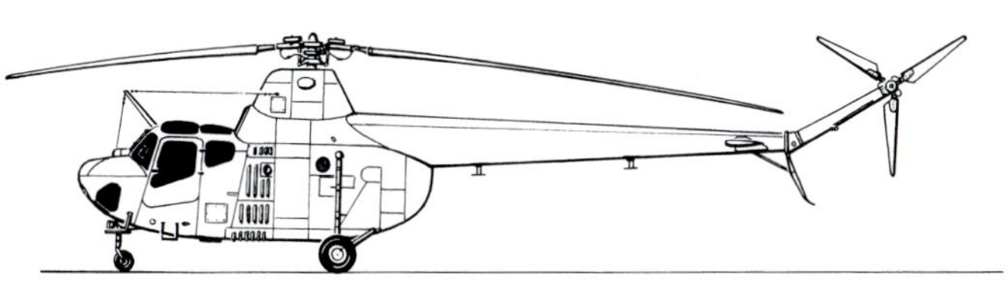

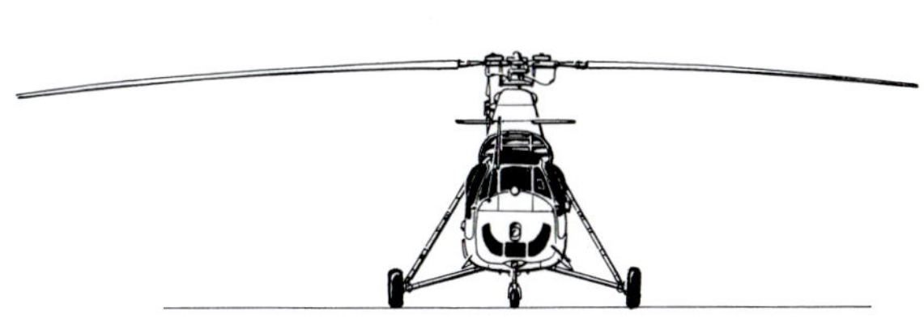

Mil Mi-1/SM-1

Der kleine Mil Mi-1/SM-1 (polnische Lizenzproduktion) war als Kurier- und Verbindungshubschrauber in der NVA eingesetzt. Die Lieferung von Mi-1/SM-1 begann Ende 1957. Über die Mi-1/SM-1 der NVA gibt es wenige Informationen. Es sind 25 taktische Nummern bekannt. Andere Quellen sprechen von insgesamt 22 Maschinen, die in der NVA vorhanden waren, möglicherweise wurden sie umnummeriert. Es gab sowohl in der UdSSR gebaute Mi-1 als auch in Polen gebaute SM-1, die sich äußerlich nicht unterschieden. Sechs Maschinen waren Schulmaschinen SM-1Sz polnischer und Mi-1MU sowjetischer Herkunft. Weiterhin waren zwei Mi-1M sowjetischer und zwei SM-1M polnischer Produktion vorhanden, die, mit Gondeln ausgerüstet, als Sanitätshubschrauber verwendet werden konnten. Der Mi-1 oder SM-1 diente in der NVA für Kurier- und Verbindungsflüge, für visuelle Aufklärung, für Schul- und Sanitätsflüge. Die Grenzketten Nord, Süd und Berlin erhielten ab 1964 Mi-1/SM-1 vom HG-31 und flogen diese bis 1970. In der Zeit von 1972 bis 1973 wurden alle Mi-1/SM-1 außer Dienst gestellt und von der Mi-2 abgelöst. Sie wurden konserviert und abgestellt und später vermutlich verschrottet.

oben: Zwei SM-1 nehmen 1968 an einer Flugschau im Rahmen der Kunstflug-WM in Magdeburg teil.

Mitte links: Mi-1, hier in der polnischen Lizenzversion SM-1, erster leichter Hubschrauber der NVA, Aufnahme von 1957.

Mitte rechts: Hier hat der Militärzensor die taktische Nummer entfernt, das Abseilen mittels Strickleiter wurde oft als Shownummer bei Flugtagen und anderen öffentlichen Veranstaltungen vorgeführt.

oben: Die SM-1 '500' diente in einer der Grenzketten.

rechts oben: Schulhubschrauber Mi-1 MU mit Doppelsteuerung.

links: Flugzeugführer im Cockpit einer MI-1.

1

2

3

4

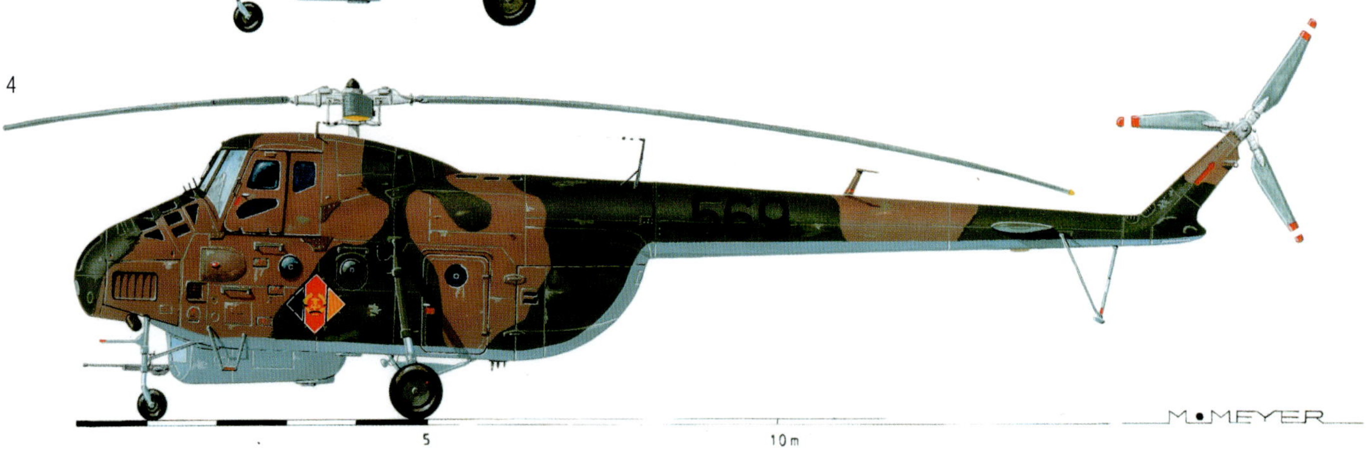

1 Mi-4A des HG-31 in den 70er Jahren. Anlässlich einer Übung mit einer feldmäßig aufgebrachten Zusatztarnung.

2 Der einzige Salonhubschrauber Mi-4S der NVA.

3 Mi-4MÄ der Volksmarine mit großer, weißer „Schiffsnummer".

4 Mi-4A in den letzten Dienstjahren mit Zweifarbentarnung.

5 Mi-4A der DLH der DDR 1959.

6 Mi-4A der Interflug, DM-SPE und DM-SPF trugen diese Bemalung, letzterer mit „Howa"-Werbeaufschrift für HO-Warenhaus.

7 Mi-4A der NVA 1972 für einen Monat im Dienst der GST.

5

6

7

1

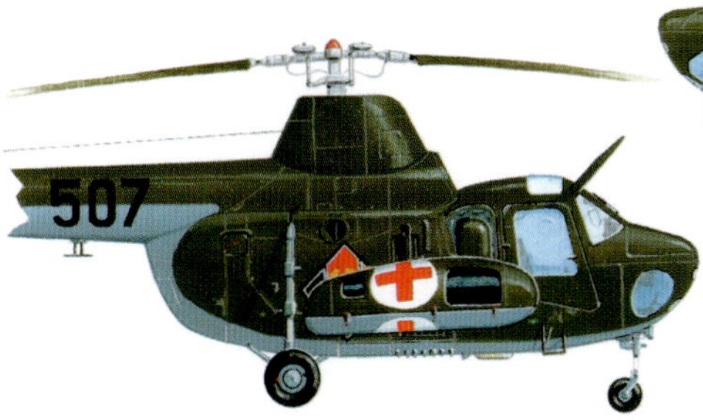

2

3

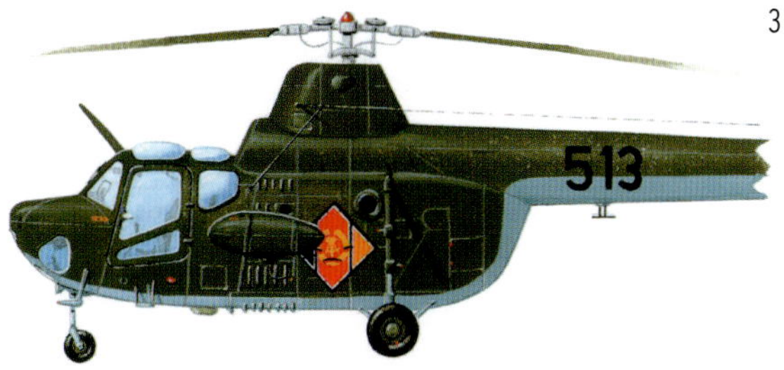

4

1 Mi-1/SM-1 Standardausführung 1958

2 SM-1M mit Sanitätsgondel, die an beiden Seiten mitgeführt werden konnte.

3 Schulhubschrauber SM-1Sz mit Kraftstoff-Zusatzbehälter, genannt die „Blase“

4 Mi-1M, versehen mit den roten „Invasionsstreifen“, wie sie die Flugzeuge der Streitkräfte der Warschauer-Pakt-Staaten während der Niederschlagung des Prager Aufstandes im August 1968 trugen.

Iljuschin IL-28

Einsatz: **1958 bis 1982**
Stückzahl: **10**
Hersteller: **Staatl. Flugzeugwerk Nr. 1 Moskau**
Staatl. Flugzeugwerk Nr. 53
Staatl. Flugzeugwerk Nr.125 Irkutsk, alle UdSSR

oben: IL-28 '205' der LSK/LV Anfang der 60er Jahre mit großen Hoheitszeichen und Schablonenziffern.

unten: Die '226' kam 1962 von den sowjetischen Luftstreitkräften zur NVA.

RECHTE SEITE:
oben: IL-28 '190' und '196', die Besatzungen gehen an Bord zu einem Nachtflug, hier sind die Kanonen des Heckstands installiert, was sonst nicht immer der Fall war.

unten: Die ehemalige zivile DM-ZZK im Einsatz bei der Zieldarstellungsstaffel als '184'.

Zehn taktische Bombenflugzeuge IL-28 waren mehr als 20 Jahre lang in der DDR im Einsatz, ohne jedoch jemals als Bomber benutzt worden zu sein. Sie dienten vielmehr als fliegende Prüfstände und als Schleppflugzeuge für Zieldarstellung. Die erste IL-28 kam im Frühjahr 1958 in die DDR und erhielt die Zivilzulassung DM-ZZI. Was hatte zur Anschaffung dieses Bombers für den Zivildienst geführt? Das als Antrieb für das TL-Verkehrsflugzeug 152 entwickelte Strahltriebwerk Pirna 014 hatte am 12. Oktober 1956 den ersten Lauf auf dem Prüfstand absolviert. Für die Flugerprobung des Triebwerks war ursprünglich die dritte Flugzeugzelle der 152/I-V3 vorgesehen, aber bereits 1957 aus Kostengründen gestrichen worden. Es musste also ein anderes Flugzeug als Erprobungsträger gefunden werden. Zunächst war die Verwendung des viermotorigen Bombers Tu-4 (die sowjetische Kopie der Boeing B-29) im Gespräch. Doch diese Maschinen waren technisch veraltet und es gab große Ersatzteilprobleme mit den nicht mehr produzierten Kolbenmotoren Asch-73TK. Als einzig praktikable Alternative fiel die Wahl auf die IL-28.
Dieser Strahlbomber brachte zwar den Vorteil der höheren Geschwindigkeit gegenüber der Tu-4 mit, hatte aber erhebliche Nachteile in Bezug auf die Flugdauer und die Einbaumöglichkeiten für das Testtriebwerk. Der Einbau des Pirna 014 in eine der TW-Gondeln der IL-28 kam wegen der

notwendigen und aufwendigen Umkonstruktionen dieser Gondeln nicht in Frage, außerdem waren damals die Sicherheitsfragen der IL-28 im Einmotorenflug noch nicht geklärt. So musste im Schwerpunkt des Flugzeugs unter dem Rumpf eine dritte Gondel angebaut werden. Im April 1957 war der Ankauf beschlossen worden und im Frühjahr 1958 konnte die sowjetische Seite dann kurzfristig eine IL-28R liefern, da aus der Produktion für die damalige VAR ein Exemplar abgezweigt wurde. Durch ihre englische Beschriftung erinnerte diese Maschine auch später noch an diese Umstände. Die Aufklärervariante IL-28R schien wegen ihrer erhöhten Kraftstoffkapazität und der größeren Abflugmasse besonders geeignet. Diese Version hatte auch ein verbessertes und verstärktes Fahrwerk mit einer seltenen Besonderheit: Räder, die mittels hydraulischen Antriebs in der Luft, vor dem Aufsetzen in Drehung versetzt werden konnten! Im MAB Schkeuditz erfolgte der Umbau der IL-28R zum fliegenden Prüfstand. Dazu baute man eine Ringträgergruppe zur Aufhängung des Versuchstriebwerks unter dem Bombenschacht an und leitete deren Kräfte über Längs- und Querträger im Schacht in die Zelle des Flugzeugs ein. Die Anströmverhältnisse des Versuchstriebwerks waren jedoch kaum vergleichbar mit den Verhältnissen, die später in den Stielgondeln unter den Flügeln der 152 zu erwarten waren. Vor dem Versuchstriebwerk installierte man ein auf- und niederfahrbares Schutzschild und hinter dem Triebwerk bekam die Rumpfunterseite der IL-28R eine Wärmeschutzverkleidung. Der ehemalige Bombenschacht nahm die Anlage zur Kraftstoffversorgung und andere Hilfsaggregate auf. Außerdem installierte man hier den so genannten automatischen Beobachter, eine Tafel mit 20 Anzeigern zur Überwachung und Registrierung von Parametern des Pirna 014, die durch Film- bzw. Fotokamera dokumentiert wurden. In der Bugkanzel, in der normalerweise der Navigator/ Bombenschütze saß, richtete man den Arbeitsplatz des Flugversuchsingenieurs ein. Der Navigator mit seinen Geräten bekam den Platz des Heckschützen, den man ja nicht benötigte. Über zwei unter den Höhenflossen angebrachte Spiegel konnte dieser außerdem das Testtriebwerk visuell beobachten. Nach entsprechender Ausbildung des Personals und vorbereitenden Testflügen fand am 11. September 1959 die erste Erprobung eines Pirna 014 in der Luft statt. Bei Standläufen des eingebauten Versuchstriebwerks am Boden hatte man die IL-28 anfangs mit Winden auf ein hölzernes Podest gezogen und dort verankert. Dies sollte die Gefahr des Ansaugens von Fremdkörpern verringern. Doch schon nach kurzer Zeit gab man diese umständliche Methode auf und legte unter das Triebwerk eine PVC-Plane auf den Boden. Mit Wasser abgespritzt und mit Gewichten beschwert, bot sie auch genügend Schutz. Ab 1959 kam noch eine zweite IL-28R dazu, die, entsprechend umgebaut, ab Februar 1960 als DM-ZZK zur Verfügung stand. Eigentlich sollte noch eine dritte IL-28 beschafft werden, bei der beide Origi-

Das Flugerprobungsprogramm für das Pirna 014 mit der IL-28 umfasste folgende Aufgaben:

- Ermitteln der Zündgrenzen (bis 12000 m)
- Ermitteln der Flugleerlaufdrehzahlen
- Leistungsflüge zur Bestimmung der Drosselkurven und des Beschleunigungsverhaltens (in Stufen von jeweils 500 m bis auf 12 000 m bei der maximal für die IL-28 zulässigen Geschwindigkeit).
- Beharrungsflüge in verschiedenen Fluglagen (Schiebe-, Wellen-, Steig-, Sink- und Kurvenflüge)
- Ermitteln der Pumpgrenzen (bis 12 500 m)
- Beharrungsflüge zur Dauererprobung (bis 12 500 m)
- Enteisungsversuche, Schwingungsmessungen und Lärmpegelmessungen im Standlauf.

nal-Triebwerke WK-1 durch „Pirnas" ersetzt werden sollten. Die Einstellung des DDR-Flugzeugbaus im März 1961 machte einen Strich durch diese Pläne.
In der Zeit vom 11. September 1959 bis 20. Juni 1961 wurden mit beiden IL-28 insgesamt 211 Testflüge unternommen. Dabei wurden 13 Triebwerke Pirna 014 A-0 und drei Pirna 014 A-1 erfolgreich im Fluge erprobt. Das Erprobungsprogramm wurde im Juni eingestellt. Die beiden IL-28R wurden wieder im MAB Schkeuditz auf den normalen Standard umgerüstet, Bewaffnung und Radargerät kamen allerdings nicht wieder an Bord.
Im November 1961 gingen beide Maschinen an die Luftstreitkräfte der NVA. In den Anfangsjahren der KVP-Luft bzw. LSK/LV der NVA wurden zur Zieldarstellung vorwiegend Jak-11, Jak-18 und MiG-17 eingesetzt. Doch die immer umfangreichere und komplexere Militärtechnik forderte spezielle Trainingsmethoden zur gefechtsnahen Ausbildung der Jagdflieger und Flakartillerie. Im Februar 1969 bildete man deshalb aus der III. Kette der 3. Staffel des FG-1 in Cottbus die sogenannte Kommandostaffel, die speziell für die Zieldarstellung zuständig sein sollte.
Geflogen wurden zunächst Jak-18 und zeitweise Jak-11, doch das taktische Bombenflugzeug IL-28 sollte der Standardtyp werden. Deshalb begann im Frühjahr 1959 für einige NVA-Piloten die Umschulung auf die IL-28 beim 11. Selbstständigen Aufklärungsfliegerregiment (11. ORAP) der 16. sowjetischen Luftarmee auf dem Flugplatz Neu Welzow, Bezirk Cottbus (heute Land Brandenburg). Von dieser Einheit übernahmen die DDR-Luftstreitkräfte im Juni 1959 auch ihre ersten beiden IL-28. Im Herbst des Jahres erfolgte dann die Umbenennung der Kdo.-Staffel in Zieldarstellungsstaffel 21 (ZDS-21), geflogen wurde hauptsächlich von Trollenhagen und Tutow aus.
Nach entsprechender Eingewöhnung des Personals und Vorbereitung der Flugzeuge begannen ab 1960 die Flüge mit Schleppziel. Zwei weitere IL-28 und eine Schulversion IL-28U kamen 1961 dazu und die Staffel wurde zum JG-7 nach Drewitz verlegt. Man erzählt sich, dass 1961 von höheren Stellen eigentlich die Übergabe von drei normalen IL-28 an die LSK vereinbart worden war. Doch die Praktiker vor Ort vereinbarten, wohl nicht ohne Zuhilfenahme von einigen Flaschen Wodka als Katalysator, dass eine Doppelsteuerschulmaschine IL-28U in der Lieferung enthalten sein sollte. Vor vollendete Tatsachen gestellt, hat die Führung später nichts mehr dagegen eingewandt. Ausgebildet wurde das Personal zunächst weiterhin bei der sowjetischen Einheit in Neu Welzow.
Die Zieldarstellungs-Ausrüstung der IL-28 bestand aus einem acht Meter langen Luftsack, der zusammengerollt im Bomben-

links: Zivile IL-28R der Luftfahrtindustrie 1960 beim Start zu einem Erprobungsflug mit installiertem Versuchstriebwerk Pirna 014.

LINKE SEITE: Vorbereitung zum Bodenlauf mit dem Versuchsträger IL-28.

schacht untergebracht war. Hier befand sich auch eine Seiltrommel mit einem 2 000 m langen und 4 mm dicken Stahlseil. Bei Erreichen der Schießzone verringerte das Flugzeug die Fahrt auf 280 km/h und fuhr die Klappen auf 15° aus. Nach Öffnen des Schachtes und Ausklinken des Luftsacks zog dieser das Seil heraus. Über eine Fliehkraftbremse an der Trommel kontrolliert, fuhr das Seil innerhalb von zwei bis drei Minuten voll aus. Danach steigerte der Pilot die Fahrt auf 400 bis 420 km/h und flog die Flakstellungen in 400 bis 500 m Höhe an. Dabei hing der Luftsack wegen seines Widerstands etwa 150 m tiefer. Flog die Maschine zu schnell, riss der Sack ab, flog sie zu langsam, sackte er zu weit ab. Für automatisch mit Radarsteuerung schießende Flak waren im Luftsack Aluminiumkegel als Reflektoren eingearbeitet. Vor der Landung warf die IL-28 mittels einer pneumatischen Vorrichtung den Sack ab, war er nicht zu sehr beschädigt, konnte er wieder verwendet werden. Es kam aber auch vor, dass er regelrecht zerfetzt oder ganz abgeschossen war. Schwere Flak mit Kaliber über 100 mm schoss übrigens aus Sicherheitsgründen im Spiegelverfahren. Dazu waren die Visiereinrichtungen so eingestellt, dass die Bedienungen zwar direkt das Schleppziel anvisierten, die Rohre der Geschütze aber genau um 180° versetzt zur anderen Seite feuerten.
Die IL-28 flogen Zieldarstellung auch für die Bordflak der Schiffe der Volksmarine. Diese Übungen fanden in internationalen Gewässern auf der Ostsee statt. Trotz entsprechender Warnung der internationalen Luft- und Schifffahrt kam es immer wieder

Iljuschin IL-28

Technische Daten

VERWENDUNGSZWECK:	takt. Bomben- und Aufklärungsflugzeug
BESATZUNG:	3
SPANNWEITE in m:	21,45
LÄNGE in m:	17,65
HÖHE in m:	6,70
FLÜGELFLÄCHE in m²:	60,80
LEERMASSE in kg:	12 890
STARTMASSE max. in kg:	23 200
HÖCHSTGESCHW. in km/h:	935 (in Höhe= 9 200 m)
MARSCHEGESCHW. in km/h:	770
STEIGLEISTUNG in m/s:	15
REICHWEITE in km:	2 500 (bei max KS-Vorrat)
GIPFELHÖHE in m:	12 500
TRIEBWERK:	zwei Turbojets Klimow WK-1 oder WK-1A
SCHUB in kN:	je 26,5
BEWAFFNUNG:	4 Kanonen Kal. 23 mm NS-23 oder NR-23 (2 starr im Bug u. 2 bewegl. Im Heckstand) max. 3 000 kg Bombenlast im Rumpfschacht

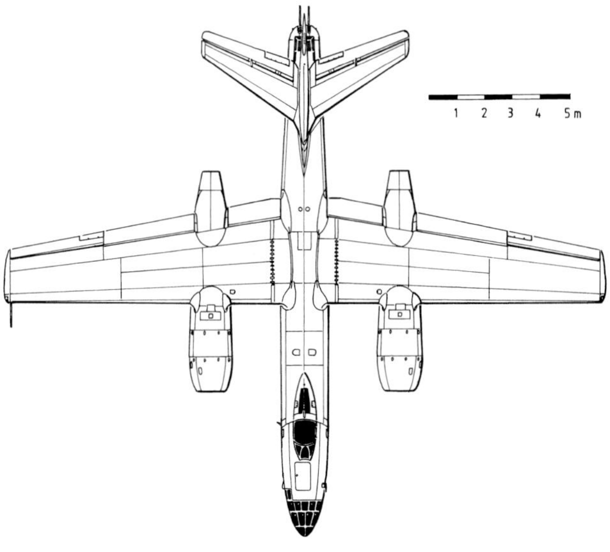

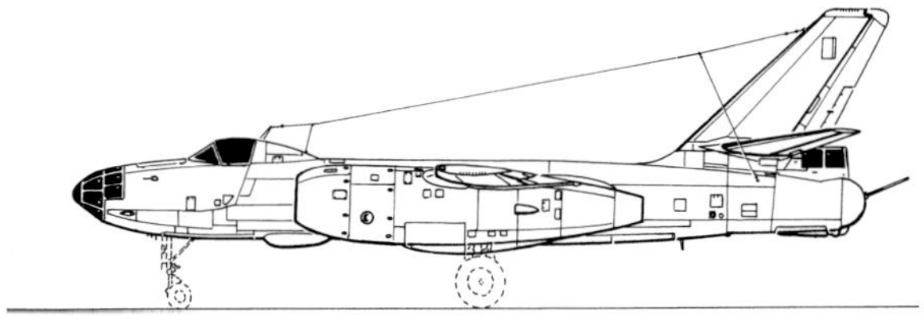

oben: Letzte IL-28 '208' nach der Außerdienststellung im Museum „Traditionsvorstartlinie" in Bautzen.

rechts: Besatzung in der Fliegerkleidung der 60er Jahre vor der '196', die Einstiegsluke des Navigators steht offen, gut zu erkennen ist auch die Führungsrolle für das Schleppseil unter dem Rumpf.

zu gefährlichen Annäherungen durch Flugzeuge der Bundesmarine oder anderer westlicher Ostseeanliegerstaaten an die Schleppflugzeuge.Außer den Schleppflügen gab es für die IL-28 der NVA auch Sonderaufgaben, wie z.B. Scheinangriffe auf Fla-Raketenstellungen und auf Flugplätze, um deren Abwehr zu trainieren. Abwürfe von sandgefüllten Blechpuppen aus dem Bombenschacht zur Erprobung von neuen Fallschirmen gehörte ebenfalls zu den Aufgaben der IL-28-Besatzungen. Der Bestand der Staffel wuchs Ende 1961 weiter durch den Zugang der beiden IL-28R der inzwischen eingestellten Flugzeugindustrie. Sie erfüllten nun die gleichen Aufgaben wie die anderen Maschinen, obwohl ihnen im Rumpf der Kraftstoffbehälter 3 fehlte. Zwei weitere IL-28 kamen 1962 hinzu, sie stammten, wie alle anderen Maschinen, aus dem Bestand der sowjetischen Luftarmee und waren zwischen vier und sechs Jahre alt. Die Besatzungen der ZDS-21 waren für Flüge unter allen Wetterbedingungen ausgebildet. Sie schätzten Ihre IL-28 als sehr zuverlässige, robuste, einfach zu bedienende und angenehm zu fliegende Maschinen. Eine einzige IL-28 ging durch Unfall verloren, als am 12. Oktober 1963 die '204' beim Anflug auf Preschen abstürzte. Nach mehreren Fehlanflügen überzog der Pilot die Maschine in der letzten Kurve zur Landung und schmierte über die Tragfläche ab. Die Besatzung konnte sich mit Fallschirmen retten und es gab nur leichte Verletzungen, das Flugzeug stürzte auf polnisches Gebiet. Als Ersatz übernahm man dann 1964 noch eine Maschine aus Neu Welzow. Außer diesem Unfall gab es nur zwei glimpflich verlaufene Zwischenfälle, als die IL-28U 1961 einmal die Start- und Landebahn in Peenemünde überrollte und im flachen Wasser zum Stehen kam. Eine andere Maschine wurde am 4. Februar 1970 bei einer harten Landung in Dresden leicht beschädigt.Die Zieldarstellungsstaffel wechselte mehrmals den Standort. 1972 wurde sie in ZDS-33 umbenannt. Ende der 70er Jahre, Standort war jetzt Peenemünde, ging die Zahl der Zieldarstellungsaufgaben durch neue Technik und andere Verfahren zurück, die Maschinen flogen seltener, die ersten stellte man außer Dienst. 1977 wurden die beiden IL-28R zur sowjetischen Basis Oranienburg bei Berlin verlegt. Sie nahmen am Flugbetrieb der dort stationierten sowjetischen Zieldarstellungseinheit teil.
Die letzten IL-28 der NVA-Luftstreitkräfte bekamen kurz vor ihrer Ausmusterung noch Tarnbemalung und rote taktische Nummern. Doch 1982 wurden sie außer Dienst gestellt und fünf Aero L-39 übernahmen ihre Aufgaben. Eine Maschine, die '208', wurde nach Bautzen überflogen. Dort reihte man sie in das Museum „Traditionsvorstartlinie" ein, heute befindet sie sich im Luftwaffenmuseum Berlin-Gatow. Die IL-28U diente als Scheinziel am Flugplatz Peenemünde und befindet sich als Wrack noch heute dort.
Alle IL-28 der NVA-Luftstreitkräfte, die von der 11. ORAP kamen, wurden mit sowjetischen Hoheitszeichen übernommen. Sie erhielten große DDR-Hoheitszeichen als Schiebebilder über die Sterne, wobei die überstehenden Spitzen der Sterne silbrig übermalt wurden. Später erneuerte man die Hoheitszeichen durch kleinere Schablonenbilder. Alle IL-28 flogen während ihrer aktiven Einsatzzeit in silbermetallfarbenem Anstrich mit schwarzen taktischen Nummern, deren Schriftschnitt mehrmals wechselte.

1 Erprobungsträger IL-28R DM-ZZI mit Versuchstriebwerk Pirna 014A-0 V-09, das am 11. September 1959 die Flugerprobung aufnahm.

2 Noch kurz vor Außerdienststellung erhielten die letzten IL-28 Tarnbemalung und rote Nummern.

3 Die einzige IL-28U der NVA mit Qualitäts-Abzeichen und ungewöhnlich „eckigen“ Ziffern.

4 IL-28R '180' (ex DM-ZZI der LSK/LV) mit durchgehenden Ziffern und kleineren Hoheitszeichen.

Biografien/Tabellen

Mehrzweckflugzeuge

Polikarpow Po-2

Registr.	Werknummer	Registereintrag	Registerlöschung	Verbleib
DM-WAA	10918	16.09.56	04.03.59	
DM-WAB	10998	16.09.56	06.07.60	
DM-WAL	642.614	12.11.56	06.07.60	
DM-WAT	22671	08.05.57	05.06.59	
DM-WAU	11222	05.10.57	30.12.65	
DM-WAV	0158	15.05.57	06.12.65	
DM-WAY	11130	18.12.57	10.08.59	abgeschrieben nach Havarie
DM-WCI	11259	17.03.59	22.03.66	
DM-WCJ	16806007	18.03.59	01.02.60	abgeschrieben nach Havarie
DM-WCK	16806010	23.01.59	30.12.65	
DM-WCQ	944050	25.05.59	01.07.61	
DM-WCR	010	16.06.58	08.12.67	verschrottet

CSS-13

Registr.	Werknummer	Registereintrag	Registerlöschung	Verbleib
DM-WAA(2.)	420-32	19.08.65	06.12.71	ex SP-AFN, an Armeemuseum Dresden
DM-WAB(2.)	420-91	19.08.65	06.12.71	
DM-WAH(2.)	0408	21.07.67	10.05.76	ex SP-ATA, wird z Zt. wieder flugfähig restauriert !
DM-WAJ(2.)	0412	21.07.67	18.12.70	
DM-WAK(2.)	420-90	21.07.67	21.03.75	
DM-WAL(2.)	0410	19.08.65	16.08.71	ex SP-ATB
DM-WAP(2.)	420-101	21.07.67	16.08.71	
DM-WAS(2.)	420-104	21.07.67	09.08.68	abgeschrieben nach Havarie
DM-WAT(2.)	0403	19.08.65	16.12.70	ex SP-ASW
DM-WAW(3.)	8-0509	21.07.67	30.09.71	verschrottet
DM-WAY(2.)	0460	19.08.65	31.05.73	ex SP-ANM
DM-WCQ(2.)	02-58	22.05.65	17.04.69	verschrottet

Antonow An-2

Werk Nummer	Vers.	Registr. /Kennz.	Halter/ Betreiber	Werdegang	Anmerkung
12801	An-2T	'801'	KVP/VP-Luft	27.08.52	übernommen Schleppstaffel Cottbus, Sowjetstern als Hoheitszeichen !
			NVA-LSK/LV	.09.57	übernommen Transportfliegerschule Dessau, TAG-17, TAS-45
		D-FKMG	SLS GmbH & Co, Kamenz	10.01.91	reserviert, abgestellt in Kamenz
				.04.92	gelöscht, weiterhin abgestellt Kamenz
12802	An-2T	'802'	KVP/VP-Luft	28.08.52	übernommen Schleppstaffel Cottbus, Sowjetstern als Hoheitszeichen !
			NVA-LSK/LV	.09.57	übernommen Transportfliegerschule Dessau, TAG-17, VS-25/14 ab 78 TAS-45
		D-FOFM	J. Koch, Fliegendes Museum Großenhain	.07.92	registriert, fliegendes Exponat
17205	An-2S	'450'	NVA-LSK/LV	02.01.57	übernommen VS-25/14, Tropenvers., später ausger. mit Anlage AM-42
			Wörmlitzer Wach- u. Schließges. ,Burg	10.90	übernommen
		D-FAIR	E. Schauss, Safari Air, Saarlouis	09.02.92	registriert
			A. Kiefer-Scharb, Beckingen	.12.95	
			R. Schauss, Wallerfangen	.03.96	
17207	An-2P	DM-SKA	Deutsche Lufthansa DDR	08.02.57	registriert
		'845'	NVA-LSK/LV	18.04.58	übernom. später Umbau Fotoversion, TS-27/24
		D-FKMI	SLS GmbH & Co, Kamenz	10.01.91	reserviert, abgestellt in Kamenz
		D-FKMI	SLS GmbH & Co, Kamenz	.07.92	registriert, abgestellt in Strausberg
			Aero-Troika Aircraft Service, Kamenz.	.09.94	
			Luftfahrzeugvercharterung Muldental	19.08.97	(98 TT 5000 Fh) Grimma, "Adler"-Nose-Art
17302	An-2S	DM-SKB	Deutsche Lufthansa DDR	08.02.57	registriert
			Interflug-Agrarflug	01.09.63	umbenannt
				27.07.72	gelöscht, verschrottet
17308	An-2T	'451'	NVA-LSK/LV	28.01.57	übernommen, TAS-45
		D-FKMB	SLS GmbH & Co, Kamenz	10.01.91	reserviert, abgestellt in Kamenz
		D-FKMB	SLS GmbH & Co, Kamenz	.12.92	registriert
			P. Siebertz, Flugschl. H. Langenbach	04.93	op. zeitweise als „Africa Trans" Dinslaken
17309	An-2T	'452'	NVA-LSK/LV	.02.57	übernommen, TAS-45
		F-AZHB	R. Capel, La Ferte-Alais, Frankreich	29.10.90	verkauft
17310	An-2S	DM-SKC	Deutsche Lufthansa DDR	07.06.57	registriert, 60 Umbau Passagiervers.
			Interflug-Agrarflug, zeitweise -FAW	01.09.63	umbenannt, Rückbau Agrarversion,
				1967/1970	Schulflgz. bei FAW in Erfurt
				23.01.70	gelöscht, abgestellt, 08.75 verschrottet
17311	An-2T	'453'	NVA-LSK/LV	29.01.57	übernommen, VS-25/14
		DDR-SKH	Interflug-Agrarflug	22.06.90	registriert
			Flug Service Berlin	03.09.90	umbenannt
		D-FONH	Flug Service Berlin	.11.90	umregistriert
		F-AZHM	D. Vappereau, La Ferte-Alais, (F)	26.05.92	verkauft
17612	An-2T	'454'	NVA-LSK/LV	05.04.57	übernommen, VS-25/14, TAS-45
		D-FKMC	SLS GmbH & Co, Kamenz	10.01.91	reserviert, abgestellt in Kamenz
		D-FKMC	SLS GmbH & Co, Kamenz	02.02.92	registriert
			Grohmann Air	1992	Verkauf nicht realisiert
			Werbeagentur Wende	1995	abgestelt in Großenhain
			Air Albatross GmbH, Mülheim a. d. R.	.11.95	verkauft, Name: „Baronesse" (98 TT 8100 Fh) jetzt m. Gomolzig-Schalldämpfer
17709	An-2S	DM-SKD	Deutsche Lufthansa DDR	16.08.57	registriert
				1960	Umbau Passagiervers.
			Interflug-Agrarflug	01.09.63	umbenannt, Rückbau Agrarversion
		LZ- 1120 ?	Balkan, Bulgarien	20.08.73	verkauft
17710	An-2T	'455'	NVA-LSK/LV	13.05.57	übernommen, VS-14, VFK-31
		D-FKMF	SLS GmbH & Co, Kamenz	.11.90	reserviert

Werk Nummer	Vers.	Registr. /Kennz.	Halter/ Betreiber	Werdegang	Anmerkung
			V. Stegemann, Witzwort	.12.91	reserviert
		D-FUKM	H. Kolditz & J. Gruhl, FSV Elbe-Weser, Reinsdorf	.02.92	registriert, Name: „Anastasia" (98 TT 8000 Fh)
17802	An-2T	'888'	NVA-LSK/LV	10.05.57	übernommen, VS-25/14, TAS-45
		DDR-SKL	Interflug-Agrarflug	01.08.90	registriert
			Flug Service Berlin	01.09.90	umbenannt
		D-FONL	Flug Service Berlin	03.10.90	umregistriert
			Dr. K. Schumann, Classic Air Berlin e.V.	.10.91	
			D. Esser	09.96	
			V. Erndt	.11.97	
17803	An-2T	'856'	NVA-LSK/LV	05.57	übernommen, TAG-17
				06.61	beschädigt nach Unfall in Garz, repariert nach Kamenz, Verbleib ?
17805	An-2T	'457'	NVA-LSK/LV	13.05.57	übernommen, VS-25/14, VFK-33
		D-FKME	SLS GmbH & Co, Kamenz	10.01.91	reserviert
		D-FKME	Donau-Air-Service GmbH, Stetten/Mengen	.04.92	registriert
17807	An-2T	'458'	NVA-LSK/LV	18.05.57	übernommen, VS-25/14, TAS-45
		DDR-SKI	Interflug-Agrarflug	22.06.90	registriert
			Flug Service Berlin	01.09.90	umbenannt
		D-FONI	Flug Service Berlin	03.10.90	umregistriert, später abgestellt in Anklam
			ohne	.01.94	gelöscht, jetzt stat. Exponat im Gelände eines Autohandels in Wolgast
17810	An-2S	DM-SKE	Deutsche Lufthansa DDR	16.10.57	registriert 1960 Umbau Passagiervers.
			Interflug-Agrarflug	01.09.63	umbenannt, Rückbau Agrarversion
				27.07.72	gelöscht, verschrottet
17812	An-2T	'456'	NVA-LSK/LV	25.05.57	übernommen, VS-25/14, TAS-45
		D-FKMD	SLS GmbH & Co, Kamenz	10.01.91	reserviert, abgestellt in Kamenz
		D-FKMD	R. Keuler, Leonberg-Ramtel	.04.92	registriert
			Paraclub, Heuberg	.05.92	
			P. Siebertz, Hünxe	.03.94	Name: „Wilhelm A."
17904	An-2S	DM-SKF	Deutsche Lufthansa DDR	05.12.57	registriert 1960 Umbau Passagiervers.
			Interflug-Agrarflug	01.09.63	umbenannt, Rückbau Agrarversion
		LZ-1119	Balkan, Bulgarien	20.08.73	verkauft
			Air Slide, Bulgarien	1993	übernommen
17906	An-2T	'826'	NVA-LSK/LV	.06.57	übernommen, VFK-33
				.06.90	abgeschrieben
			Armeemuseum Dresden	1990	stat. Exponat, nicht ausgestellt
			Militärhistorische Sammlung Dresden	1991	umbenannt
17912	An-2T	'806'	NVA-LSK/LV	12.07.57	übernommen, VS-25/14
		'857'		?	umnummeriert
		D-FKMK	SLS GmbH & Co, Kamenz	10.01.91	reserviert, (TT 7300 Fh)
			V. Stegemann, Witzwort	1992	verkauft
		YV-860C	COMERAVIA Commercial de Aviacion SRL, Ciudad Bolivar, Venezuela	01.03.92	verkauft
18118	An-2T	'459'	NVA-LSK/LV	24.11.57	übernommen TAS-45
		DDR-SKE	Interflug-Airtouristik	26.04.90	registriert
			Flug Service Berlin-Airtouristik	01.09.90	umbenannt
		D-FONE	Flug Service Berlin-Airtouristik	03.10.90	umregistriert
			FSB Verwaltungs GmbH, Berlin	.10.94	
			Internationales Lutftahrtmuseum Villingen-Schwenningen,	1994	
			Air Albatross GmbH,	25.05.95	Name: „Roter Baron" (98 TT 8500 Fh)

Werk Nummer	Vers.	Registr. /Kennz.	Halter/ Betreiber	Werdegang	Anmerkung
			Mühlheim an der Rur		jetzt m. Gomolzig-Schalldämpfer
18119	An-2T	'?'	NVA-LSK/LV	.01.58	übernommen
		DM-WCY	GST	01.02.58	registriert
				29.01.74	gelöscht, Verbleib ?
18120	An-2T	'812'	NVA-LSK/LV	.01.58	übernommen
		DM-WCZ	GST	01.02.58	registriert
		`812'	NVA-LSK/LV	15.04.76	zurückgegeben, TAS-45 (nur kurzzeitig)
		'8120'			danach aufgestellt stat. Lehrflgz. im Gelände der OHS-Bautzen
		'8120'	Luftwaffenmuseum Ütersen	1991	stat.Exponat, heute in Berlin-Gatow
19311	An-2S	DM-SKG	Deutsche Lufthansa DDR	19.07.58	registriert, 1960 Umbau Passagierver.
			Interflug-Agrarflug, zeitweise -FAW	01.09.63	umbenannt, ab 1969 Schulflugzeug bei FAW in Erfurt
				23.01.70	gelöscht, abgestellt, 75 verschrottet
19317	An-2T	'866'	NVA-LSK/LV	11.04.58	übernommen, VS-25/14
		DDR-SKJ	Interflug-Agrarflug	22.06.90	registriert
			Flug Service Berlin-Airtouristik	01.09.90	umbenannt
		D-FONJ	Flug Service Berlin-Airtouristik	03.10.90	umregistriert
			E. Siebzehnrübl, Bavarian Classic, Aichach	.10.91	
19318	An-2T	'839'	NVA-LSK/LV	.04.58	übernommen, später Umbau Fotoversion, TS-27/24
			Interflug-FIF	1982	übernommen
			NVA-LSK/LV	1986	zurückgegeben, später VS-14 u. a. FEK Einsatz
		DDR-WJP	Fliegerklub Strausberg-Brandenburg	09.90	registriert
		D-FJKA	Fliegerklub Strausberg-Brandenb.	03.10.90	umregistriert
			Luftwerbung Steber, Hamburg	.12.90	
			Fliegerclub Strausberg e.V.	.01.92	
			R. Stuhl, Hanseflug GmbH, Ütersen	.03.92	
19319	An-2T	'855'	NVA-LSK/LV	27.02.58	übernommen, 1960 Umbau Passagierversion, VS-25/14, TAS-45
		D-FKMF	SLS GmbH & Co, Kamenz	10.01.91	registriert
			V. Stegemann, Witzwort	.92	verkauft
		YV-889C	Aero Taxi Montana, Venezuela	01.03.92	verkauft
19320	An-2T	'817'	NVA-LSK/LV	28.02.58	übernommen, VS-25/14
			ohne	.09.90	abgeschrieben, abgestellt in Kyritz
		D-FORK	R. Krüger, Neustadt a. d. Dosse	26.10.92	reserviert
		D-FNVA	T. Schaeffer, Hartenholm	04.11.92	registriert
			Gellhorn-Park Gesellschaft Dassendorf	1996	(98 TT 7200 Fh)
19401	An-2S	DM-SKH	Deutsche Lufthansa DDR	08.05.58	registriert
			Interflug-Agrarflug	01.09.63	umbenannt
		LZ-1121 ?	Balkan, Bulgarien	20.08.73	verkauft
19402	An-2S	DM-SKI	Deutsche Lufthansa DDR	08.05.58	registriert
			Interflug-Agrarflug	01.09.63	umbenannt
		LZ-1176	Balkan, Bulgarien	21.03.77	verkauft
19503	An-2T	DM-SKJ	Deutsche Lufthansa DDR	23.08.58	registriert
			Interflug-Agrarflug	01.09.63	umbenannt
				04.02.72	gelöscht
		DM-SKQ(2)	Interflug-Agrarflug	14.02.72	registriert, nach Wiederaufbau
		LZ-1175	Balkan, Bulgarien	05.08.76	verkauft
		LZ-1175	Militärtechnische Schule	1995	dort als statisches Lehrobjekt

Werk Nummer	Vers.	Registr. /Kennz.	Halter/ Betreiber	Werdegang	Anmerkung
			Pleven-DolnaMetropolija, Bulgarien		
19504	An-2T	DM-SKK	Deutsche Lufthansa DDR	12.07.58	registriert, 1960 Umbau Passagiervers.
			Interflug-Agrarflug, zeitweise -FAW	01.09.63	umbenannt, 67/70 Schulflgz. bei FAW in Erfurt
		DDR-SKK	Interflug-FIF	15.12.82	umregisrtriert, Umbau, Luftbildausrüstung
			Berliner Spezialflug GmbH, Berlin	01.09.90	umbenannt
		D-FOKK	Berliner Spezialflug GmbH, Berlin	03.10.90	umregistriert
			B. Gross, Medianova, Berlin	.09.92	
			Spezial Aircraft Consult. GmbH, Berlin	.02.95	
			SB Air Service GmbH, Berlin	.06.95	(98 TT 8822 Fh / 29055 Ldgn)
19505	An-2T	'833'	NVA-LSK/LV	.06.88	übernommen, TAS-45
				02.07.79	abgeschrieben, nach Unfall in Kamenz
19506	An-2	DM-SKL	Deutsche Lufthansa DDR	01.10.58	registriert, 1960 Umbau Passagiervers.
			Interflug-Agrarflug	01.09.63	umbenannt
		LZ-1173	Balkan, Bulgarien	03.04.74	verkauft
19508	An-2TP	'815'	NVA-LSK/LV	27.03.58	übernommen, VFK-31 (Salonausstattung mit 8 Ledersesseln)
		DDR-SKD	Interflug-Airtouristik	25.04.90	registriert, (TT 6990 Fh)
			Flug Service Berlin-Airtouristik	01.09.90	umbenannt
		D-FOND	Flug Service Berlin-Airtouristik	03.10.90	umregistriert
			Ruppiner Air Service GmbH	1994	verkauft an Heinz Hellermann
			Air Service CFH GmbH	2000	
112208	An-2T	'863'	NVA-LSK/LV	29.07.59	übernommen, MfS/SC Dynamo Eilenburg, VS-25/14, anfangs gelbe Bem.
		DDR-SKG	Interflug-Agrarflug	03.04.90	registriert, (TT 7383 Fh)
			Flug Service Berlin	01.09.90	umbenannt
		D-FONG	Flug Service Berlin	03.10.90	umregistriert
			FSB Verwaltungs GmbH, Berlin	.10.94	
				.04.95	gelöscht
		D-FONG	Otto Lilienthal Museum, Anklam	1995	statisches Exponat
112215	An-2S	DM-SKM	Deutsche Lufthansa DDR	21.12.59	registriert
			Interflug-Agrarflug	01.09.63	umbenannt
		LZ-1132	Balkan, Bulgarien	19.09.74	verkauft
112218	An-2S	DM-SKN	Deutsche Lufthansa DDR	01.12.59	registriert
			Interflug-Agrarflug	01.09.63	umbenannt
		LZ-1133	Balkan, Bulgarien	19.09.74	verkauft
113901	An-2T	'469'	NVA-LSK/LV	1960	übernommen
		DM-WCX	GST, Gesells. für Sport u. Technik	24.06.60	registriert
		'469'	NVA-LSK/LV	29.08.79	zurückgegeben, VFK-31, TAS-45, VS-14
		ohne	SLS GmbH & Co, Kamenz	.11.90	abgestellt in Kamenz
		D-FGGG	Concorde Flug GmbH, Dresden	06.04.92	registriert
			G. Borinsky, Dresden	.05.94	
114616	An-2	DM-SKO	Deutsche Lufthansa DDR	15.04.61	registriert, wurde betrieben f. SDAG Wismut zur Bodenschatzeerkundung, ausgerüstet mit Magnetsonde
			Interflug-Agrarflug	01.09.63	umbenannt
		LZ-1134	Balkan, Bulgarien	19.09.74	verkauft
116307	An-2	DM-SKO(1)	Deutsche Lufthansa DDR	23.10.61	registriert
			Interflug-Agrarflug	01.09.63	umbenannt
		ohne		04.02.72	gelöscht, Rumpf wurde als Prüfstand für AI-14-Triebwerke in der Werft Leipzig-Mockau noch mindestens 10 Jahre weiterverwendet, Verbleib ?
116301	An-2	DM-SKP	Deutsche Lufthansa DDR	22.09.61	registriert
			Interflug-Agrarflug	01.09.63	umbenannt
		LZ-1170	Balkan, Bulgarien	03.04.75	verkauft
116803	An-2	DM-SKR	Deutsche Lufthansa DDR	16.03.62	registriert
			Interflug-Agrarflug	01.09.63	umbenannt
		LZ-1171	Balkan, Bulgarien	05.08.76	verkauft
117011	An-2T	'880'	NVA-LSK/LV	1962	übernommen, TAS-45, anfangs gelbe Bemalung
				20.04.89	abgeschrieb., nach Unfall bei Wriezen
117012	An-2T	'822'	NVA-LSK/LV	28.02.62	übernommen, VS-25/14, anfangs gelbe Bemalung
		ohne		1990	abgeschrieben, abgestellt in Kamenz
		'822'	Luftwaffenmuseum Ütersen	1994	statisches Exponat
				13.07.95	nach Berlin-Gatow, Restaurierung geplant
117015	An-2	DM-SKS	Deutsche Lufthansa DDR	16.02.63	registriert
			Interflug-Agrarflug	01.09.63	umbenannt
				26.07.64	gelöscht, nach Unfall bei Magdeburg
117312	An-2	DM-SKT	Deutsche Lufthansa DDR	16.02.63	registriert
			Interflug-Agrarflug	01.09.63	umbenannt
		LZ-1174	Balkan, Bulgarien	05.08.76	verkauft
117315	An-2	DM-SKU	Deutsche Lufthansa DDR	16.02.63	registriert
			Interflug-Agrarflug	01.09.63	umbenannt
		LZ-1172	Balkan, Bulgarien	06.07.77	verkauft
			Bulair Service, Bulgarien	?	
				1988	verschrottet
117316	An-2	DM-SKV	Deutsche Lufthansa DDR	08.11.62	registriert
			Interflug-Agrarflug	01.09.63	umbenannt
		LZ-1177	Balkan, Bulgarien	21.03.77	verkauft
			Air Dobrudja, Bulgarien	?	
117317	An-2	DM-SKW	Deutsche Lufthansa DDR	21.02.63	registriert
			Interflug-Agrarflug	01.09.63	umbenannt
		LZ-1179	Balkan, Bulgarien	21.03.77	verkauft
			Bulair Service, Bulgarien	?	
				1990	verschrottet
117411	An-2	'440'	NVA-LSK/LV	17.11.62	übernommen, VS-25/14, anfangs gelbe Bemalung ausger. mit Anlage AM-42
		D-FKMA	SLS GmbH & Co, Kamenz	11.90	reserviert, abgestellt in Kamenz
		D-FKMA	SLS GmbH & Co, Kamenz	.02.92	registriert
			Grohmann Air	1992	Verkauf nicht realisiert
			Air-Troika, Kamenz	.09.94	
117417	An-2	DM-SKX	Deutsche Lufthansa DDR	21.02.63	registriert
			Interflug-Agrarflug	01.09.63	umbenannt, 67/70 Schulflgz. bei FAW in Erfurt
		LZ-1178	Balkan, Bulgarien	21.03.77	verkauft
			Pleven Air, Bulgarien	1996	
117419	An-2T	'811'	NVA-LSK/LV	10.12.62	übernommen, MfS/SC Dynamo Eilenburg, VS-14, TAS-45, anfangs gelbe Bemalung
		DDR-SKF	Interflug-Agrarflug	03.03.90	registriert
			Flug Service Berlin	01.09.90	umbenannt
		D-FONF	Flug Service Berlin	03.10.90	umregistriert, später abgestellt in Anklam
				.04.92	gelöscht

Werk Nummer	Vers.	Registr. /Kennz.	Halter/ Betreiber	Werdegang	Anmerkung
		D-FONF	Museum Aeropark Brandenburg, Diepensee	1993	statisches Exponat Verbleib?
1G86-41	PZL An-2TD	DM-WJA	GST	29.03.68	registriert
		DDR-WJA	GST	02.02.82	umregistriert
		D-FOJi	?	03.10.90	reserviert
		D-FAJA	?	1991	reserviert
		D-FWJA	BTS, Neuenhagen	12.06.91	registriert
			LSC Leipzig e. V., Roitschjora	.11.94	
1G86-42	PZL An-2TD	DM-WJB	GST	29.03.68	registriert
		DDR-WJB	GST	17.02.82	umregistriert
		D-FOJB	BTS, Neuenhagen	.03.91	registriert
			LSU Gera	14.05.91	
			Osthüringischer Fallschirm-sportclub e.V., Gera	1996	umbenannt (98 TT 4827 Fh/ 10417Ldgn)
1G86-48	PZL An-2TD	DM-SKA(2)	Interflug-Spezialflug, später -FIF	29.08.68	registriert, Luftbildausrüstung
		DDR-SKA	Interflug-FIF	06.05.82	umregistriert
			Berliner Spezialflug GmbH, Berlin	01.09.90	umbenannt
		D-FOKA	Berliner Spezialflug GmbH, Berlin	03.10.90	umregistriert
			Dieburger Stahlbau GmbH, Dieburg	.10.92	diente nur als Tarnung f. Weiterverkauf nach ex-Jugoslawien
		'006'	Kroatische Armee	.10.92	übernommen, mit großer Radarantenne ausgerüstet
1G86-49	PZL An-2TD	DM-SKY	Interflug-Spezialflug, später -FIF	29.08.68	registriert, Luftbildausrüstung
		DDR-SKY	Interflug-FIF	03.10.81	umregistriert
			Berliner Spezialflug GmbH, Berlin	01.09.90	umbenannt
		D-FOKY	Berliner Spezialflug GmbH, Berlin	03.10.90	umregistriert
			Prof. V. Marg, Hamburg	09.02.92	verkauft, (98 TT 4513 Fh)
1G86-50	PZL An-2TD	DM-WJC	GST	10.10.68	registriert
		DDR-WJC	GST	02.02.82	umregistriert
		D-FCJC	FC Schönhagen, Schönhagen	1990	reserviert, nicht realisiert
		D-FWJC	BTS, Neuenhagen	.02.92	registriert
			Berliner Fallschirmspr.verband e.V.,	.02.92	Besitzer
			ATF bzw. Aero Berlin	1998	
1G98-51	PZL An-2TD	DM-WJD	GST	18.03.69	registriert
		DDR-WJD	GST	10.03.82	umregistriert
		D-FCJD	FFC, Flug- u. Fallschirmsport Centrum,	1990	reserviert, nicht realisiert, Halle-Oppin
		D-FWJD	BTS, Neuenhagen	20.06.91	registriert
			Aeroklub Polizeisportverein 90 Dessau-Anhalt e.V., Dessau	02.03.95	
			Anhaltischer Verein f. Luftfahrt e.V.	25.04.98	
1G108-69	PZL An-2TD	DM-WJE	GST	31.03.70	registriert, 10.78 beschädigt bei Startunfall in Dresden - repariert
		DDR-WJE	GST	10.03.82	umregistriert
		D-FCJE	FFC, Flug- u. Fallschirmsport Centrum, Halle-Oppin	1990	reserviert, nicht realisiert
		D-FWJE	BTS, Neuenhagen	20.06.91	registriert
			Motorflugverein Ballenstedt e.V.,	.06.94	(98 TT 4720 Fh/ 7037 Ldgn.)
1G108-70	PZL An-2T	DM-WJF	GST	31.03.70	registriert
		DDR-WJF	GST	24.08.82	umregistriert
		D-FCJE	?	1990	reserviert, nicht realisiert
		D-FJJF	BTS, Neuenhagen	.03.91	registriert
			Fallschirmsportverein Rüwalders e.V., Chemnitz	.06.95	(98 TT 3901 Fh)
1G142-32	PZL An-2T	DM-WJG	GST	23.04.74	registriert
		DDR-WJG	GST	10.03.82	umregistriert
		D-FCJG	FFC, Flug- u. Fallschirnsport Centrum, Halle-Oppin	1990	reserviert, nicht realisiert
		D-FWJG	BTS, Neuenhagen	20.06.91	registriert
			Motorfliegerclub Pilots only Jahnsdorf e.V.,Pfaffenhain	.02.96	
1G142-33	PZL An-2TD	DM-WJH	GST	11.03.74	registriert
		DDR-WJH	GST	03.09.82	umregistriert
		D-FIJH	FC Schönhagen	11.04.91	reserviert, nicht realisiert
		D-FWJH	BTS, Neuenhagen	10.06.91	registriert
			Paraclub Mecklenburg e.V., Neustadt-Glewe	06.07.94	(98 TT 2000 Fh)
1G142-34	PZL An-2TD	DM-WJK	GST	11.03.74	registriert
		DDR-WJK	GST	26.05.82	umregistriert
		D-FCJK	?	29.11.90	reserviert, nicht realisiert
		D-FWJK	Luftsportverb. Sachsen, Jahnsdorf	07.04.92	registriert
			1. Fallschirmsportclub Halle/Saale e. V., Halle-Oppin	02.12.94	
1G157-04	PZL An-2TD	DM-WJL	GST	04.02.75	registriert,schwer beschädigt durch Sturmschaden - repariert
		DDR-WJL	GST	30.06.82	umregistriert
		D-FIJL	BTS, Neuenhagen	14.03.91	registriert
			Fallschirmsportver. Magdeburg e.V.	.04.94	
			Luftsportverein An-2 Magdeburg e.V.	.02.97	(98 TT 2000 Fh)
1G158-95	PZL An-2TD	'803'	NVA-LSK/LV	.03.75	übernommen, VS-14, VFK-33
			Wörmlitzer Wach- u. Schließg. Burg	21.09.90	übernommen
			V. Stegemann, Witzwort	1993	verkauft
		YV-557C	COMERAVIA Commercial de AviacionSRL, Ciudad Bolivar, Venezuela	1993	verkauft, (Lieferung per Seetransport)
1G160-01	PZL An-2TD	'804'	NVA-LSK/LV	07.03.75	übernommen, VS-25/14, VFK-33, ab 1987 VFK-31
			Wörmlitzer Wach- u.Schließges. Burg	09.90	übernommen, abgestellt in Nauen
		D-FBAW	Flugsportclub Märkische Falken e.V., Berlin	.02.92	registriert
			P. Schmitz, Eupen, Belgien	.08.93	
			H. Driessen, Heusen-Zolder, Belgien	.01.96	
1G160-02	PZL An-2TD	'805'	NVA-LSK/LV	07.03.75	übernommen, VS-14, ab 85 TAS-45
		D-FKMH	SLS GmbH & Co, Kamenz	10.01.91	registriert
			V. Stegemann, Witzwort	1993	verkauft
		YV-558C	COMERAVIA, Commercial de AviacionSRL, Ciudad Bolivar, Venezuela	1993	verkauft
1G166-38	PZL An-2TD	DM-WJM	GST	20.02.76	registriert
		DDR-WJM	GST	25.05.82	umregistriert
		D-FWJM	BTS, Neuenhagen	.03.91	registriert
			Fallschirmsportclub Dresden e.V.	30.05.91	
			P. Hoffmann/Freunde der Antonow e. V., Ismaning	.08.92	operierte zeitweise als „Flugservice Gallin"
1G166-39	PZL An-2TD	DM-WJN	GST	20.02.76	registriert
		DDR-WJN	GST	02.02.82	umregistriert
		D-FOJN	BTS, Neuenhagen	27.06.91	registriert
			Cottbuser Fallschirmsport Club e. V., Neuhausen	.04.95	

Werk Nummer	Vers.	Registr. /Kennz.	Halter/ Betreiber	Werdegang	Anmerkung
1G174-26	PZL An-2TD	DM-WJO	GST	27.05.77	registriert
		DDR-WJO	GST	02.02.82	umregistriert
		D-FWJO	BTS, Neuenhagen	18.06.91	registriert
			Fallschirmsportclub Mecklenburg e.V.,Neustadt-Glewe	06.07.94	(98 TT 2300 Fh)
1G180-41	PZL An-2TD	'799'	NVA-LSK/LV	20.07.78	übernommen, MfS/SC Dynamo Eilenburg, VS-14
		DDR-SKB	Interflug-Agrarflug	01.03.90	registriert
			Flug Service Berlin	01.09.90	umbenannt
		D-FONB	Flug Service Berlin	03.10.90	umregistriert
			D. Teichmann Spedit. GmbH, Arnsberg	11.91	seit 1995 außer Dienst
				.04.97	gelöscht
		D-FONB	Historisch-Technisches Informationszentrum (Museum), Peenemünde	.04.97	statisches Exponat
1G180-42	PZL An-2TD	'800'	NVA-LSK/LV	20.07.78	übernommen, MfS/SC Dynamo Eilenburg, VS-14
		DDR-SKC	Interflug-Agrarflug	30.03.90	registriert
			Flug Service Berlin	01.09.90	umbenannt
		D-FONC	Flug Service Berlin	03.10.90	umregistriert
			FSB Verwaltungs GmbH	10.94	
			J. Müller, Leipzig	02.02.95	

L-60 Brigadýr

Werknummer	Halter	Registr.	Registereintrag	Registerlöschung	Anmerkung
150003 ex OK-KFF	DLH	DM-SIA	12.06.57	01.06.69	(Doppelsteuer) verschrottet
150310	DLH	DM-SIB	27.04.57	06.07.60	nach Havarie 05.57
150403	DLH	DM-SIC	12.06.57	.07.58	nach Havarie
150407 ex OK-NMM	DLH	DM-SID	21.03.57	30.05.68	verschrottet
150408	DLH	DM-SIL	12.06.57	21.09.60	nach Havarie
150502 ex OK-LKC	DLH	DM-SIM	02.04.58	16.06.69	verschrottet
150508	DLH	DM-SIE	30.11.57	06.07.60	nach Havarie, 1960 kurz bei GST als DM-WAW
150509	DLH	DM-SIF	21.11.57	30.05.68	verschrottet
150701	DLH	DM-SIG	30.11.57	16.06.69	(Doppelsteuer)
150712	DLH	DM-SIH	27.02.58	.04.62	nach Havarie
150713	DLH	DM-SII	26.02.58	03.05.66	nach Havarie 05.60
150714	DLH	DM-SIK	16.12.57	17.09.69	(Doppelsteuer) verschrottet
150715	DLH	DM-SIJ	09.08.58	16.06.69	(Doppelsteuer) verschrottet
150902	DLH	DM-SHD	20.05.59	01.04.69	verschrottet
150903	DLH	DM-SIN	24.04.58	16.02.70	verschrottet
150904	DLH	DM-SIO	23.06.58	.06.65	nach Havarie
150905	DLH	DM-SIP	23.06.58	.07.58	nach Havarie
150906	DLH	DM-SIQ	23.03.58	01.04.69	schon 1960 außer Dienst gestellt, später verschrottet
150907	DLH	DM-SIR	23.06.58	.04.62	nach Havarie
150913	GST	DM-WCT	21.04.60	01.12.72	13.06.60 beschädigt durch Havarie, nach Reparatur wieder in Dienst
151007	DLH	DM-SHH	21.04.60	01.04.69	verschrottet
151009	DLH	DM-SHI	14.04.60	13.06.67	nach Havarie bei Grimmen
151016	DLH	DM-SIS	01.05.59	09.08.64	nach Havarie
151017	DLH	DM-SIT	01.04.59	19.05.66	nach Havarie
151018	DLH	DM-SIU	07.01.59	21.11.67	
151019	DLH	DM-SIV	01.04.59	08.12.67	
151020	DLH	DM-SIW	07.01.59	06.07.60	nach Havarie
151023	DLH	DM-SHA	09.07.59	12.02.68	verschrottet, am 03.09.63, 31.07.64 und 17.11.64, jeweils beschädigt durch Havarie, nach Reparatur wieder in Dienst
151024	DLH	DM-SHB	07.08.59	16.06.69	verschrottet
151025	DLH	DM-SHC	20.05.60	13.09.60	nach Havarie
151026	DLH	DM-SHE	09.07.59	26.05.67	nach Havarie
151027	DLH	DM-SHG	09.07.59	03.03.66	nach Havarie
151028	DLH	DM-SHF	01.08.59	.04.60	nach Havarie
151030	DLH	DM-SHJ	21.04.60	25.07.61	nach Havarie, Wiederaufbau
		als DM-SHA(2)	08.12.62	04.05.71	
151101	DLH	DM-SHK	21.04.60	12.09.66	nach Havarie
151103	DLH	DM-SHL	30.03.60	01.04.69	verschrottet
151104	DLH	DM-SHM	30.03.60	01.04.69	verschrottet
151105	GST	DM-WHG	25.03.60	31.05.73	
151106	GST	DM-WHH	25.03.60	30.05.68	nach Havarie in Anklam
151107	DLH	DM-SHN	30.03.60	20.05.68	nach Havarie bei Sandhagen
151108	DLH	DM-SHO	30.03.60	01.04.69	verschrottet
151109	DLH	DM-SHP	30.03.60	01.04.69	verschrottet
151111, ex OK-MNA,	NVA 1960				
	DLH	DM-SLQ	23.11.62	17.09.70	Agrarhistorisches Museum Schwerin
151113, ex OK-MNB,	NVA 1960				
	DLH	DM-SLE	21.11.62	17.09.70	verschrottet
151114	GST	DM-WCU	21.04.60	19.09.60	nach Havarie
151115, ex OK-MNC	NVA 1960				
	DLH	DM-SLS	23.11.62	17.09.70	verschrottet
151117	GST	DM-WHJ	25.03.60	08.05.66	nach Havarie in Leipzig-Mockau
151118	GST	DM-WHI	25.03.60	10.09.70	
151119, ex OK-MND	NVA 1960				
	DLH	DM-SLM	22.11.62	04.05.71	Wiederaufbau und Neuzulassung
	IF	als DM-SHC(2)	07.05.71	18.07.74	verschrottet
151120, ex OK-MNE	NVA 1960				
	DLH	DM-SLU	23.11.62	16.02.70	verschrottet
151121, ex OK-MNG	NVA 1960				
	DLH	DM-SLI	21.11.62	17.09.70	verschrottet
151122	GST	DM-WCV	03.02.60	27.02.73	
151123	GST	DM-WCW	03.02.60	25.09.72	
151124	GST	DM-WHA	03.02.60	29.01.74	
151204	DLH	DM-SHQ	04.05.60	04.05.66	nach Havarie
151205	DLH	DM-SHR	04.05.60	01.04.69	verschrottet
151216	GST	DM-WHB	03.02.60	16.02.72	
151217, ex OK-NNP	NVA 1960				
	DLH	DM-SLN	22.11.62	19.12.69	
151218, ex OK-NNR	NVA 1960				
	DLH	DM-SLC	04.12.62	10.05.64	
151219	GST	DM-WHC	03.02.60	25.07.72	
151220	GST	DM-WHD	03.02.60	01.12.72	
151221	GST	DM-WHE	03.02.60	30.12.65	nach Havarie

Werknummer	Halter	Registr.	Registereintrag	Registerlöschung	Anmerkung
151223, ex OK-NNS	NVA 1960				
	DLH	DM-SLP	23.11.62	04.05.71	Wiederaufbau und Neuzulassung
	IF	als DM-SHB(2)	07.05.71	18.07.74	verschrottet
151224, ex OK-NNT	NVA 1960				
	DLH	DM-SLH	21.11.62	10.07.68	nach Havarie bei Horst
151225, ex OK-NNU	NVA 1960				
	DLH	DM-SLG	21.11.62	17.09.70	verschrottet
151226	DLH	DM-SHS	13.04.60	22.06.62	nach Havarie
151227	DLH	DM-SHT	04.05.60	.05.61	nach Havarie
151228, ex OK-NNV	NVA 1960				
	DLH	DM-SLB	04.12.62	10.03.63	nach Havarie
151229	DLH	DM-SHV	13.04.60	01.04.69	verschrottet
151230, ex OK-NNX	NVA 1960				
	DLH	DM-SLK	21.11.62	10.12.70	verschrottet
151301	DLH	DM-SHU	13.04.60	01.04.69	verschrottet
151302, ex OK-NNY	NVA 1960				
	DLH	DM-SLD	05.12.62	10.11.69	nach Havarie
151315, ex OK-NNZ	NVA 1960				
	DLH	DM-SLR	23.11.62	01.11.68	nach Havarie
151316, ex OK-NOA	NVA 1960				
	DLH	DM-SLF	21.11.62	.09.63	nach Havarie
151317, ex OK-NOB	NVA 1960				
	DLH	DM-SLO	22.11.60	03.02.69	nach Havarie
151318, ex OK-NOC	NVA 1960				
	DLH	DM-SLA	05.12.62	10.12.70	verschrottet
151319, ex OK-NOD	NVA 1960				
	DLH	DM-SLL	23.11.62	04.05.71	03.66 schwerer Sturmschaden, nach Rep. wieder in Dienst
151320, ex OK-NOE	NVA 1960				
	DLH	DM-SLT	23.11.62	17.09.70	verschrottet

Jagdflugzeuge

MiG-15/MiG-15bis

Bis heute bekannt gewordene taktische Nummern und Werknummern:

Takt. Nummer	Werknummer	in Dienst	Einheit	außer Dienst	Bemerkungen/Verbleib
2	623743				
4	623747				
5	623748				
6	623740		JG-2	10.09.57	abgestürzt bei Landung in Trollenhagen, Ultn.. Polensky (†)
8	623765				
9	627766				
10	623746				
11	623762				
16	1768				
22	623752				
23	623753	1956	JG-9		
24	623754				
25	623755				
26	623756				
27	623757				
28	623758				
29	623759				
30	623770	1956	JG-9		
31	623769		JG-7		Ende 80er als Wrack in Bautzen, später nach Rothenburg, bis .10.90 noch vorhanden
41			JG-9		
43	623750	1956	JG-9		
44	623760				
45	623761				
46	623763				
47	623767				
74			JG-9		
89	1673				
96	53211127				
97	1515305				

folgende Maschinen nur Takt.-Nr.:

3, 7, 15, 33, 34, 37, 38, 48, 66, 80, 94, 107, 110, 120

MiG-15UTI

Takt. Nummer	Werknummer	in Dienst	Einheit	außer Dienst	Bemerkungen/Verbleib
02	712067		JG-1		
04	922259	.04.59	JG-8, JBG-31	30.12.80	.08.81 nach Mozambique als '20'
06			JG-8		
08			JG-9		
1	612302				
5	612816		JG-2		
8		1957			
9	622932				
10	622934				
12	612834	.06.56	JBG-31	25.06.78	verschrottet
15	622474	.11.57	JBG-31	17.09.82	re-exportiert
18	622928	1956	JG-9		
20			JG-9		
40					1972 abgestürzt Cottbus
46	612825				
47		1956	JG-7		
53	022541				
67	022538				
70			JG-9		
72	612827				
75	622925	1956	JG-9		Fahrzg.-Museum, Marxzell
76	622926				
80			JG-1		
82	922258				

Takt. Nummer	Werk-nummer	in Dienst	Einheit	außer Dienst	Bemerkungen/Verbleib
85	022539				
91	622057				
99	622061		JG-3	.72	Kinderspielplatz in Wünsdorf
100			JG-9		
101			JG-1		
102			JBG-31	.81	
103	622064	.02.57	JBG-31	30.12.84	Kaserne bei Bad Freienwalde als '1031'
106			JG-1		
111	722621	.02.58	JBG-31	09.11.79	MTS Bad Düben Lehrflugplatz, später verschrottet
112	022529	.02.60	JBG-31	28.12.83	re-exportiert
114	022528	.02.60	JBG-31	25.06.80	nach Guinea-Bissao
115	022521	1960	JG-9		
116	022525				
121	722625				
123	722647				
127	022532	.03.60	JG-9, JBG-31 JG-8	06.08.74	an FWD als Wetterflgz. bis ca. 90 im Einsatz, heute im Museo del' Aviazione Rimini, Italien
132			JG-9		
135	722650				Kaserne Marxwalde, jetzt Luftfahrt-historische Sammlung, Finow
136	722521	.57	JBG-31	09.11.79	OHS Lehrflugplatz, später Brandplatz Drewitz
137	022537	.03.60	JBG-31	28.02.82	re-exportiert
138	922330	.59	JBG-31	28.02.82	re-exportiert
140	722651		JAG -15		Klitten bei Niski, ca. 91 zum Museum Augsburg-Mühlhausen dort als '44' mit Sowjetstern markiert
146	022526	.02.60	JBG-31	09.11.79	verschrottet
148	022527	.02.60	JBG-31	09.11.79	verschrottet
150			JG-9		
154	1615393				Pionierpark Cottbus, heute Flugplatzmuseum Cottbus
156	922267				
160					Technikmuseum Speyer
163	922257	.04.59	JBG-31	23.10.85	Luftwaffenmuseum der Bw Ütersen, heute Berlin-Gatow
166	922268	.04.59	JBG-31	13.05.76	abgestürzt ins Oderhaff, TW Ausfall (beide kat.)
183			JG-9		
187			JG-8	.68	abgestürzt bei Seelow
197	722541		JG-8		

von weiteren Maschinen sind nur folgende Takt.-Nr. bekannt:

2, 3, 4, 6, 11, 13, 14, 17, 33, 34, 41, 50, 69, 81, 94, 98, 108, 110, 113, 117, 118, 120, 122, 124, 125, 126, 130, 131, 134, 141, 142, 145, 181

MiG-17F (Lim-5)

Bis heute bekannt gewordene taktische Nummern und Werknummern:

Takt. Nummer	Werk-nummer	in Dienst	Einheit	außer Dienst	Bemerkungen/Verbleib
201	1C 06-01	.06.57	JG-1		
202	1C 06-02	.06.57	JBG-31	31.12.84	verschrottet
203	1C 06-03	.06.57			
206	0527	.61			
207	1C 08-21	.57	JG-1		
209	1C 07-03	.08.57	JG-1, JBG-31	23.10.85	verschrottet
210	1C 08-22	.11.57	JG-8, JG-2, JBG-31	30.12.80	.08.81 an Mozambique als '128'
211	00619	.12.61	JG-1, JBG-31	30.12.80	.08.81 an Mozambique
214	1C 07-05				
223	1C 07-09	.08.57	JBG-31	23.10.85	
263	?		JGB-31	.04.80	
264	?				
300	1C 06-30	.08.57	JG-9, JBG-31	30.11.85	an Armeemuseum Dresden, heute MHS Dresden, z.Z. LHS Finow
301	1C 07-01		JG-2	.04.68	
303	1C 06-13	.07.57			
304	0338				
305	7349		JG-2	.10.68	an FWD
306	0505				
307	1C 06-17	.07.57			
308	0228	1962	JG-9, JG-2	.04.68	an FWD
309	7122				
310	?		JG-9		
314	1C 06-14	.06.57	JG-1, JG-7, JBG-31	30.12.80	.08.81 an Mozambique
318	1C 06-18	.06.57			
322	1C 06-22	.06.57	JG-9, JG-7, JBG-31	30.12.80	.08.81 an Mozambique
333	1C 06-23	.08.57	JG-8, JBG-31	28.05.77	abgestürzt bei Kunstflug Trudeln, OLtn. Keil (†)
334	1C 06-24	.08.57	JBG-31	10.08.84	verschrottet
345	1C 06-25	.08.57			an FWD
346	1C 07-23	.10.57	JBG-31	30.11.85	abgestellt Drewitz, später an Deutsches Museum München, heute LW Museum Berlin-Gatow
383	7473				
387	7503				
388	7424				
392	7432				
393	0479	.01.58	JG-7, JBG-31	30.12.80	.08.81 an Mozambique
413	1C 07-02	.08.57			
425	1C 07-04	.08.57			
435	1C 06-04	.06.57	JBG-31	31.12.84	verschrottet
439	1C 07-06	.08.57	JBG-31	23.10.85	verschrottet
442	1C 07-08	.08.57	JG-7, JBG-31	23.10.85	verschrottet
444	1C 06-08	.07.57	JBG-31	25.06.80	an Guinea-Bissao
456	1C 06-10	.07.57	JG-1		
471	1C 06-11	.07.57			
475	1C 06-06	.06.57			
480	1C 06-07	.07.57	JBG-31	23.10.85	verschrottet
483	1C 07-11				
494	1C 06-12	.08.57			
496	1C 07-13				
500	1C 06-20	.07.57			
501	1C 06-21	.07.57		07.08..62	abgestürzt über Ostsee (†)
501 (2)	7126	.62	JG-9 (ex906)		
502	1C 09-02				an Pionierpalast Dresden,

Takt. Nummer	Werk-nummer	in Dienst	Einheit	außer Dienst	Bemerkungen/Verbleib
					heute Flugplatzmuseum Cottbus
505	1C 06-15				
506	1C 09-16		JG-9		
513	1C 09-13	.02.58	JG-7, JBG-31	31.12.84	verschrottet
516	1C 07-20	1957	JG-9	30.01.63	abgestürzt beim Start in Pennemünde
519	1C 06-19	.07.57	JG-9, JG-8, JBG-31	31.12.80	.08.81 an Mozambique
523	1C 09-03		JG-7	10.08.67	abgestürzt
527	1C 06-27		JG-9, JG-7, JG-2	.04.68	an FWD
528	1C 06-28	.08.57	JG-9, JG-8, JBG-31	14.04.80	.08.81 an Mozambique
537	1C 09-17	.02.58	JG-7, JBG-31	31.12.84	aufgestellt im Objekt Drewitz, heute Flugplatzmuseum Cottbus
539	1C 07-25				
548	1C 09-18		JG-9	08.08.61	Havarie
569	1C 09-19	.02.58	JG-9, JG-7, JBG-31	14.04.80	.08.81 an Mozambique
580	7124	1962	JG-9		
585	0937				
592	?				
600	1C 07-27	.10.57	JG-9, JBG-31	25.06.80	an Guinea-Bissao
601	1C 10-01	.04.58	JG-9		
606			JG-9		
610	1C 07-29	1957	JG-9	.03.66	abgestürzt
611	0947				
614	?		JG-9	09.05.63	abgestürzt Peenemünde bei Landung
630	1C 09-30	1957	JG-9, JG-2	.10.68	an FWD
648	0326				
650	1C 08-05				abgestürzt
650 (2)	0401	1957	JG-9		
651	0654				
653	0432				
656	0851	.11.57	JBG-31	23.05.78	bei Notlandung abgestürzt, ein Soldat am Boden (†)
658	1C 08-06		JG-2	.04.68	an FWD
660	0993				
667	0659				
668	1C 08-07	.10.57	JBG-31	31.12.84	verschrottet
670	1C 08-11				
695	1C 08-09	1957	JG-2	.04.68	an FWD
700	1C 07-17	.10.57	JG-7, JBG-31	25.06.80	an Guinea-Bissao
707	1C 07-18		JG-2		
715	1C 07-19		JG-2		
727	1C 07-10				
731	1C 07-21			.04.68	an FWD
735	1C 07-22				
739	1C 07-24	1957	JG-9	04.11.65	abgestürzt, Greifswalder Oie (†)
743	1C 07-26				
747	1C 07-28		JG-3	26.06.58	bei Start abgestürzt Oltn. Lauterbach(†)
752	1C 06-09		JG-2	.04.68	an FWD
757	1C 08-24	14.11.57	JG-3, JAG-15, JG-2, JBG-31	30.12.80	.08.81 an Mozambique
769	1C 07-14	.10.57	JBG-31	23.10.85	verschrottet
773	1C 07-12		JG-2	.04.68	an FWD
774	0337				
777	1C 08-25	.11.57	JBG-31	20.01.84	verschrottet

Takt. Nummer	Werk-nummer	in Dienst	Einheit	außer Dienst	Bemerkungen/Verbleib
781	1C 07-15	1957	JG-9		
784	0467		JG-2	.04.68	an FWD
785	0436	.07.57	JBG-31	31.12.84	verschrottet
799	1C 07-16	1957	JG-9		
800	1C 08-08		JG-2	.04.68	an FWD
806	1C 08-15	.11.57	JBG-31	23.10.85	verschrottet
808	?				
810	1C 08-12				
815	1C 08-10		JG-2	.04.68	an FWD
820	1C 09-20			11.05.67	abgestürzt
823	1C 09-23	.02.58			
824	1C 08-13		JG-8	5.10.60	abgestürzt (kat. Ltn. Sigmund Jähn)
831	1C 09-21				
839	1C 06-29	.03.58			
842	1C 09-22	.02.58	JBG-31	23.10.85	verschrottet
845	1C 08-14	1957	JG-9, JG-2	.04.68	an FWD
850	1C 07-30				
855	1C 09-25	1957	JG-9, JG-2	.04.68	an FWD
859	1C 08-01				
863	1C 08-02				
866	1C 09-26	.02.58	JBG-31	11.04.78	abgestürzt, Oberstltn. Zieber (†)
867	1C 09-27	.02.58	JBG-31	23.10.85	verschrottet
875	1C 08-04	1957	JG-2	.10.68	an FWD
879	1C 08-29	1957			
886	1C 06-16	.07.57	JG-8, JBG-31	14.04.80	.08.81 an Mozambique
888	1C 09-28	.03.58			
892	1C 08-03	1957	JG-9		
900	1C 08-18	1957	JG-1		
902	1C 08-19	1957	JG-1		
904	0443		JG-2	.10.68	an FWD
905	1C 08-20	.07.57	JG-1, JBG-31	23.10.85	abgestellt in Drewitz, .91 an LW Museum Uetersen, heute Berlin-Gatow
906	7126	1957	JG-9	2.11.62	Havarie, repariert, danach neue Nr. 501
910	7134	.07.57	JG-8, JBG-31	30.12.80	.08.81 an Mozambique
911	1C 08-16	.11.57	JG-2, JBG-31	30.12.80	.08.81 an Mozambique
912	1C 09-01				
914	1C 09-04	.01.58	JBG-31	31.12.84	verschrottet
915	0426	1958	JBG-31	31.12.84	verschrottet
916	1C 09-05				
917	1C 09-06		JBG-31	26.06.75	abgestürzt
921	1C 09-07				
923	1C 09-08	1957	JG-2	.10.68	an FWD
925	1C 07-07				
926	7129		JG-2	.04.68	an FWD
941	1C 08-17	1957	JG-2	.04.68	an FWD
945	1C 09-09	.01.58	JBG-31	31.12.84	verschrottet
946	1C 09-10	1957	JG-2	.04.68	an FWD
951	1C 09-11				
954	1C 09-12				
955	1C 09-14	.01.58	JBG-31	31.12.84	verschrottet
960	1C 09-15				
971	1C 08-23	.11.57			
972	?		JG-8	10.65	abgestürzt bei Reichenbach, Ltn. Schülein (†)

Takt. Nummer	Werk-nummer	in Dienst	Einheit	außer Dienst	Bemerkungen/Verbleib
973	1C 09-24	03.58			
974	1C 08-26	1957	JG-2	.04.68	an FWD
977	1C 08-27				
978	1C 08-28		JG-8	.10.65	abgestürzt, TW Schaden (Kat.)
985	1C 08-29	.01.58			
991	1C 08-30	.01.58	JB-G31	23.10.85	an OHS als Lehrmittel, später verschrottet
993	0448				

MiG-17PF (Lim-5P)

Takt. Nummer	Werk-nummer	in Dienst	Einheit	außer Dienst	Bemerkungen/Verbleib
312	1D 02-03				
320	1D 03-02	04.59	JG-9	10.06.61	abgestürzt, nördl. von Swinemünde
325	1D 02-04				
328	1D 03-04				
352	1D 03-16	05.59	JG-9		
418	1D 03-17	.05.59			
420	1D 01-10	.01.59	JG-7	12.01.69	abgestürzt
427	1D 02-11	.04.59			
428	?	1959			
430	1D 02-01	.03.59			
437	1D 02-12				an Armeemuseum Potsdam als '2001' und '2009', später '850', heute Flugplatzmuseum Cottbus
438	1D 03-19	.05.59			
440	1D 02-02	.03.59			
447	1D 02-13	.04.59			
448	1D 03-20	.05.59			
450	1D 01-06	.01.59			
457	1D 03-09				
458	1D 03-06				
460	1D 01-07	.01.59			
467	1D 03-10				
468	1D 03-07	.05.59	JG-1	27.08.66	abgestürzt
470	1D 01-08	.01.59	JG-9, JG-2	.11.68	
477	1D 03-11				
478	1D 03-08				
542	1D 03-05	04.59	JG-9, JG-2	.11.68	
564	1D 03-12	04.59	JG-9		
568	1D 03-15				
573	1D 02-05	.03.59	JG-9, JG-2	.11.68	
591	1D 02-06	.03.59	JG-9, JG-2	.11.68	
615	1D 02-08	04.59	JG-9		
643	1D 02-09				
685	1D 02-07	04.59	JG-9	11.08.64	Havarie
761	?				
802	1D 03-01		JG-1	05.07.68	abgestürzt
827	1D 02-14	.04.59	JG-9, JG-2	.11.68	
834	1D 03-14	.05.59	JG-9		
853	1D 03-03	.04.59	JG-9		
856	1D 02-10				
873	1D 03-13	.05.59	JG-9, JG-2	.11.68	
895	1D 02-15	.04.59	JG-9, JG-2	.11.68	

MiG-17 (glatt)

Takt. Nummer	Werk-nummer	in Dienst	Einheit	außer Dienst	Bemerkungen/Verbleib
07	2054				aufgestellt in Hoyerswerda, heute Technik- und Verkehrsmuseum Stade
22	?				aufgestellt in See bei Niesky,
172	541280	1961			
194	?	1961			
195	?				
212	?				
219	?				
222	1415337	1961			aufgestellt in Ferienlager bei Karlshagen
402	541959	1961			heute Historisch-Techn. Informationszentrum Peenemünde als '009'
589	?				
621	1707		JG-7	31.12.63	an Armeemuseum Potsdam, Verbleib ?
775	?				
903	?				
976	542017				

MiG-19S

Takt. Nummer	Werk-nummer	in Dienst	außer Dienst	Bemerkungen/Verbleib
287	?	alle 08.59	.05.69	stillgelegt 01.01.66 nach Kollision mit Anlassfahrzeug
358	1223	„	28.12.65	schwer beschädigt durch Rollschaden nach Hydraulikausfall
464	?	„	.05.69	
495	1225	„	07.02.68	abgestürzt nach Triebwerksbrand bei Bautzen, Hauptmann Emmerich (†)
567	?	„	.05.69	
602	1227	„	.05.69	
680	?	„	.05.69	
761	?	„	.05.69	
844	1224	„	09.08.68	abgestürzt bei Kunstflugtraining in Preschen, Hauptmann Wodzich (†)
872	1226	„	18.08.68	schwer beschädigt bei Bruchlandung nach Hydraulikausfall in Stendal
930	1239	„	24.04.62	abgestürzt bei Bischofswerda, Ltn. Scheibe (†)
975	?	.05.69	?	

MiG-19PM

231	?	"	.05.69	
270	650 926	„	.05.69	Brandmittelplatz Preschen
335	650 929	„	.05.69	Museum Traditionsvorstartlinie Bautzen, heute LW Museum Berlin-Gatow

Takt. Nummer	Werk nummer	in Dienst	außer Dienst	Bemerkungen/Verbleib
391	?	„	.05.69	Sockel bei Forst, dann Gateguard Preschen, heute LW Basis Laage
410	?	„	.05.69	
498	650 915	„	28.07.62	abgestürzt bei DHS Start in Preschen
512	650 930	„	02.10.63	abgestürzt bei Freital, Oltn. Rössner (✝)
553	650 924	„	28.06.64	abgestürzt nach Triebwerksbrand, Oltn. Kersten (✝)
646	650 907	„	.05.69	Verwendung als Abtaugerät in Tagebau Greifenhain
665	?	„	.05.69	
723	?	„	.05.69	
754	650 928	„	16.12.61	Bruchlandung nach Triebwerksbrand und Hydr. Ausfall in Preschen

MiG-21F-13

Takt. Nummer	Werk-nummer	in Dienst	Einheit	außer Dienst	Bemerkungen/Verbleib
604	74 1008	01.10.63	JG-3, JG-9, JG-3, JAG-15	30.11.78	Schein-DHS Peenemünde, Verbleib ?
605	74 1009	01.10.63	JG-3, JAG-15, AFS-31/TAFS-47	18.12.80	20.02.81 an Brandmittelplatz OHS Kamenz, 28.06.93 verschrottet
608	74 1002	16.10.63	JG-3, JG-9, 28.07.64 Bruch Trollenhagen AFS-31/TAFS-47	30.12.80	an MTS Bad Düben Rumpfvorderteil als Lehrobjekt, Rest 23.10.85 verschrottet
612	74 0913	01.10.63	JG-3, AFS-31/TAFS-47	23.10.85	.03.88 verschrottet
617	74 1003	11.10.63	JG-8, JG-3	27.07.65	abgestürzt bei Döbern nach TW-Ausfall (kat.)
618	74 1709	09.05.62	JG-8, JG-3, JAG-15	1976	an Schießplatz Preschen, 1995 verschrottet
619	74 1004	01.10.63	JG-8, 29.06.67 Raketenunfall, JG-3, JAG-15	04.11.82	Traditionsflgz. JG-3, Denkmal Preschen als '335', seit 09.06.94 LW-Basis Laage
620	74 0904	01.10.63	JG-3, JG-9, JAG-15	10.08.68	abgestürzt bei Ullersdorf nach TW-Aus fall (kat.)
622	74 0902	01.10.63	JG-3, AFS-31/TAFS-47	23.10.85	Schein-DHS Holzdorf, 20.05.94 verschrottet
623	74 1916	01.08.62	JG-8, JG-3, AFS-31/TAFS-47	23.10.85	aufgestellt im Freibad Forst, .09.94 an Fa. AEROTEC, Rothenburg
624	74 0905	01.08.62	JG-3, AFS-31/TAFS-47	23.10.85	verschrottet
625	74 1522	28.05.64	JG-8, 22.06.67 Raketenunfall, JAG-15	19.05.71	Bruchlandung nach Vogelschlag
626	74 1523	28.05.64	JG-8	13.12.64	abgestürzt nach Querruderbruch bei Strausberg, Oltn. Volkmar Seibt zu spät katapultiert (✝)
627	74 0908	16.10.63	JG-3, JG-9	23.06.65	abgestürzt im Anflug bei Jarmen, Ltn. Werner Döhnert (✝)
628	74 1602	01.06.64	JG-8, JAG-15	30.11.78	Schein-DHS Trollenhagen, .03.88 verschrottet
629	74 1917	01.08.62	JG-8, JG-9, JAG-15, AFS-31/TAFS-47	15.11.83	an FWD Rollflgz. f. Fanganlagenerprobung, 1990 verschrottet
631	74 1603	01.10.63	JG-8, JG-9	13.08.65	abgestürzt bei Sassen, Major Günther Schmidt, Kdr. JG-9 in 500 m Höhe kat. (✝)
633	74 1918	01.10.63	JG-8, JG-3, JG-9, JG-3	27.09.67	abgestürzt in Polen bei Anflug Preschen (kat.)
635	74 1524	01.06.64	JG-8, JG-9, JAG-15	30.11.78	an Brandmittelplatz OHS Kamenz, 28.06.93 verschrottet
637	74 1919	01.08.62	JG-8, JG-3	04.08.64	abgestürzt, Kabine im Start geöffnet, Ltn. Karl Schmidt (✝)
639	74 1922	01.08.62	JG-8, JG-9, JG-3, 22.06.67 Raketenunfall, AFS-31	23.10.85	verschrottet, Rumpfbug an MTS Bad Düben
641	74 1616	14.03.64	JG-8, JG-3, JAG-15, AFS-31/TAFS-47	30.12.80	Chem. Übungsplatz Storkow, 30.09.94 verschrottet
642	741923	01.08.62	JG-8, JG-3, AFS-31/TAFS-47	23.10.85	Schein-DHS Marxwalde, 21.06.93 verschrottet
644	74 1617	01.06.64	JG-8, JAG-15	30.11.78	.80 Schein-DHS Trollenhagen, .03.88 verschrottet
645	74 1924	23.04.62	JG-3, JAG-15, AFS-31/TAFS-47	20.12.80	Museum Traditionsvorstartlinie Bautzen, 1991 an Luftwaffenmuseum der Bw Uetersen, jetzt Berlin-Gatow
649	74 1925	01.08.62	JG-8, JG-3	16.01.65	Totalschaden TW-Brand
652	74 2004	28.07.63	JG-8	13.09.63	abgestürzt bei Zechin nach TW-Ausfall (kat.)
654	74 2011	28.07.62	JG-8,	28.03.63	Katapultierunfall am Boden, Ltn. Dressel (✝), 1965 an OHS Kamenz als Schnittmodell, „Glaskuh", 1978 verschrottet.
659	74 1920	07.08.62	JG-8, JG-3, JG-8	18.04.69	Bruch Totalschaden, verschrottet
661	74 2001	.08.62	JG-8, JG-3, JG-9, JAG-15	30.11.78	Schein-DHS Marxwalde mit Nr. '049', 21.06.93 verschrottet
663	74 2002	07.08.62	JG-8	07.01.63	Bruch bei Bodenlauf Totalschaden. Techniker, Ltn. Tobisch und vier weitere Mechaniker (✝)
663 (2)	74 1525	27.05.64	JG-8, .68 Bruch, JAG-15	30.11.78	Schein-DHS Cottbus, Verbleib ?
666	74 1001	18.10.63	JG-3, JG-8, JAG-15	02.04.70	abgestürzt östlich Görlitz in Polen nach TW-Ausfall in 400 m Höhe im Anflug (kat.)
669	74 1601	01.06.64	JG-8, JAG-15	30.11.78	Schein-DHS Peenemünde, Verbleib ?
671	74 1620	16.07.64	JG-8, JG-9, JG-3, JAG-15	19971	Armeemuseum Dresden als '1801' und '268', heute MHM Dresden
672	74 0912	15.08.63	JG-3, JG-8, JAG-15	25.05.78	abgestürzt bei Drehsa, OS Uwe Goerz zu spät kat. (✝)
675	74 0909	01.10.63	JG-3, JG-8, JG-9, JAG-15	08.08.68	Überschlag bei Start, Hptm. W. Wagner (✝), an OHS als Lehrflgz., später verschrottet
676	74 0910	01.10.63	JG-3, JG-8, JAG-15	29.10.78	Schein-DHS Cottbus, Verbleib ?
677	74 1619	28.05.64	JG-3, JAG-15	30.11.78	Schein-DHS Peenemünde, 01.09.93 Hist. techn. Info.-Zentrum Peenemünde (Eigentum LW-Museum)
678	74 1615	17.07.64	JG-8, JG-9, 08.03.66 Fw-Bruch, JAG-15	10.06.75	Schein-DHS, Cottbus/Holzdorf, 20.05.94, verschrottet.
679	74 0901	01.10.63	JG-3, JG-8, JG-3, JAG-15	30.11.78	Schein-DHS Marxwalde, 21.06.93 verschrottet

Takt. Nummer	Werk-nummer	in Dienst	Einheit	außer Dienst	Bemerkungen/Verbleib
682	74 0906	01.10.63	JG-3, JG-8, JAG-15	1980	Verbleib ?
684	74 1005	01.10.63	JG-3, JG-8, JG-9, JAG-15	30.11.78	verschrottet
685	74 1003	01.10.63	?, JAG-15	1978	an OHS Kamenz Brandmittelplatz, 21.06.93 verschrottet
688	74 1006	01.10.63	JG-3, JG-8, JG-3, AFS-31/TAFS-47	23.10.85	Schein-DHS Preschen, 1991 Luftfahrtmuseum Laatzen-Hannover (Eigentum LW-Museum)
689	74 1007	01.10.63	JG-3, JG-8, JAG-15, 26.07.65 Notlandung wegen TW Ausfall	1969	an FWD für Anstrichversuche, 1976 verschrottet
693	74 0815	01.10.63	JG-3, JG-8, JAG-15	30.11.78	Schein-DHS Peenemünde, 1993 Hist. techn. Inf. Zentrum Peenemünde (Eigentum LW-Museum)
696	74 2003	07.08.62	JG-8, JG-9, JAG-15, .72 Bruch	16.12.76	Unfall bei Paarlandung, Maj. Ollhoff(†) 24.06.93 verschrottet
699	74 1613	01.10.63	JG-8, JG-9, JG-3	16.08.67	abgestürzt in Polen (kat.)
701	74 1706	14.05.62	JG-8, JAG-15, .70 Bruch Überschlag	30.10.78	15.06.79 aufgestellt Eingang Kaserne Rothenburg als '7011', 19.05.94 verschrottet
702	74 2005	01.06.62	JG-8, JG-3	12.10.67	abgestürzt nach TW-Ausfall bei Werkstattflug (kat.)
705	74 1707	09.05.62	JG-8	18.04.66	OHS Lehrflgz., später an FWD als Rollflgz. für Fanganlagenerprobung, dann aufgestelt am Eingang FWD
708	74 1611	01.06.64	JG-8, JG-9, JG-3, JAG-15, TAFS-47	23.10.85	Schein-DHS Holzdorf, 1994 Museum Luftfahrthist. Sammlung Finow
710	74 2010	07.08.62	JG-8	30.09.63	abgestürzt nach TW-Ausfall (kat.)
712	74 1010	01.10.63	JG-3, JAG-15	30.11.78	Schein-DHS Preschen, Verbleib ?
713	74 0914	17.10.63	JG-3, AFS-31/TAFS-47	23.10.85	Schein-DHS Preschen, 1994 Tüp Lehnin
714	74 1610	28.05.64	JG-3, AFS-31/TAFS-47	23.10.85	21.06.93 verschrottet
716	74 0911	01.10.63	JG-3, JG-8, AFS-31/TAFS-47	30.11.78	Schein-DHS Marxwalde, 21.06.93 verschrottet
718	74 2012	07.08.62	JG-8, JG-9, JG-3	1969	Armeemuseum Dresden, heute MHM Dresden
720	74 1604	01.06.64	JG-3, JG-9, JG-3, 27.07.67 Katapultierunfall am Boden, Uffz. Schulz (†)	1969	Schein-DHS Trollenhagen, Verbleib ?
721	74 1605	01.10.63	JG-3, JG-9	01.10.64	abgestürzt bei Oertzhof nach TW-Ausfall (kat.)
724	74 2013	07.08.62	JG-8, JG-3, JG-9, JAG-15	30.11.78	Schein-DHS Preschen, Verbleib ?
726	74 1606	01.07.64	JG-3, JG-9, AFS-31/TAFS-47	23.10.85	Schein-DHS Preschen, 1994 Tüp Lehnin
728	74 0915	01.10.63	JG-3, JG-8, JG-9,JAG-15	30.11.78	verschrottet
732	74 2014	01.06.62	JG-8, JG-3,	1974	an FWD als Erprobungsträger, Verbleib ?
734	74 0907	01.10.63	JG-3, JG-8, JG-9, AFS-31, JAG-15	30.11.78	.07.88 verschrottet
736	74 1607	01.07.64	JG-3, JG-9, AFS-31	23.11.85	Schein-DHS Preschen, 1994 Tüp Lehnin
737	74 1608	01.07.64	JG-3, JAG-15, AFS-31	30.04.80	Denkmal in Morgenröte-Rautenkranz (Geburtsort von S. Jähn)
741	74 1612	25.06.64	JG-3, .67 Bruch, JAG-15	30.11.78	Schein-DHS Cottbus/Holzdorf, 20.04.94 verschrottet
744	74 2006	01.06.62	JG-8, JG-9, JG-3, JAG-15, AFS-31	23.10.85	verschrottet
745	74 1921	27.05.62	JG-8, JG-9, JAG-15	30.11.78	Schein-DHS Marxwalde, 20.05.94 verschrottet
747	74 1614	25.06.64	JG-3, JAG-15, 07.04.70 Fw-Bruch	30.11.78	verschrottet
749	74 1616	25.06.64	JG-3, AFS-31, 06.11.69 Fw Bruch,	23.10.85	MTS Bad Düben Lehrmittel, Teile an Armeemuseum Dresden, 17.06.93 verschrottet
759	74 1609	16.05.64	JG-3, AFS-31 28.08.70 Bruch	12.10.77	abgestürzt, Oltn. W. Goetze (†), in zu geringer Höhe mit Dach kat.
797	74 1621	16.05.64	JG-3	25.09.69	Notlandung 400 m vor SLB Totalschaden
790	74 1708	09.05.62	JG-8, JG-3	22.10.66	abgestürzt (kat.)

MiG-21U-400

235	66 0818	05.04.65	JAG-15, JG-2	.07.90	verschrottet
237	66 1119	05.04.65	JAG-15	.03.90	.10.90 Bw 23-86, Museum Fahrzeug und Technik Bad Ischl, Österreich
239	66 0917	05.04.65	JAG-15	.06.89	1990 verschrottet
241	66 0918	01.04.65	JAG-15, JG-2	12.07.80	abgestürzt bei Waren /Müritz durch Bodenberührung bei Manöverluftkampfübung, Oltn. Peter Schönherr (†) und Oltn. Werner Petermann (†)
243	66 0920	05.04.65	JAG-15	13.05.67	abgestürzt bei Rothenburg in Platzrunde bei Anflug überzogen, OS H. J. Engelhardt (†)
244	66 1017	22.06.65	JG-1, JAG-15, JG-3, JAG-15	.03.90	.10.90 Bw 23-87, später an Fa. AEROTEC
245	66 0916	01.04.65	JAG-15	09.08.76	abgestürzt bei Lodenau durch blockierte Steuerung bei Start
247	66 1020	22.06.65	JG-1, JAG-15	.03.90	01.06.90 verschrottet
249	66 1116	15.12.64	JG-9, JAG-15	25.08.71	abgestürzt in Polen nach TW-Ausfall bei Erdschießen (beide kat.)
251	66 1016	22.06.65	JG-9, JG-2, JAG-15, JG-3	.03.90	.10.90 Bw 23-88, 14.11.94 Sammlung Flugservice Sömmerda Flugplatz Dermsdorf
253	66 1019	01.06.65	JG-1, JG-3	10.05.69	abgestürzt bei Kölzig nach Steuerungsausfall (beide kat.)
255	66 1018	13.12.64	JG-1, JG-3, JAG-15	09.07.73	abgestürzt bei Steinbach, Gashebel in NB-Regime blockiert, Oltn. Hans Gerhard Voigt (†), kat. doch Schirm im Sitz verheddert
258	66 1118	18.05.65	JG-3, JAG-15	.03.90	.10.90 Bw 23-89, 06.10.93 Technik-Museum Hugo Junkers Dessau
260	66 0819	01.06.65	JG-3, JAG-15	.03.90	07.05.90 an Chemischen Dienst Kamenz als Übungsobjekt, 08.06.91 verschrottet

MiG-21U-600

Takt. Nummer	Werk-nummer	in Dienst	Einheit	außer Dienst	Bemerkungen/Verbleib
261	66 2420	02.06.66	JAG-15, 11.12.69 Bruchlandung	.03.90	verschrottet
263	66 2516	09.03.66	JAG-15	20.06.74	abgestürzt bei Rietschen, Bfw fährt nicht aus (beide kat.)
265	66 2617	13.08.66	JAG-15	.03.90	.10.90 Bw 23-90, 24.11.94 Museum für Technik, Natur und Verkehr in Ankum
271	66 2618	13.08.66	JAG-15	11.05.76	abgestürzt Schießplatz Nochten, Hptm. Wolfgang Schönberg (✝), (1 kat.)
272	66 2619	13.08.66	JAG-15	.03.90	.10.90 Bw 23-91, 12.01.94 Museum Motortechnica Bad Oynhausen
273	66 2620	13.08.66	JAG-15	04.07.74	abgestürzt bei Zittau nach Kollision mit Wetterballon, Oltn. Siegmar Nenke (✝), OS Bernd Achtelstetter (✝)
274	66 3218	26.09.66	JAG-15	.03.90	01.06.90 verschrottet
275	66 3219	15.07.66	JAG-15	.03.90	.10.90 Bw 23-92, an Fa. AEROTEC, Rothenburg
276	66 3220	26.09.66	JAG-15	.03.90	.10.90 Bw 23-93, an Fa. AEROTEC, Rothenburg
277	66 3315	1966	JG-3	?	Verbleib ?
278	66 3316	26.09.66	JAG-15, 21.03.70 Bruchldg.	18.11.88	an FWD vorbereitet für Iran-Export, ? verschrottet
279	66 3818	29.12.66	JG-3	16.04.69	abgestürzt in Polen nach Blitzschlag, beide kat. in 200 m, Hauptm. Manfred Biskup (✝)
280	66 3819	29.12.66	JG-3	14.05.70	abgestürzt bei Anflug Preschen, Hptm. Günter Zentsch (✝) und Hptm. Günter Schmeske (✝)
281	66 3820	17.02.67	JG-1, JG-2, JAG-15	.03.90	.10.90 Bw 23-94, 11.11.94 Museum Montelimar, Frankreich
282	66 3916	17.02.67	JG-1, JG-3, JG-1, JG-3, JAG-15	.03.90	01.06.90 verschrottet
283	66 4518	29.05.67	JG-1, JG-3, JG-2, JAG-15	.03.90	01.06.90 verschrottet
284	66 4519	29.05.67	JG-1, JG-8, JG-2, JAG-15	.03.90	verschrottet
285	66 4520	01.06.67	JG-1	10.01.70	Bruch, zu kurze Landg. Totalschaden
286	66 4616	21.04.67	JG-8, JG-3	29.08.72	abgestürzt in Polen nach TW-Ausfall (beide kat.)
288	66 4617	21.04.67	JG-8, JAG-15, 29.11.67 Bruchldg.,	18.11.88	an FWD vorbereitet für Iran-Export, exportiert
289	66 4620	23.05.67	JG-9, JG-2, JAG-15	.03.90	.10.90 Bw 23-95, 11.11.94 Sammlung Flugservice Sömmerda Flugplatz Dermsdorf
290	66 4716	01.05.67	JG-9, JG-2, JG-7, JAG-15	18.11.88	an FWD vorbereitet für Iran-Export, exportiert
291	66 4718	01.05.67	JG-7, JAG-15	18.11.88	an FWD vorbereitet für Iran-Export, 1990 nach Landshut, .09.96 verkauft als N121TJ nach Mojave CA, USA
292	66 4719	05.07.67	JG-8, JAG-15	.03.90	.10.90 Bw 23-96, an Fa. AEROTEC
293	66 4720	01.05.67	JG-8, JG-3, JG-7, AFS-31, JAG-15	.03.90	verschrottet
294	66 4816	01.06.67	JG-8, JAG-15	.03.90	07.05.90 an Brandmittelplatz OHS Kamenz, 08 06.91 verschrottet
295	66 4817	08.06.67	JAG-15	.03.90	.10.90 Bw 23-97, 22.08.94 Museum Porta Westfalica, jetzt Heidepark Soltau
296	66 4818	20.07.67	JG-3, JG-8, JG-3, AFS-31, JAG-15	.03.90	.10.90 Bw 23-98, an Fa. AEROTEC, Rothenburg
297	66 4819	01.06.67	JG-8, JAG-15	.03.90	07.05.90 an OHS Brandmittelplatz Kamenz, später an Fa. AEROTEC, Rothenburg
298	66 5118	01.06.67	JG-9, JG-2, JAG-15	01.08.75	abgestürzt bei Brunn Fw fährt nicht aus (beide kat.)
299	66 5119	10.03.67	JG-9, JG-2	10.12.68	abgestürzt bei Neubrandenburg nach TW-Ausfall, Ultn. Bernd Herzer (✝)

Trainer

Jak-18

Regis-trierung	Werk-nummer	Register-eintrag	Register löschung	Bemerkungen/Verbleib
DM-WBA	6116	05.03.57	31.08.65	nach Polen als SP-BNZ
DM-WBB	6127	05.03.57	19.12.67	nach Polen als SP-BNO
DM-WBC	6005	05.05.57	31.12.67	nach Polen als SP-BRL
DM-WBD	6222	04.03.57	19.12.67	nach Polen als SP-BNP
DM-WBE	5938	04.03.57	19.12.67	nach Polen als SP-BNA
DM-WBF	6034	05.03.57	01.12.65	nach Polen als SP-BNT
DM-WBG	6015	05.03.57	31.12.65	an Armeemuseum Dresden
DM-WBH	6216	05.03.57	31.12.67	nach Polen
DM-WBI	6119	19.06.57	08.10.65	
DM-WBJ	6014	05.05.58	19.12.67	nach Polen
DM-WBK	6138	20.01.59	01.12.65	
DM-WBL	6001	16.05.61	01.09.65	
DM-WBM	6011	19.06.57	06.07.60	
DM-WBN	6129	19.06.57	01.09.65	
DM-WBO	6213	26.06.57	01.12.65	
DM-WBP	6227	25.06.57	19.12.67	nach Polen
DM-WBQ	6218	19.06.57	31.12.67	nach Polen
DM-WBR	5926	19.06.57	06.07.60	
DM-WBS	6112	12.12.57	31.12.67	nach Polen
DM-WBT	6318	12.12.57	06.03.69	
DM-WBU	6012	12.12.57	08.10.65	
DM-WBV	6124	12.12.57	06.07.60	
DM-WBW	6006	06.01.58	31.12.67	nach Polen
DM-WBX	6121	12.12.57	24.08.61	
DM-WBY	5932	27.02.58	31.12.67	
DM-WBZ	6016	10.05.58	10.03.66	
DM-WDA	6010	10.04.58	06.03.69	
DM-WDB	6231	03.05.61	31.12.67	nach Polen
DM-WDC	6113	27.02.58	02.06.65	
DM-WDD	5936	09.12.58	01.12.65	

Registrierung	Werknummer	Registereintrag	Register löschung	Bemerkungen/Verbleib
DM-WDE	6206	19.12.58	31.12.67	nach Polen
DM-WDF	6118	28.10.58	19.12.67	nach Polen
DM-WDG	6131	14.11.58	31.12.67	nach Polen

Jak-18 alle ex KVP-Luft bzw. NVA bekannte takt.Nummern:

01, 1, 3, 5, 7, 9, 10, 11, 16, 17, 21, 22, 25, 27, 29, 30, 31, 32, 33, 35, 36, 39, 40, 48, 49 und 69

Jak-18U

Registrierung	Werknummer	Registereintrag	Register löschung	Bemerkungen/Verbleib
DM-WDH	2018	19.09.58	16.08.71	
DM-WDI	2019	19.09.58	20.07.72	
DM-WDJ	2017	19.09.58	16.12.70	
DM-WDK	2021	19.09.58	16.08.71	
DM-WDL	2022	20.08.58	13.07.60	Unfall
DM-WDM	2023	19.09.58	28.09.71	verschrottet
DM-WDN	2020	08.01.59	10.09.70	
DM-WDO	2327	08.01.59	04.05.71	
DM-WDP	2027	08.01.59	06.12.71	
DM-WDQ	2405	08.01.59	01.07.70	
DM-WDR	2406	08.01.59	30.09.71	verschrottet
DM-WDS	2407	08.01.59	25.07.72	
DM-WDT	2408	08.01.59	06.12.71	
DM-WDU	2409	08.01.59	16.08.71	
DM-WDV	2410	08.01.59	16.12.70	
DM-WDW	2611	08.01.59	23.07.71	
DM-WDX	2016	06.01.59	16.08.71	
DM-WDY	2026	06.01.59	25.07.72	
DM-WDZ	2623	06.01.59	01.09.65	Unfall
DM-WFA	2028	11.07.59	04.07.62	Unfall
DM-WFB	2328	25.05.59	16.12.70	
DM-WFC	2326	25.05.59	30.09.71	verschrottet
DM-WFD	2330	11.07.59	30.09.71	verschrottet
DM-WFE	2404	14.07.59	01.07.70	
DM-WFF	?	15.07.59	13.11.69	
DM-WFG	2624	14.07.59	01.07.70	
DM-WFH	2401	15.07.59	30.09.71	verschrottet
DM-WFI	2329	11.07.59	16.02.72	
DM-WFJ	2402	14.07.59	16.08.71	
DM-WFK	2625	11.07.59	17.04.6	

Jak-18U alle ex NVA bekannte takt. Nummern:

13, 17, 27, 36, 41, 45, 46, 51, 55, 57, 60, 62, 64, 65, 67 und 68

Jak-11

Bis heute bekannt gewordene taktische Nummern und Werknummern:

Werknummer	Takt. Nummer	Werknummer	Takt. Nummer	Werknummer	Takt. Nummer
56229	202	66232		67232	
56230		66233		67233	
56231		66234		67234	
56232		66235		67235	
56233		66236		67236	
56234		66237		67237	
56235	205	66238	128	67238	136
56238	101	67202		67239	
56239		67203		67251	
56240		67204		67262	39
57201		67205	213	67321	
57202		67206	214	68201	
57203	207	67207		68203	225
57204		67208		1965 an Armeemus. Potsdam, später	
57205		67209	216	an Traditionsvorstartlinie Bautzen,	
57206		67213		heute Luftwaffenmuseum der Bw	
57207	2	67214		68204	
57208		67215		68205	
57209		67218		68206	43
57210	5	67219	70	68207	
57211		67220		68208	
57212		67221		68209	
57213		67222		68210	98
57214	208	67223		Gateguard 1.LVD Cottbus, heute	
57215		67224		Flugplatzmuseum Cottbus	
57216		67225	38	68212	228
57217		67226	39	68213	
57218		.07.59 beschädigt bei Bauchlan-		68214	
57219		dung in Brandenburg-Briest		68215	
57220	103	67227		68216	229
66228		67228		68217	
66229		67229		68218	230
66230		67230		72232	
66231	114	67231		5932	30

alle in Dienst ca. 1952 – 1955, alle KVP dann NVA, alle 1958-59 außer Dienst bis auf vier erst 1962.

Weitere bekannte taktische Nummern, deren Zuordnung zu einer Werknummer bisher noch nicht möglich war:

11, 12, 119, 121 (08.08.56 abgestürzt Drewitz), 129, 134, 201, 210, 220, 224, 226, 227, 245

Sport- und Reiseflugzeuge

M-1D Sokol

Werk-nummer	Registr.	Register-eintrag	Register-löschung	Verbleib
366	DM-WAP ex OK-EKJ	20.03.57	20.02.67	
365	DM-WAS ex OK-EKI	06.10.59	11.05.62	an NVA als 5008

L-40 Meta Sokol

Werk-nummer	Registr.	Register-eintrag	Register-löschung	Verbleib
150508	DM-WCL	29.04.59	24.05.76	verschrottet
150509	DM-WCM	05.05.59	17.10.77	verschrottet
150511	DM-WCN	05.05.59	20.01.83	abgestellt, heute D-EWCN
150512	DM-WCO	05.05.59	08.10.65	nach Havarie?
105513	DM-WCP	05.05.59	23.02.84	

Zlin Z-126T2

Werk-nummer	Registr.	Register-eintrag	Register-löschung	Verbleib
763	DM-WAC, ex KVP-Luft, ex OK-IFY	25.04.62	31.05.73	
761	DM-WAD, ex KVP-Luft, ex OK-IFU	10.01.57	10.09.70	
766	DM-WAE, ex KVP-Luft, ex OK-IGA	25.04.62	25.09.72	
805	DM-WAF, ex KVP-Luft, ex OK-JFR	10.01.57	27.02.73	verschrottet
806	DM-WAG, ex KVP-Luft, ex OK-IHB	10.01.57	10.09.70	
807	DM-WAH, ex KVP-Luft, ex OK-JFX	27.02.57	06.07.60	
813	DM-WAIex KVP-Luft, ex OK-JFN	10.01.57	16.08.71	
814	DM-WAJex KVP-Luft, ex OK-JFP	10.01.57	29.10.60	abgeschr. nach Unfall
842	DM-WAKex KVP-Luft, ex OK-KEC	10.01.57	06.10.65	
742	DM-WAMex KVP-Luft, (Holzleitw.)	21.11.56	04.05.71	
743	DM-WANex KVP-Luft, (Holzleitw.)	08.04.58	17.07.77	verschrottet
744	DM-WAOex KVP-Luft, (Holzleitw.)	21.05.58	17.07.77	verschrottet
769	'769' KVP-Luft ex OK-IGW		1956	Verbleib?
815	DM-WAQex '815',ex OK-JFD	18.02.57	04.05.71	
816	DM-WARex '816', ex OK-JHC	04.03.59	10.05.76	
810	DM-WAXex KVP-Lft, ex OK-JFW	01.04.57	17.10.77	verschrottet
834	DM-ZZF, ex '834', ex OK-JGX	02.10.56	07.03.62	umreg.
	DM-WAZ	28.09.71		
861	'861'KVP-Luft ex OK-JFS		1956	Verbleib?
862	DM-ZZH, ex '862', ex OK-JFT	03.12.56	04.08.64	

Z-226B

Werk-nummer	Registr.	Register-eintrag	Register-löschung	Verbleib
38	DM-WAW	01.04.57	08.10.65	

Z-226T6

Werk-nummer	Registr.	Register-eintrag	Register-löschung	Verbleib
75	DM-WCA	30.03.58	27.02.73	verschrottet
46	DM-WCB, ex NVA '500?'	03.05.62	13.12.78	verschrottet
50	DM-WCC, ex NVA '500?'	22.05.62	17.10.77	verschrottet
86	DM-WCD, ex NVA '500?'	17.07.65	13.01.78	verschrottet
141	DM-WCE	01.04.58	29.10.60	abgeschr. nach Unfall
142	DM-WCF	14.04.58	06.07.60	abgeschr. nach Unfall
143	DM-WCG	14.04.58	17.10.77	verschrottet
74	DM-WCH, ex OK-LHD	30.03.58	30.06.78	verschrottet
231	DM-WEA, (ab 81 DDR-)	12.05.59	23.02.84	
232	DM-WEB	06.05.59	29.08.79	
233	DM-WEC	29.04.59	15.04.76	
234	DM-WED	06.05.59	15.04.76	
235	DM-WEE	29.04.59	07.07.64	abgeschr. nach Havarie
239	DM-WEF	06.05.59	13.01.78	verschrottet
240	DM-WEG, (ab 81 DDR-)	06.05.59	20.01.83	
241	DM-WEH	29.04.59	03.04.78	
242	DM-WEI	29.04.59	15.04.76	
243	DM-WEJ, (ab 81 DDR-)	06.05.59	20.01.83	Museum Finsterwalde, heute D-EWEJ
244	DM-WEK	06.05.59	31.05.73	
245	DM-WEL	12.05.59	17.10.77	verschrottet
286	DM-WEM	25.06.59	13.11.69	
287	DM-WEN	25.06.59	30.06.78	verschrottet
288	DM-WEO	25.06.59	01.12.72	
289	DM-WEP	25.06.59	17.10.77	verschrottet
165	DM-WEQ	25.06.59	17.10.77	verschrottet
291	DM-WER	25.06.59	27.02.73	verschrottet
292	DM-WES	25.06.59	17.10.77	verschrottet
293	DM-WET	25.06.59	17.10.73	verschrottet
294	DM-WEU	25.06.59	17.10.73	verschrottet
295	DM-WEV	25.06.59	06.12.71	abgeschr. nach Havarie
297	DM-WEX	22.06.59	17.10.77	verschrottet
352	DM-WEY, ex OK-NJD	20.04.67	17.10.77	verschrottet
353	DM-WIA	02.04.60	23.02.84	
	DDR-WIA		22.03.89	heute D-EWIA
354	DM-WIB	26.04.60	10.05.76	verschrottet
355	DM-WIC	26.04.60	17.10.77	verschrottet
356	DM-WID	26.04.60	17.10.77	verschrottet
357	DM-WIE, (ab 1981 DDR-)	26.04.60	23.02.84	
358	DM-WIF	26.04.60	15.04.76	
359	DM-WIG	26.04.60	17.10.77	verschrottet
360	DM-WIH	02.04.60	21.01.80	
361	DM-WII	02.04.60	17.10.77	verschrottet
362	DM-WIJ	26.04.60	13.12.78	verschrottet
364	DM-ZZC	17.01.61	27.10.66	umreg.
	DM-WEZ	27.10.66	15.04.76	verschrottet

Aero 45S

Werk-nummer	Registr.	in Dienst	Halter	außer Dienst	Verbleib
?	'803'	1954	KVP später NVA	1964	
?	'804'	1954	KVP später NVA	1964	
02-011	DM-SGD	22.05.59	DLH		
	?	27.01.62	NVA, VS-25	1964	
03-009	DM-SGA	18.12.56	DLH		(eine Maschine erhielt bei der
	DM-ZZD	31.03.60	MAB-Schkeuditz		VS-25 der NVA
	?	31.03.62	NVA, VS-25	1964	die taktische Nummer '345')
03-010	DM-SGB	13.06.58	DLH		
	?	27.01.62	NVA, VS-25	1964	
04-001	DM-ZZE	02.10.56	VEB FWD		
	?	08.09.62	NVA, VS-25	1964	
04-002	DM-SGE	29.07.57	DLH		
	'805'	23.12.61	NVA, VS-25	.09.64	an Verkehrsmuseum Dresden
04-003	DM-SGF	12.06.57	DLH	06.07.60	nach Bruchlandung
05-009	DM-SGC	10.07.57	DLH	16.11.60	verkauft nach Kenia als VP-KRF

Morava L-200

Werk-nummer	Registr.	Register-eintrag	Register-löschung	Verbleib
170712	DM-WLB, ex OE-FTU, ex OK-PHA	16.04.68	03.12.87	ab .81 DDR-WLB , seit .04. 92 D-GALE (Eigner Dr. C. Thieme)
171213	DM-WLA, ex OK-RHF	21.03.68	03.12.87	ab .81 DDR-WLA, heute Museum Finow
171421	DM-WZY	1963	1965	abgeschrieben nach Bodenkollision mit An-2 in Schönhagen

FSS-100

Werk-nummer	Registr.	Register-eintrag	Register-löschung	Verbleib
01-62	DM-WZZ	20.12.65	30.06.78	eingelagert, noch vorhanden

Abkürzungsverzeichnis

A&AEE	Aeorplane & Armament Experimental Establishment
ABC	Atomar-, Chemisch-, Biologisch-
abgeschr.	abgeschrieben
AC	Aeroclub
ACZ	Aviochemisches Zentrum
a.D.	außer Dienst
ADAC	Allgemeiner Deutscher Automobil Club
AF	Agrarflug (Betrieb der Interflug)
AFS	Aufklärungsfliegerstaffel
AK	Aeroklub
AL	Airlines oder Air Lines
ASK	Armeesportvereinigung der NVA
AW	Airways
BF	Bildflug (Betriebsteil der Interflug)
Bfw	Bugfahrwerk
BGS	Bundesgrenzschutz
BK	Brennkammer
Bw	Bundeswehr
BMI	Bundesministerium des Inneren
BSF	Berliner Spezialflug
BTS (BTSV)	Bund Technischer Sportverbände
DAeC	Deutscher Aeroclub
DDR	Deutsche Demokratische Republik
DHS	Diensthabendes System
DLH	Deutsche Lufthansa (der DDR)
D.R.F.W.	Deutsche Rettungs Flug Wacht
FAG	Fliegerausbildungsgeschwader
FAW	Fliegerische Aus- und Weiterbildung (Abteilung der Interflug)
FBS BMVg	Flugbereitschaftsstaffel des Bundesministeriums der Verteidigung
FC	Fliegerclub
FDJ	Freie Deutsche Jugend
FF	Flugzeugführer
Fh	Flugstunden
FIF	Forschungs-, Industrie und Fernerkundung (Betrieb der Interflug)
FK	Fliegerklub
FO FMTFK	Führungsorgan Front- und Militärsportfliegerkräfte
FSB	Flugservice Berlin
FSV	Flugsportverband
FuT	Funktechnisch
Fw	Fahrwerk
FWD	Flugzeugwerft Dresden
GAZ	Staatliches Flugzeugwerk (in der Sowjetunion)
gel.	geliefert
GST	Gesellschaft für Sport und Technik
GUS	Gemeinschaft unabhängiger Staaten (der ehemaligen Sowjetunion)
HAG	Hubschrauberausbildungsgeschwd.
HFS	Heeresfliegerstaffel (der Bundeswehr)
Hfw	Hauptfahrwerk
HFWS	Heeresfliegerwaffenschule (der Bundeswehr)
HG	Hubschraubergeschwader
HKG	Hubschrauberkette Grenze
HKVM	Hubschrauberkette Volksmarine
HS	Hubschrauberstaffel
HSFA	Hubschrauberstaffel der Führung und Aufklärung
HSVM	Hubschrauberstaffel Volksmarine
HVA	Hauptverwaltung Ausbildung
i.D.	in Dienst
IF	Interflug
JAG	Jagdfliegerausbildungsgeschwader
JBG	Jagdbombergeschwader
JG	Jagdgeschwader
kat.	katapultiert
Kdr.	Kommandeur
Kdt.	Kommandant
KHG	Kampfhubschraubergeschwader
Kpt.	Kapitän
KS	Kraftstoff
KVP	Kasernierte Volkspolizei
LaSK	Landstreitkräfte
Ldg.	Landung
LHS	Luftfahrthistorische Sammlung
LK	Landeklappe
LPG	Landwirtschaftliche Produktionsgenossenschaft
LS	Luftschraube
LSC	Luftsportclub
LSK	Luftstreitkräfte
LSV	Luftsportverband
LSVg	Luftsportvereinigung
LTB	Luftfahrttechnischer Betrieb
LTG	Lufttransportgeschwader (der Bundeswehr)
LV	Luftverteidigung
LVD	Luftverteidigungsdivision
Lw	Luftwaffe
MAB	Maschinen- und Apparatebau
MdI	Ministerium des Innern
MDSG	Material Dienst und Service Gesellschaft
MFC	Motorfliegerclub
MFG	Marinefliegergeschwader
MfS	Ministerium für Staatssicherheit
MFV	Motorfliegerverein
MHG	Marinehubschraubergeschwader
MHM	Militärhistorisches Museum
MTS	Militärtechnische Schule
NAGEMA	Nahrungs- und Genussmittel Maschinenbau
NB	Nachbrenner
NVA	Nationale Volksarmee
OHS	Offiziershochschule
OPTEC	Operative Practice and Evaluation Center
PAX	Passagier-
RAF	Royal Air Force
Reg. (reg.)	Registrierung (registriert)
SAR	Search and Rescue (Suche und Rettung)
SC	Sportclub
SDAG	Sowjetisch-Deutsche Aktiengesellschaft
SED	Sozialistische Einheitspartei Deutschlands
SeFC	Segelfliegerclub
SF	Spezialflug (Betriebsteil der Interflug)
SLB	Start- und Landebahn
SMH	Schnelle Medizinische Hilfe
STS	Selbstständige Transportfliegerstaffel
SU	Sowjetunion
TAFS	Taktische Aufklärungsfliegerstaffel
TAG	Transportfliegerausbildungsgeschwader
TAS	Transportfliegerausbildungsstaffel
TFS	Transportfliegerstaffel
TG	Transportfliegergeschwader
THG	Transporthubschraubergeschwader
TL-	Turbinen-Luftstrahl-
TS	Transportstaffel
TSLw	Technische Schule der Luftwaffe (der Bundeswehr)
TT	Total Time (Gesamtflugstunden)
TÜP	Truppenübungsplatz
TW	Triebwerk
UJHS	U-Boot Jagdhubschrauberstaffel
umnum.	umnummeriert
umreg.	umregistriert
US	Unteroffiziersschule
USAF	United States Air Force
VD	Verdichter
VdAK	Verwaltung der Aeroklubs
VEB	Volkseigener Betrieb
VEBEG	Verwertungsgesellschaft des Bundes mbH
verk.	verkauft
VFK	Verbindungsfliegerkette
VFS	Verbindungsfliegerstaffel
VM	Volksmarine
VP	Volkspolizei
VS	Verbindungsstaffel
WTD	Wehrtechnische Dienststelle (der Bundeswehr)
ZB	Zusatzbehälter
ZDS	Zieldarstellungsstaffel
ZDK	Zieldarstellungskette
ZRLiLK	Zivilluftfahrtbehörde der Volksrepublik Polen
z.b.V.	zur besonderen Verwendung
ZV	Zentralvorstand

Abkürzung der Dienstgrade:

Oberstltn.	Oberstleutnant
Maj.	Major
Korvkpt.	Korvettenkapitän
Hptm.	Hauptmann
Kptltn	Kapitänleutnant
Oltn.	Oberleutnant
Ltn.	Leutnant
Ultn.	Unterleutnant
Fähnr.	Fähnrich
OS	Offiziersschüler
Mstr.	Meister
Uffz.	Unteroffizier

Im Zusammenhang mit Unfällen und Katastrophen bedeutet:
- (kat.) Pilot hat sich gerettet durch katapultieren
- ein „†" bedeutet, Pilot bzw. Besatzungsmitglied ist ums Leben gekommen.

Iljuschin IL-14P Liste aller im VEB Flugzeugwerft Dresden produzierten Flugzeuge

Werk Nummer	Registr./ Kennz.	Datum	Ereignis	Halter/ Betreiber	Anmerkung
14 803 001	DDR-AVF	10.10.55	reg.	VEB FWD	1. Prototyp, Erstflug 11.10.55
	DM-ZZB	28.06.56	umreg.	VEB FWD	Versuchsflgz., u.a. Erprobung des Höhenleitwerks des Typs 152
	DM-SAZ	05.07.61	umreg. an	DLH, später IF	Verwendung als Meßflgz. für Flugsicherungs-bodenanlagen
		28.02.67	a. D.		
		1969			Straßentransport nach Langenbernsdorf bei Werdau, aufgestellt an der Koberbachtal-sperre
	DDR-SAZ	80er			neuer IF-Anstrich und Kennzeichen geändert
		.07.99			Transport zum Heinersdorfer Grund bei Reichenbach, aufgestellt beim dortigen Autohaus
14 803 002	DM-ZZC	23.08.56	reg.	VEB FWD	Werksdemonstrationsflgz. mit Werksbemalung
	'411'(DM-VAF)	29.04.57	gel.	NVA LSK/LV TFS	Schulflgz.
		1962	Umbau	NVA LSK/LV TS-27/24	Fotoflgz. mit Bodenwanne (Umbau im MAB-Schkeuditz)
		07.01.83	a. D.		verschrottet Dresden
14 803 003	DM-ZZD	28.09.56	reg.	VEB FWD	für Erprobungsflüge
	DM-UAA	22.12.56	umreg., gel.	NVA LSK/LV TFS	Schulflgz.
	'437'(DM-VAG)	03.01.57	umreg.		
		1963	an	NVA LSK/LV TS-27/24	Passagierflgz. 26 Pl.
	?	1965	verk. an	LSK Ägypten	weiterer Verbleib unbekannt
14 803 004	DM-ZZG	22.12.56	reg.	VEB FWD	für Erprobungsflüge
	DM-UAB	22.12.56	umreg., gel.	NVA LSK/LV TFS	Schulflgz.
	'400'(DM-VAH)	07.02.57	umreg.		
		22.07.60	abgeschr.		Totalverlust nach Kollision mit Kraftwerks-schornstein bei Vockerode
14 803 005	DM-SFK	07.03.57	reg.	VEB FWD	Ausstellungsflgz. mit Werksbemalung, Straßentransport zum Freigelände der Leipziger Frühjahrsmesse 1957
	DM-SAA	04.07.57	umreg., gel.	DLH	Passagierflgz. 26 Pl.
	'491'(DM-VA?)	21.01.61	umreg., an	NVA LSK/LV TFS	Schulflgz.
		1963	an	NVA LSK/LV TS-27/24	Frachtflgz., Einbau große Ladeluke rechts
		1964	verk. an	LSK Ägypten	Verlust durch Unfall bei Überführung
14 803 006	'421'(DM-VAI)	07.06.57	gel.	NVA LSK/LV TFS	Schulflgz.
		1963	an	NVA LSK/LV TS-27/24	Frachtflgz., Einbau große Ladeluke rechts
		04.04.80	a.D.		verschrottet Dresden
14 803 007	'445'(DM-VAJ)	08.06.57	gel.	NVA LSK/LV TFS	Hörsaalflgz. für Navigations- und Funkausbildung
		1963	an	NVA LSK/LV TS-27/24	Transportflgz.
	?	1963	verk. an	LSK Ägypten	Verlust, soll durch ägypt. Flak irrtümlich abgeschossen worden sein
14 803 008	DM-SAB	26.08.57	gel.	DLH, später IF	Passagierflgz. 26 Pl., später umgerüstet auf 32 Pl.
		1968/69	bei	IF/FAW	Schulflgz.
		05.10.70	a.D.		abgestellt in Barth, später per Schienen- u. Straßentransport nach Cämmerswalde, auf-gestellt bei Talsperre Rauschenbach, noch vorhanden
14 803 009	DM-SAC	17.09.57	gel.	DLH, später IF	Passagierflgz. 26 Pl.
		1965	a.D.		
	?	19.01.66	verk. an	LSK Syrien	weiterer Verbleib unbekannt
14 803 010	SP-LNG	08.10.57	gel.	LOT Polen	Passagierflgz. 26 Pl.
		1964			umgerüstet auf 32 Pl.
		1969	an	ZRLiLK	Umbau zum Meßflugzeug für Flugsicherungs-anlagen
		17.08.84	an	P. P. Porty Lotnicze	
	SP-FNM	15.08.90	umreg.	Inst. Lotnictwa	
		1992	a.D.		abgestellt in Lodz, 1996 noch vorhanden
14 803 011	DM-SAD	03.10.57	gel.	DLH, später IF	Passagierflgz. 26 Pl.
	?	13.12.64	verk. an	LSK Ägypten	weiterer Verbleib unbekannt
14 803 012	SP-LNH	09.11.57	gel.	LOT Polen	Passagierflgz. 26 Pl.
		1964			umgerüstet auf 32 Pl.
	?	21.07.72	verk. an	AEROFLOT UdSSR	weiterer Verbleib unbekannt
14 803 013	SP-LNI	14.11.57	gel.	LOT Polen	Passagierflgz. 26 Pl.
		1964			umgerüstet auf 32 Pl.
	?	20.04.73	verk. an	AEROFLOT UdSSR	weiterer Verbleib unbekannt
14 803 014	SP-LNK	21.11.57	gel.	LOT Polen	Passagierflgz. 26 Pl.
		1964			umgerüstet auf 32 Pl.
	?	21.07.72	verk. an	AEROFLOT UdSSR	weiterer Verbleib unbekannt
14 803 015	DM-SAE	23.11.57	gel.	DLH, später IF	Passagierflgz. 26 Pl.
		1965	a.D.		
	?	19.01.66	verk. an	LSK Syrien	weiterer Verbleib unbekannt
14 803 016	DM-SAF	10.12.57	gel.	DLH, später IF	Passagierflgz. 26 Pl.
		17.11.67	abgeschr.		nach harter Landung in Leipzig-Mockau wegen Faltenbildung im Tfm-Bereich.
		1968			Straßentransport nach Halle, aufgestellt vor Eissporthalle, zeitweise Nutzung als Reisebüro
		1989			renoviert und frischer IF-Anstrich
14 803 017	SP-LNL	19.12.57	gel.	LOT Polen	Passagierflgz. 26 Pl.
		1964			umgerüstet 32Pl.
	?	21.07.72	verk. an	AEROFLOT UdSSR	weiterer Verbleib unbekannt
14 803 018	SP-LNM	27.12.57	gel.	LOT Polen	Passagierflgz. 26 Pl.
		1964			umgerüstet auf 32 Pl.
	?	21.07.72	verk. an	AEROFLOT UdSSR	weiterer Verbleib unbekannt
14 803 019	DM-SAG	30.12.57	gel.	DLH, später IF	Passagierflgz. 26 Pl.
		1965	a.D.		
	?	19.01.66	verk. an	LSK Syrien	weiterer Verbleib unbekannt
14 803 020	DM-SAH	31.12.57	gel.	DLH, später IF	Passagierflgz. 26 Pl., später umgerüstet auf 32 Pl.
		1968/69	bei	IF/FAW	Schulflgz.
		05.10.70	a.D.		
		1970			Straßentransport nach Dessau und dort auf gestellt im Zoo
		1988			verschrottet

Werk Nummer	Registr./ Kennz.	Datum	Ereignis	Halter/ Betreiber	Anmerkung
14 803 021	'401'(DM-VAK)	06.02.58	gel.	NVA LSK/LV TFS	Schul- und Springerflgz. 18 Pl.
		1963	an	NVA LSK/LV TS-27/24	
	?	1965	verk. an	LSK Ägypten	weiterer Verbleib unbekannt
14 803 022	'403'	18.03.58	gel.	NVA LSK/LV TFS	Schul- und Springerflgz. 18 Pl.
	'426'(DM-VAL)	1963	an	NVA LSK/LV TS-27/24	
		1968/69	ausgeliehen	IF/FAW	Schulflgz., in dieser Zeit beschädigt durch Bauchlandung in Berlin-Schönefeld, repariert
		1969	zurück	LSK/LV TFS-24	
		01.12.80	a.D.		anschließend verkauft und überflogen nach Ungarn aufgestellt im Museum der Kiliany-Fliegerhochschule in Szolnok, noch vorhanden
14 803 023	DM-SAI	11.02.58	gel.	DLH, später IF	Passagierflgz. 26 Pl., später umgerüstet auf 32 Pl.
		1968	bei	IF /FAW	Schulflgz.
		24.10.68	a.D.		abgestellt in Berlin-Schönefeld
		1972			verbrannt bei Feuerwehrübung, Reste beseitigt
14 803 024	DM-SAK	10.03.58	gel.	DLH, später IF	Passagierflgz. 26 Pl.
	?	27.12.65	verk. an	LSK Syrien	weiterer Verbleib unbekannt
14 803 025	'475'(DM-VAC)	14.03.58	gel.	NVA LSK/LV STS-29	Delegationsflgz. 16 Pl.
		1965	an	NVA LSK/LV TS-27/24	
		19.10.81	a.D.		verschrottet Dresden
14 803 026	DM-SAL	04.03.58	gel.	DLH, später IF	Passagierflgz, 26 Pl., später umgerüstet auf 32 Pl.
		1968	bei	IF/FAW	Schulflgz., danach Umbau zum Meßflugzeug für Flugsicherungsanlagen
	DDR-SAL	29.04.81	umreg.		
		15.03.84	a.D.		
		.04.84			überflogen nach Dresden, dort abgestellt
	DM-ZZB	1989			neuer blauer Phantasieanstrich und falsche Reg. zur Erinnerung an den 1. Prototyp, noch vorhanden
	DM-SAL	1997			Historisch korrekter DLH-Anstrich und Registrierung
14 803 027	'485'(DM-VAE)	27.10.58	gel.	NVA LSK/LV STS-29	Salonflgz. 6- 9Pl.
		1965	an	NVA LSK/LV TS-27/24	
		01.12.80	a.D.		verschrottet Dresden
14 803 028	HA-MAD	28.03.58	gel.	MALÉV Ungarn	Passagierflgz. 26 Pl.
		07.07.59			umgerüstet auf 28 Pl.
		14.03.60			umgerüstet auf 32 Pl.
		14.06.60			Neuzulassung nach Generalüberholung
		20.05.61			umgerüstet auf 36 Pl.
		29.03.68			Verkaufsangebot an Syrien für 62 000 USD - Verkauf kam nicht zustande
		.05.69	a.D.		(TT 8 405 Fh)
	?	03.06.70	verk. an	AEROFLOT UdSSR	weiterer Verbleib unbekannt
14 803 029	HA-MAE	15.04.58	gel.	MALÉV Ungarn	Passagierflgz. 26.Pl.
		20.04.61			umgerüstet auf 32 Pl.
		28.01.64			umgerüstet auf 36 Pl.
		18.03.66			Umbau in Dresden zum Frachtflgz. mit großer Ladeluke rechts
		.05.70	a.D.		
	?	.05.06.70	verk. an	AEROFLOT UdSSR	weiterer Verbleib unbekannt
14 803 030	HA-MAF	21.04.58	gel.	MALÉV Ungarn	Passagierflgz. 26 Pl.
		06.07.59			umgerüstet auf 28 Pl.
		10.05.60			umgerüstet auf 32 Pl.
		20.05.64			umgerüstet auf 36 Pl.
		29.03.68			Verkaufsangebot an Syrien für 62 000 USD - Verkauf kam nicht zustande
		.05.70	a.D.		(TT 8 132 Fh)
	?	25.05.70	verk. an	AEROFLOT UdSSR	weiterer Verbleib unbekannt
14 803 031	'433'(DM-VAM)	13.06.58	gel.	NVA LSK/LV TFS	Schul- und Springerflgz. 18 Pl.
		1963	an	NVA LSK/LV TS-27/24	Frachtflgz., Einbau große Ladeluke rechts
		29.02.80	a.D.		verschrottet Dresden
14 803 032	'444'(DM-VAN)	26.06.58	gel.	NVA LSK/LV TFS	Schul- und Springerflgz. 18 Pl.
		1963	an	NVA LSK/LV TS-27/24	Meßflgz. für Flugsicherungsbodenanlagen
		08.11.79	a.D.		verschrottet Dresden
14 803 033	HA-MAH	30.05.58	gel.	MALÉV Ungarn	Passagierflgz. 26 Pl.
		25.04.59			umgerüstet auf 28 Pl.
		30.05.59			umgerüstet auf 32 Pl.
		23.05.61			umgerüstet auf 36 Pl.
		17.02.64	abgeschr.		zerstört durch Hangarfeuer in Budapest-Ferihegy
14 803 034	HA-MAI	16.05.58	gel.	MALÉV Ungarn	Passagierflgz. 26 Pl.
		08.08.59			umgerüstet auf 28 Pl.
		24.01.61			umgerüstet auf 32 Pl.
		10.05.61			umgerüstet auf 36 PL:
		29.03.68			Verkaufsangebot an Syrien für 62 000 USD - Verkauf kam nicht zustande
		.05.70	a.D.		(TT 7 584 Fh)
	CCCP-61689	29.05.70	verk. an	AEROFLOT UdSSR	
	RA-02254	90er	umreg.		
		15.07.94			gesehen aktiv (!) in Krasnodar
14 803 035	'482'(DM-VAD)	03.07.58	gel.	NVA LSK/LV STS-29	Delegationsflgz. 16 Pl.
		1965	an	NVA LSK/LV TS-27/24	
		15.12.82	a.D.		(TT 6 236 Fh), danach überflogen nach Bautzen und aufgestellt an der Traditions-vorstartlinie der OHS als Museumsflgz.
		90er			Luftfahrthistorische Sammlung Finow
		1999			restauriert, noch vorhanden
14 803 036	'007'	26.07.58	gel.	LSK Polen	Passagierflgz. 26 Pl.
	'3036'	1982	umnum.		
		?	a.D.		abgestellt in Krakow, noch vorhanden
14 803 037	'008'	13.06.58	gel.	LSK Polen	Passagierflgz. 26 Pl.
	SP-LNZ	14.03.61	ausgeliehen	LOT Polen	für Frachtflüge im Obstexport
	'008'	1961	zurück	LSK Polen	
	'3037'	1982	umnum.		
		?	a.D.		abgestellt in Krakow, noch vorhanden
14 803 038	LZ-ILC	10.07.58	gel.	TABSO Bulgarien	Passagierflgz. 26 Pl.
		1972	an	BALKAN	
		?	an	LSK Bulgarien	weiterer Verbleib unbekannt
14 803 039	LZ-ILD	23.07.58	gel.	TABSO Bulgarien	Passagierflgz. 26 Pl.
		1972	an	BALKAN	
	?	?	an	LSK Bulgarien	weiterer Verbleib unbekannt
14 803 040	LZ-ILE	07.08.58	gel.	TABSO Bulgarien	Passagierflgz. 26 Pl.
		1972	an	BALKAN	
		1976	a.D.		
		1977			aufgestellt auf der Landseite in Bourgas, noch vorhanden

Werk Nummer	Registr./ Kennz.	Datum	Ereignis	Halter/ Betreiber	Anmerkung
14 803 041	'904'	28.08.58	gel.	NVA LSK/LV TFS	Schul- und Springerflgz. 18 Pl.
	'488'(DM-VAS)	?	umnum.		
		1963	an	NVA LSK/LV TS-27/24	
		15.04.81	a.D.		verschrottet Dresden
14 803 042	'909'	02.09.58	gel.	NVA LSK/LV TFS	Schul- und Springerflgz. 18 Pl.
	'409'(DM-VAO)	?	umnum.		
		1963	an	NVA LSK/LV TS-27/24	
		25.05.81	a.D.		verschrottet Dresden
14 803 043	'915'	03.09.58	gel.	NVA LSK/LV TFS	Schul- und Springerflgz. 18 Pl.
	'405'(DM-VAP)	?	umnum.		
		1963	an	NVA LSK/LV TS-27/24	Frachtflgz., Einbau große Ladeluke rechts
		.05.77	a.D.		
		01.05.81			verschrottet Dresden
14 803 044	'917'	25.09.58	gel.	NVA LSK/LV TFS	Schul- und Springerflgz. 18 Pl.
	'416'(DM-VAQ)	?	umnum.		
		1963	an	NVA LSK/LV TS-27/24	
		1965	Umbau		Fotoflgz. mit Bodenwanne (Umbau im FWD Dresden)
		07.01.83	a.D.		verschrottet Dresden
14 803 045	'921'	16.10.58	gel.	NVA LSK/LV TFS	Schul- und Springerflgz. 18 Pl.
	'422'(DM-VAR)	?	umnum.		
		1963	an	NVA LSK/LV TS-27/24	
		1965	Umbau		Fotoflgz. mit Bodenwanne (Umbau im FWD Dresden)
		07.01.83	an	IF/FIF	
	DDR-SAM	21.03.83	reg.		
		02.12.83	a.D.		überflogen nach Eilenburg, dort aufgestellt als Trainingsobjekt für Antiterrorausbildung des MfS
		1992/93			stark beschädigt durch Vandalismus, Wrack an LW-Museum Berlin-Gatow, weiter an Deutsches Technikmuseum Berlin, derzeit nicht ausgestellt
14 803 046	DM-ZZX	14.11.58	reg.	VEB FWD	für Test- und Überführungsflug
	'662'	1959	gel.	CAAC Shanghai, China	Passagierflgz. 26 Pl. mit Tropenausrüstung wurde 1979 noch aktiv gesehen, später verschrottet in Shanghai
14 803 047	DM-ZZY	31.07.58	reg.	VEB FWD	für Test- und Überführungsflug
	'664'	1959	gel.	CAAC Shanghai, China	Passagierflgz. 26 Pl. mit Tropenausrüstung wurde 1979 noch aktiv gesehen, später verschrottet in Shanghai
14 803 048	DM-ZZZ	31.07.58	reg.	VEB FWD	für Test- und Überführungsflug
	'672'	1959	gel.	CAAC Chengdu, China	Passagierflgz. 26 Pl. mit Tropenausrüstung wurde 1982 noch aktiv gesehen, weitere Verbleib unbekannt
14 803 049	DM-ZZU	26.01.58	reg.	VEB FWD	für Test- und Überführungsflug
	'670'	1958	gel.	Nordvietnam	Passagierflgz. 26 Pl. mit Tropenausrüstung ursprünglich bestellt von China, jedoch weitergegeben an Vietnam, weitere Verbleib unbekannt
14 803 050	DM-ZZV	20.07.58	reg.	VEB FWD	für Test- und Überführungsflüge
	'666'	1958	gel.	CAAC 1st Fleet, China	Passagierflgz. 26 Pl. mit Tropenausrüstung wurde 1971 noch aktiv gesehen
		1988	a.D.		aufgestellt im Museum des Aeronautischen Instituts Peking, noch vorhanden
14 803 051	DM-ZZW	20.07.58	reg.	VEB FWD	für Test- und Überführungsflüge
	'668'	1958	gel.	CAAC 2nd Fleet, China	Passagierflgz. 26 Pl. mit Tropenausrüstung wurde 1979 noch aktiv gesehen
		1992			verschrottet in Taiyuan
14 803 052	DM-ZZR	31.07.58	reg.	VEB FWD	für Test- und Überführungsflüge
	'674'	.07.59	gel.	CAAC Guangzhou, China	Passagierflgz. 26 Pl. mit Tropenausrüstung wurde 1985 noch aktiv gesehen, weiterer Verbleib unbekannt
14 803 053	DM-ZZS	31.07.58	reg.	VEB FWD	für Test- und Überführungsflug
	'676'	.07.59	gel.	CAAC 1st Fleet, China	Passagierflgz. 26 Pl. mit Tropenausrüstung wurde 1978 noch aktiv gesehen
		1988	a.D.		abgestellt Guanchang
14 803 054	DM-ZZL	.11.58	reg.	VEB FWD	für Test- und Überführungsflug
	'009'	24.02.59	gel.	LSK Polen	Mehrzweckflgz. 18 Pl.
	SP-LNR	19.06.62	ausgeliehen	LOT Polen	für Frachtflüge im Obstexport
	'009'	25.09.62	zurück	LSK Polen	
	'3054'	1982	umnum.		
		1996	a.D.		augestellt im Orla Bialego Muzeum, Skarzysko-Kamienna, noch vorhanden
14 803 055	'021'	24.02.59	gel.	LSK Polen	Mehrzweckflgz. 18 Pl.
	SP-LNR	05.06.63	ausgeliehen	LOT Polen	für Frachtflüge im Obstexport
	'021'	30.07.63	zurück	LSK Polen	
	SP-LNW	04.06.66	ausgeliehen	LOT Polen	für Frachtflüge im Obstexport
	'021'	15.07.66	zurück	LSK Polen	
	SP-LNW	10.06.67	ausgeliehen	LOT Polen	für Frachtflüge im Obstexport
	'021'	17.07.67	zurück	LSK Polen	
	SP-LNW	06.06.68	ausgeliehen	LOT Polen	für Frachtflüge im Obstexport
	'021'	12.07.68	zurück	LSK Polen	
	'3055'	1982	umnum.		weiterer Verbleib unbekannt
14 803 056	DM-ZZT	.11.58	reg.	VEB FWD	für Test- und Überführungsflug
	?	14.09.59	gel.	Nordvietnam	Passagierflgz. 26 Pl. mit Tropenausrüstung weiterer Verbleib unbekannt
14 803 057	DM-ZZN	.11.58	reg.	VEB FWD	für Test- und Überführungsflug
	?	14.09.59	gel.	Nordvietnam	Passagierflgz, 26 Pl. mit Tropenausrüstung weiterer Verbleib unbekannt
14 803 058	DM-ZZO	28.12.59	reg.	VEB FWD	für Test- und Überführungsflug
	'4217'?	1959	gel.	LSK China	Passagierflgz. 26 Pl. mit Tropenausrüstung weiterer Verbleib unbekannt
14 803 059	DM-ZZP	28.12.59	reg.	VEB FWD	für Test- und Überführungsflug
	'4219'?	1959	gel.	LSK China	Passagierflgz. 26 Pl. mit Tropenausrüstung
	30-59	1971	übergeben	LSK Albanien	
		90er	a.D.		abgestellt Tirana, noch vorhanden
14 803 060	DM-ZZQ	31.12.59	reg.	VEB FWD	für Test- und Überführungsflug
	YR-ILN	31.03.60	gel.	TAROM Rumänien	Passagierflgz. 26-30 Pl. mit Sauerstoff- und Seenotausrüstung
	?	18.07.78	verk. an	AEROFLOT UdSSR	weiterer Verbleib unbekannt
14 803 061	DM-ZXA	1959	reg.	VEB FWD	für Test- und Überführungsflug
	YR-ILO	31.12.59	gel.	TAROM Rumänien	Passagierflgz. 26-30 Pl. mit Sauerstoff und Seenotausrüstung
		01.03.76	abgeschr.		abgestürzt beim Anflug auf Sibiu
14 803 062	DM-ZZM	31.12.59	reg.	VEB FWD	für Test- und Überführungsflug
	YR-ILP	02.02.60	gel.	TAROM Rumänien	Passagierflgz. 26-30 Pl. mit Sauerstoff- und Seenotausrüstung

Werk Nummer	Registr./ Kennz.	Datum	Ereignis	Halter/ Betreiber	Anmerkung
		13.11.75	a.D.		
		28.07.77			verschrottet
14 803 063	DM-ZXB	1959	reg.	VEB FWD	für Test- und Überführungsflug
	'022'	26.03.59	gel.	LSK Polen	Mehrzweckflgz. 18 Pl.
	SP-LNO	05.06.61	ausgeliehen	LOT Polen	für Frachtflüge im Obstexport
	'022'	30.11.61	zurück	LSK Polen	
	SP-LNP	18.06.62	ausgeliehen	LOT Polen	für Frachtflüge im Obstexport
	'022'	25.09.62	zurück	LSK Polen	
	SP-LNT	04.06.66	ausgeliehen	LOT Polen	für Frachtflüge im Obstexport
	'022'	15.07.66	zurück	LSK Polen	
	'3063'	1982	umnum.		
	N163RR	.08.88	verk. an	Air Classic Museum, Reno NV USA	überflogen nach USA, noch vorhanden
14 803 064	YR-ILH	01.06.59	gel.	TAROM Rumänien	Passagierflgz. 26-30 Pl. mit Sauerstoff- und Seenotausrüstung
	'064'	17.04.74	übergeben	LSK Rumänien	
	YR-ILH	16.05.75	zurück	TAROM Rumänien	
	?	18.07.78	verk. an	AEROFLOT UdSSR	weiterer Verbleib unbekannt
14 803 065	'023'	26.03.59	gel.	LSK Polen	Mehrzweckflgz. 18 Pl.
	SP-LNO	05.06.62	ausgeliehen	LOT Polen	für Frachtflüge im Obstexport
	'023'	25.09.62	zurück	LSK Polen	
	SP-LNO	01.06.63	ausgeliehen	LOT Polen	für Frachtflüge im Obstexport
	'023'	30.07.63	zurück	LSK Polen	
	'3065'	1982	umnum.		
		?	a.D.		abgestellt Krakow, noch vorhanden
14 803 066	YR-ILI	30.05.59	gel.	TAROM Rumänien	Passagierflgz. 26-30 Pl. mit Sauerstoff- und Seenotausrüstung
	'066'	17.04.74	übergeben	LSK Rumänien	
	YR-ILI	29.05.75	zurück	TAROM Rumänien	
	?	18.07.78	verk. an	AEROFLOT UdSSR	weiterer Verbleib unbekannt
14 803 067	DM-ZXC	1959	reg.	VEB FWD	für Test- und Überführungsflug
	'024'	30.06.59	gel.	LSK Polen	Mehrzweckflgz. 18 Pl.
	'3067'	1982	umnum.		
		?	a.D.		abgestellt Krakow, noch vorhanden
14 803 068	DM-ZXD	1959	reg.	VEB FWD	für Test- und Überführungsflug
	YR-ILK	26.06.59	gel.	TAROM Rumänien	Passagierflgz. 26-30 Pl. mit Sauerstoff- und Seenotausrüstung
	'068'	17.04.74	übergeben	LSK Rumänien	
	YR-ILK	10.05.75	zurück	TAROM Rumänien	
	?	18.07.78	verk. an	AEROFLOT UdSSR	weiterer Verbleib unbekannt
14 803 069	'45'	30.06.59	gel.	LSK Polen	Mehrzweckflgz. 18 Pl.
	SP-LNR	03.06.61	ausgeliehen	LOT Polen	für Frachtflüge im Obstexport
	'45'	30.11.61	zurück	LSK Polen	
	SP-LNP	03.06.63	ausgeliehen	LOT Polen	für Frachtflüge im Obstexport
	'45'	30.07.63	zurück	LSK Polen	
	SP-LNU	02.06.66	ausgeliehen	LOT Polen	für Frachtflüge im Obstexport
	'45'	15.07.66	zurück	LSK Polen	
	SP-LNU	03.06.68	ausgeliehen	LOT Polen	für Frachtflüge im Obstexport
	'45'	12.07.68	zurück	LSK Polen	
	'3069'	1982	umnum.		
		1991	a.D.		aufgestellt Museum Drzonow
14 803 070	YR-ILJ	20.06.59	gel.	TAROM Rumänien	Passagierflgz. 26-30 Pl. mit Sauerstoff- und Seenotausrüstung
	?	17.07.78	verk. an	AEROFLOT UdSSR	weiterer Verbleib unbekannt
14 803 071	'46'	01.09.59	gel.	LSK Polen	Mehrzwechflgz. 18 Pl.
	'3071'	1982	umnum.		
14 803 072	YR-ILL	31.08.59	gel.	TAROM Rumänien	Passagierflgz. 26-30 Pl. mit Sauerstoff- und Seenotausrüstung
		16.06.63	abgeschr.		abgestürzt 3 km westlich von Bekkeszamson, Ungarn
14 803 073	'47'	01.09.59	gel.	LSK Polen	Frachtflgz. mit großer Ladeluke rechts
	SP-LNP	03.06.61	ausgeliehen	LOT Polen	für Frachtflüge im Obstexport
	'47'	30.11.61	zurück	LSK Polen	
	SP-LNS	01.06.66	ausgeliehen	LOT Polen	für Frachtflüge im Obstexport
	'47'	12.08.66	zurück	LSK Polen	
	SP-LNS	08.06.67	ausgeliehen	LOT Polen	für Frachtflüge im Obstexport
	'47'	17.07.67	zurück		
	'3073'	1982	umnum.		
		?	a.D.		abgestellt Krakow, noch vorhanden
14 803 074	DM-ZXE	1959	reg.	VEB FWD	für Test- und Überführungsflug
	YR-ILM	25.09.59	gel.	TAROM Rumänien	Passagierflgz. 26-30 Pl. mit Sauerstoff- und Seenotausrüstung
	'074'	17.04.74	übergeben	LSK Rumänien	
	YR-ILM	28.04.75	zurück	TAROM Rumänien	
	?	18.07.78	verk. an	AEROFLOT UdSSR	weiterer Verbleib unbekannt
14 803 075	DM-SAM	07.08.59	gel.	DLH, später IF	Frachtflgz. mit großer Ladeluke rechts
	?	01.07.64	verk. an	LSK Syrien	weiterer Verbleib unbekannt
14 803 076	DM-ZXF	1959	reg.	VEB FWD	für Test- und Überführungsflug
	'010'	31.12.59	gel.	LSK Polen	Salonflgz. 6-9 Pl.
	'3076'	1982	umnum.		
		02.04.88	a.D.		überflogen nach Saarbrücken, später per Straßentransport nach Hermeskeil, aufge-
stellt					in der Flugausstellung L und P Junior, noch vorhanden
14 803 077	DM-SAN	18.05.59	gel.	DLH, später IF	Frachtflgz. mit großer Ladeluke rechts
	?	31.03.65	verk. an	LSK Ägypten	weiterer Verbleib unbekannt
14 803 078	'001'	10.11.59	gel.	LSK Polen	Salonflgz. 7 Pl.
	'3078'	1982	umnum.		
		1989	a.D.		per Straßentransport nach Krakow, dort auf gestellt im Muzeum Lotnictwa i Astronautyki, noch vorhanden
14 803 079	DM-SAO	26.09.59	gel.	DLH, später IF	Frachtflgz. mit großer Ladeluke rechts
	?	01.07.67	verk. an	LSK Ägypten	weiterer Verbleib unbekannt
14 803 080	'002'	11.11.59	gel.	LSK Polen	Salonflgz. 7 Pl.
		1975	Umbau		Hörsaalflgz. für Navigationsausbildung an der Offiziershochschule WOSL in Deblin
	'3080'	1982	umnum.		
		?	a.D.		weiterer Verbleib unbekannt

Liste der IL-14P aus sowjetischer Produktion in der DDR
(in der Reihenfolge der Anlieferung)

Werk Nummer	Registr./ Kennz.	Datum	Ereignis	Halter/ Betreiber	Anmerkung
6341208	DDR-AVI	1955	gel.	VEB FWD	Musterflgz. für Lizenzproduktion
	DM-ZZA	.08.56	umreg.		Versuchsflgz.
	'461'	.12.61	umreg., an	LSK/LV TFS	Schulflgz.
		1963	an	LSK/LV TS-27	Versuchsflgz.
	?	01.04.64	verk. an	LSK Ägypten	weiterer Verbleib unbekannt
5340705	DDR-ABA	30.07.55	gel.	DLH, später IF	Passagierflgz. 18 Pl., später umger. auf 26 Pl.
	DM-SBA	21.06.56	umreg.		
	?	31.12.64	verk. an	LSK Ägypten	weiterer Verbleib unbekannt
5340809	DDR-ABF	13.11.55	gel.	DLH, später IF	Passagierflgz. 18 Pl., später umger. auf 26 Pl.
	DM-SBF	21.06.56	umreg.		
	?	31.12.64	verk. an	LSK Ägypten	weiterer Verbleib unbekannt
5340804	DDR-ABX	17.11.55	gel.	DLH, später IF	Passagierflgz. 18 Pl., später umger. auf 26 Pl.
	DM-SBX	21.06.56	umreg.		
	?	31.12.64	verk. an	LSK Ägypten	weiterer Verbleib unbekannt
5340803	DDR-ABZ	30.11.55	gel.	DLH	Passagierflgz. 18 Pl., später umger. auf 26 Pl.
	DM-SBZ	21.06.56	umreg.		
	'434'	.12.59	umreg., an	LSK/LV STS-29	Passagierflgz.
		1964	an	LSK/LV TS-24/24	
		.11.79	a.D.		verschrottet Dresden
6341403	DM-SBR	21.06.56	gel.	DLH, später IF	Passagierflgz. 26 Pl., später umger. auf 32 Pl.
	?	31.12.66	verk. an	LSK Ägypten	weiterer Verbleib unbekannt
6341508	DM-SBS	12.07.56	gel.	DLH	Passagierflgz. 26 Pl.
	'471'(DM-VAB)	24.07.57	umreg., an	LSK/LV STS-29	Passagier- und Schulflgz.
		1965	an	LSK/LV TS-27/24	
		.03.80	a.D.		verschrottet Dresden
5341509	DM-SBU	18.07.56	gel.	DLH, später IF	Passagierflgz. 26 Pl.
	?	01.07.64	verk. an	LSK Ägypten	weiterer Verbleib unbekannt
6341510	DM-SBV	18.07.56	gel.	DLH, später IF	Passagierflgz. 26 Pl., später umger. auf 32 Pl.
	?	31.12.66	verk. an	LSK Ägypten	weiterer Verbleib unbekannt
6341601	DM-SBI	27.08.56	gel.	DLH, später IF	Passagierflgz. 26 Pl., später umger. auf 32 Pl.
	?	31.12.66	verk. an	LSK Ägypten	weiterer Verbleib unbekannt
146000831	DM-SBM	21.09.56	gel.	DLH	Salonflgz.
	'470'(DM-VAA)	10.07.57	umreg., an	LSK/LV STS-29	
		1965	an	LSK/LV TS-27/24	Transportflgz.
		.12.80	a.D.		verschrottet Dresden
6341704	DM-SBY	13.11.56	gel.	DLH, später IF	Passagierflgz. 26 Pl.
	?	31.12.64	verk. an	LSK Ägypten	weiterer Verbleib unbekannt
6341802	DM-SBO	13.11.56	gel.	DLH, später IF	Passagierflgz. 26 Pl., später umger. auf 32 Pl.
	?	31.12.66	verk. a	LSK Ägypten	weiterer Verbleib unbekannt
6341507	DM-SBW	07.12.57	gel.	DLH, später IF	Passagierflgz. 26 Pl.
	?	01.07.64	verk. an	LSK Ägypten	weiterer Verbleib unbekannt
6341206	DM-SBL	10.12.57	gel.	DLH	Passagierflgz. 26 Pl.
		07.12.63	abgeschr.		Totalschaden nach Notlandung bei Königsbrück
6341702	DM-SBE	18.12.57	gel.	DLH, später IF	Passagierflgz. 26 Pl.
	?	31.12.64	verk. an	LSK Ägypten	weiterer Verbleib unbekannt

Iljuschin IL-18

Version	Werk-nummer	Registr.	Register-eintrag	Register-löschung	Verbleib
IL-18W	180001905	DM-STA	28.03.60 DLH	26.09.88	01.09.63 an IF, 22.07.81 umreg. DDR-STA, 12.09.88 a.D., abgestellt Leipzig-Schkeuditz
IL-18W	180002001	DM-STB	02.04.60 DLH	05.11.87	01.09.63 an IF, 06.10.81 umreg. DDR-STB, 19.10.87 a. D., abgestellt Berlin-Schönefeld, später Museum Aeropark Brandenb., Diepensee, 2000 zum Automobilmuseum Leipzig-Plagwitz
IL-18W	180002202	DM-STC	16.07.60 DLH	09.12.87	01.09.63 an IF, 06.10.81 umreg. DDR-STC, 29.07.87 a.D., an VZLU als OK-018 TW-Erprobungsträger bis .90, .96 verschrottet
IL-18W	180002302	DM-VAX '493'	28.10.60, LSK/LV	24.10.88	03.09.64 an IF umreg. DM-STD, 01.07.81 umreg. DDR-STD, 26.10.86 a.D., abgestellt Berlin-Schönefeld, 91. Rumpf aufgestellt in Helmstedt als Cafébar, Rest verschrottet
IL-18W	182005101	DM-VAY '499'	10.10.62 LSK/LV	24.11.89	03.06.64 an IF umreg. DM-STE, 01.10.81 umreg. DDR-STE, 01.11.89 a.D., aufgestellt in Borkheide als Hans Grade Gedenkstätte
IL-18W	181004105	DM-STF	13.02.62 DLH	28.02.67	01.09.63 an IF, .01.67 schwer beschädigt Hangarfeuer in Moskau, später repariert, als CCCP-75475 an Aeroflot, .79 a.D.
IL-18W	184007405	DM-STF(2)	07.03.67 IF		ex Aeroflot CCCP-75553, 21.08.81 umreg. DDR-STF, 03.10.90 umreg. D-AOAO, .12.91 an BerLine, .94 German European AL, abgestellt Berlin-Schönefeld, .10.95 gelöscht, 22.12.95 verkauft als RA-75553, .96 LZ-AZO, später EL-ADY Air Cess, .12.98 European AL als T9-ABB
IL-18W	182004402	DM-STG	24.03.62 DLH	15.11.88	01.09.63 an IF, 19.08.81 umreg. DDR-STG, 09.11.88 a.D. abgestellt Erfurt
IL-18W	184007401	DM-VAZ '497'	06.07.64 LSK/LV		01.04.70 an IF umreg. DM-STP, .78 Umbau Kalibrator, 08.09.81 umreg. DDR-STP, 03.10.90 umreg. D-AOAQ, .03.92 an BerLine, Rückbau PAX Version, 28.01.93 an Air Ukraine als UR-75475
IL-18W	184007305	DM-STH LSK/LV	12.09.64	11.06.90	.02.70 an IF, 19.08.81 umreg. DDR-STH, 29.04.90 a.D., 05.05.90 nach Augsburg, .94 an Flugausstellung L & P Junior, Hermeskeil
IL-18W	185008404	DM-STI	26.11.65 LSK/LV		24.01.74 an IF, .10.74 Umbau Frachter, 15.11.81 umreg. DDR-STI, 01.09.90 a.D., 03.10.90 umreg. D-AOAP, .10.91 an BerLine, Einbau Frachttor, 04.94 German European AL, 23.12.95 an Viola Avia Trans als RA-75554, später an Ramair, 17.12.97 verunglückt bei Start und ausgebrannt in Johannesburg/Südafrika
IL-18E	186009202	DM-STK	12.07.67 IF		.79 Umbau Frachter, 12.08.81 umreg. DDR-STK, .04.88 Rückbau PAX Version, 03.10.90 umreg. D-AOAR, wieder Umbau Frachter, 18.12.90 an Polnippon als SP-FNB „Agata", 01.03.96 an Polonian AW als SP-FNW, vermietet an Daallo AL, .97 an Air Cess als 3D-SBW, .98 umregi striert 3C-KKK
Il-18D	186009402	DM-STL	09.09.66 IF	26.03.79	.01.74 Umbau Frachter, 26. 03. 79 abgestürzt bei Start in Luanda

Version	Werk-nummer	Registr.	Register-eintrag	Register-löschung	Verbleib
IL-18D	188010805	DM-STM	22.06.68 LSK/LV		.03.74 an IF, .05.75 Umbau Frachter, 01.01.81 umreg. DDR-STM, 03.10.90 umreg. D-AOAS, .01.92 an BerLine, Einbau Frachttor, 24.01.94 an Air Zory als LZ-AZZ, 12.12.95 an Aero Caribbean als CU-T132, später umreg. CU-C132, 01.01 umreg. CU-C1515
IL-18D	188010903	DM-STN	15.04.68 IF		25.08.81 umreg. DDR-STN, .10.90 Umbau Frachter, 03.10.90 umreg. D-AOAT, .11.90 an Polnippon als SP-FNC „Hubert", 01.03.96 an Polonian AW als SP-FNZ, .97 an Air Cess als 3D-SBZ
IL-18D	188010904	DM-STO	15.04.68 IF		.02.11.81 umreg. DDR-STO, 03.10.90 umreg. D-AOAU, .12.91 an BerLine, 06.01.94 an Air Zory als LZ-AZR, 12.12.95 an Aero Caribbean als CU-T131, 01.01 umreg. CU-T1532

152

Muster	Werk-nummer	Trieb-werk	Registr.	Halter	Erstflug	Bemerkungen
152 V-1	001	RD-9B	DM-ZYA	VEB FWD	04.12.58, Kpt. W. Lehmann	1.Prototyp, abgestürzt 04.03.59 bei 2.Flug, W. Lehmann u. 3 weitere tot
152 V-2	002	ohne	ohne	VEB FWD		Bruchversuchszelle, Wassertankversuche, Rumpf 1961 nach Berlin-Schönefeld, 1984 verschrottet
152 V-3	003	(Pirna 014)				nicht gebaut, vorgesehen für Flugerprobung, Bau 11.02.58 gestrichen
152/II V-4	004	Pirna 014A-0	DM-ZYB	VEB FWD	26.08.60, Kpt. H. Lehmann	2. Prototyp, 2. Flug 04.09.60 1961 verschrottet in Dresden
152/II V-5	005	Pirna 014A-0	DM-ZYC	VEB FWD	(07.09.60 Kpt. R.Heinig gepl.)	Bodenerprobung abgeschlossen, 1961 verschrottet in Dresden
152/II V-6	006	ohne	ohne	VEB FWD		Bruchversuchszelle, verschrottet
152/II V-7	007					nicht gebaut, vorgesehen als Bruchversuchszelle und Testzelle für Integralflügeltanks
152/II	008	Pirna 014A-0	DM-SCA	DLH		1. Serienmaschine, 1961 verschrottet bis auf Rumpf, dieser ausgelagert nach NVA-Flugplatz Marxwalde
152/II	009	(Pirna 014A-1)	(DM-SCB)	DLH		Rohbau fertiggestellt, 1961 verschrottet, Rumpf nach NVA-Flugplatz Marxwalde
152/II	010	(Pirna 014A-1)	?	DLH		Rohbau fertiggestellt, 1961 verschrottet, Rumpf nach NVA-Flugplatz Rothenburg
152/II	011	(Pirna 014A-1)	?	DLH		nur Rumpf fertiggestellt, 1961 nach NVA-Flugplatz Rothenburg, 1995 geborgen, z.Z. in Restaurierung Elbe Flugzeugwerk Dresden
152/II	012	(Pirna 014A-1)	?	NVA LSK/LV		nur Rumpf fertiggestellt, 1961 nach NVA-Flugplatz ?
152/II	013	(Pirna 014A-1)	?	NVA LSK/LV		nur Rumpf fertiggestellt, 1961 nach NVA-Flugplatz ?
152/III ?	014 bis 022					1. verbesserte Kundenmaschinen, Teile fertiggestellt
	023 bis 028					Teilefertigung begonnen

Hubschrauber

Mil Mi-1/SM-1

Takt. Nummer	Version	Werk-nummer	Einheiten	Verbleib
500	SM-1	?	TFS, TAG-4, HG-31, Grenzkette	
501	SM-1	?	TFS, TAG-4, HG-31	
502	SM-1	?	TFS, TAG-4, HG-31	
503	SM-1	?	TFS, TAG-4, HG-31	
504	Mi-1	05009	TFS, TAG-4, HG-31	
505	SM-1	?	TFS, TAG-4, HG-31	
506	SM-1Sz	S1A 01002	TFS, TAG-4, HG-31	Museum Vorstartlinie Bautzen als '001', an LW-Museum Uetersen, bei Lufttransport nach Berlin-Gatow schwer beschädigt
507	Mi-1	05010	TFS, TAG-4, HG-31	25.01.68 abgeschrieben durch Unfall, Wrack noch vorhanden in Rothenburg
508	SM-1M	103006	TFS, TAG-4	28.07.59 abgeschrieben nach Unfall
509	SM-1	?	TFS, TAG-4, HG-31	
510	Mi-1	05014	TFS, TAG-4, HG-31, Grenzkette	
511	SM-1	?	TFS, TAG-4, HG-31, Grenzkette	
512	SM-1	?	TFS, TAG-4, HG-31	
513	SM-1Sz	S1A01003	TFS, TAG-4, HG-31	
514	SM-1	?	TFS, TAG-4, HG-31, Grenzkette	
515	SM-1	?	TFS, TAG-4, HG-31, Grenzkette	
516	SM-1Sz	S103008	TFS, TAG-4, HG-31, Grenzkette	
518	SM-1Sz	S103002	TFS, TAG-4, HG-31	
520	SM-1	?	TFS, TAG-4, HG-31	
523	SM-1	?	TFS, TAG-4, HG-31	
529	Mi-1M	05016	TFS, TAG-4, HG-31	LW Museum Berlin-Gatow
535	Mi-1M	05017	TFS, TAG-4, HG-31, Grenzkette	
548	Mi-1M	05018	TFS, TAG-4, HG-31, Grenzkette	
551	Mi-1MU	?	TFS, TAG-4, HG-31	
557	Mi-1MU	504027	TFS, TAG-4, HG-31	

Mi-4

Militärische Maschinen

Takt. Nummer	Version	Werk-nr.	in Dienst	Einheiten	außer Dienst	Verbleib
521	Mi-4MÄ	19 165	.03.65	HSVM, MHG-18	28.02.77	
522	Mi4A	07 146	.09.63	HG-31/34	01.12.79	Übungsplatz LaSK
524	Mi-4MÄ	20 165	.03.65	HSVM, MHG-18	28.02.77	
525	Mi-4A	10 142	1963	HG-31, im Mai 1963 als DM-SPX ausgeliehen an die IF, HG-34	01.12.79	Lehrobjekt MTS Bad Düben
526	Mi-4A	10 146	22.07.63	HG-31	08.08.64	abgestürzt bei Wiesenburg
528	Mi-4A	06 146	1963	HG-31, HKVM, HSVM, MHG-18	30.08.77	
530	Mi-4A	11 146	1963	HG-31/34	01.12.79	Zielobjekt LaSK Schießplatz Klietz
532	Mi-4A	05 146	1963	HG-31	.05.64	abgestürzt
533	Mi-4A	02 146	1963	HG-31/34	.06.79	Übungsobjekt Brandplatz MTS Bad Düben verschrottet 1993

Takt. Nummer	Version	Werk-nr.	in Dienst	Einheiten	außer Dienst	Verbleib
534	Mi-4A	04 146	1963	HG-31/34	01.12.79	1980 an Ungarn Museum OHS Szolnok
536	Mi-4A	09 146	1963	HG-31/34	01.12.79	verschrottet
538	Mi-4A	07 142	1963	HG-31/34	01.12.79	Übungsobjekt ABC-Platz Storkow, heute Flugplatzmuseum Cottbus
539	Mi-4A	08 146	1963	HG-31/34	25.06.79	verschrottet
540	Mi-4MÄ	05 174	1966	HSVM, MHG-18	28.02.77	verschrottet
543	Mi-4MÄ	06 174	1966	HSVM, MHG-18	28.02.77	verschrottet
544	Mi-4A	13 124	1962	HG-31/34	31.08.74	
546	Mi-4A	08 142	1963	HG-31, Grenzkette, HG-34	01.12.79	verschrottet
550	Mi-4A	15 51	1957	TFS, TAG-4, HG-31	1972	
552	Mi-4A	07 63	1958	TFS, TAG-4, HG-31	19.08.60	abgestürzt Feldflugplatz Kulowitz
554	Mi-4A	08 63	1958	TFS, TAG-4, HG-31		
555	Mi-4A	?				
556	Mi-4A	16 51	1957	TFS,		
558	Mi-4A	?		HG-31,HKVM, HSVM		
561	Mi-4A	?	1957	TFS,		
563	Mi-4S	04 114	1962	HG-31, HG-34	01.12.79	Zielobjekt LaSK Schießplatz Klietz
564	Mi-4A	14 63	1958	TFS, TAG-4, HG-31		
567	Mi-4A	05 51	1957	TFS, TAG-4, HG-31		
569	Mi-4A	13 146	1963	HG-31,/34	01.12.79	Museum Vorstartlinie Bautzen, heute LW Museum Berlin-Gatow
571	Mi-4A	09 142	1963	HG-31, Grenzkette, HG-34	01.21.79	Übungsplatz Lehnin LaSK
572	Mi-4A	12 51	1957	TFS, TAG-4, HG-31	?	Zielobjekt Schießplatz Nochten LaSK
574	Mi-4A	13 104	1960	TAG-4, HG-31, HKVM, HGVM	1976	
576	Mi-4A	12 146	1963	HG-31/34	09.06.78	abgestürzt durch Kollision mit Bäumen Brandenburg-Briest
577	Mi-4A	14 104	1960	TAG-4, HG-31/34		
578	Mi-4A	02 127 ex 598!		HG-31/34	06.09.76	abgestürzt durch Kollison mit MiG-21MF, '682'
579	Mi-4A	14 51	1957	TFS, TAG-4	.09.59	abgestürzt Brandenburg-Briest
581	Mi-4A	11 142	1963	HG-31, HKVM	29.05.64	abgestürzt in die Ostsee
584	Mi-4A	20 115	1962	HG-31		
589	Mi-4A	?				
598	Mi-4A	02 127	1962	HG-31	?	umnummeriert als 578!
647	Mi-4A	07 95	1959	TAG-4, HG-31		
655	Mi-4A	06 95	1959	TAG-4, HG-31		
746	Mi-4A	07 127	1962	HG-31, HKVM, HSVM, MHG-18	30.08.77	verschrottet
748	Mi-4A	01 127	1962	HG-31		
753	Mi-4A	04 127	1962	HG-31, HKVM, HSVM, MHG-18	30.08.77	
761	Mi-4A	05 127	1962	HG-31, HKVM, HSVM, MHG-18	.08.77	aufgestellt in Ferienlager Kühlungsborn, bis 1989 noch vorhanden
769	Mi-4A	08 127	1962	HG-31, HKVM, HSVM, MHG-18	.08.77	
785	Mi-4A	02 51	1957	TFS, TAG-4, ab 1962 an DLH als DM-SPB 1964 zurück als 792, siehe dort		
786	Mi-4A	05 142	30.09.63	an IF als DM-SPF		
792	Mi-4A	02 51	28.01.64	ex DM-SPB, ex 785	1972	Armeemuseum Dresden, heute Flugplatzmuseum Cottbus

Mi-4

Zivile Maschinen

Registr.	Version	Werk-nr.	in Dienst	Einheiten	außer Dienst	Verbleib
DM-SPA		12 63	18.07.59	DLH, ex NVA	28.01.64	zurück an NVA
DM-SPB		02 51	26.05.62	DLH, ex NVA '785'	28.01.64	zurück an NVA als '792'
DM-SPC		15 104	18.07.61	DLH, ex NVA	23.02.62	abgestürzt Thüringer Wald
DM-SPD		06 142	.07.63	IF, ex NVA	30.07.63	umregistriert als DM-SPE
DM-SPE		06 142	30.07.63	IF, ex DM-SPD	20.06.65	abgestürzt Brandenburg
DM-SPF		05 142	30.09.63	IF, ex NVA '786'	20.10.72	verschrottet Berlin-Schönefeld
DM-SPX		10 142	.05.63	IF, ex NVA '525'	.05.63	zurück an NVA als '525'
DM-WSA		?	.09.72	GST, ex NVA	.09.72	zurück an NVA
DM-WSB		?	.09.72	GST, ex NVA	.09.72	zurück an NVA
DM-WSC		?	.09.72	GST, ex NVA	.09.72	zurück an NVA

Zieldarsteller

Iljuschin IL-28

Version	Registr.	Takt. Nr.	Werknummer	in Dienst	außer Dienst	Bemerkungen Dienst
IL-28R	DM-ZZI	später '180'	1418	1958	25.06.79	1.11.61 Umsetzung von Flugzeugindustrie zu NVA, ab .10.79 verschrottet
IL-28R	DM-ZZK	später '184'	5901207	1959	25.06.79	1.11.61 Umsetzung von Flugzeugindustrie zu NVA, ab .10.79 verschrottet
IL-28		'190'	55006937	Juni 1959	12.10.82	verschrottet in Peenemünde
"		'196'	55006944	Juni 1959	30.07.71	Havarie, dann ausgeschlachtet Drewitz
"		'204'	54404426	1961	12.10.63	abgestürzt bei Preschen
"		'205'	54006279	1961	23.05.69	bei Überholung in SU ausgesondert
IL-28U		'193'	610311	1961	30.03.79	danach Scheinziel in Peenemünde, Wrack noch vorhanden
IL-28		'224'	55006445	1962	9.12.77	verschrottet
"		'226'	5506417	1962	30.07.71	verschrottet
"		'208'	55006448	1964	12.10.82	an Museum Traditionsvorstartlinie Bautzen, heute LW-Museum Berlin-Gatow

NVA-Hoheitszeichen

Zur Historie

Bis 1955 konnten die DDR-Flugzeuge nur getarnt mit „Roten Sternen", dem sowjetischen Hoheitszeichen, betrieben werden. Dies war in erster Linie - nicht nur in Ostdeutschland - eine Verschleierung der Wiederbewaffnung im jeweiligen Teil Deutschlands gegenüber den vormaligen Alliierten, die sich noch im Potsdamer Abkommen für eine 10-jährige Abstinenz der Motorflugzeuge im besetzten Deutschland ausgesprochen hatten.
Bereits am 18. Januar 1956 hatte die Volkskammer der DDR beschlossen, die NVA zu schaffen. Am 1. März 1956 erfolgte in Ostdeutschland dann deren offizielle Gründung. Dies muss die Führung der damaligen „Verwaltung der Aeroklubs" hinsichtlich der Kennzeichen an ihren Luftfahrzeugen völlig überrascht haben. Offenbar gab es in der KVP keinerlei Konzept für den „Fall danach". Deshalb erfanden die Einheiten schnell eigene Markierungen.

Beispiele für in den Einheiten selbst kreierte, aber nicht verwendete Hoheitszeichen.

Erst am 1. August 1956 schaffte es Minister Stoph, eine eilig hingekritzelte Vorlage im Politbüro der SED (vgl. Faksimile) „absegnen" zu lassen.

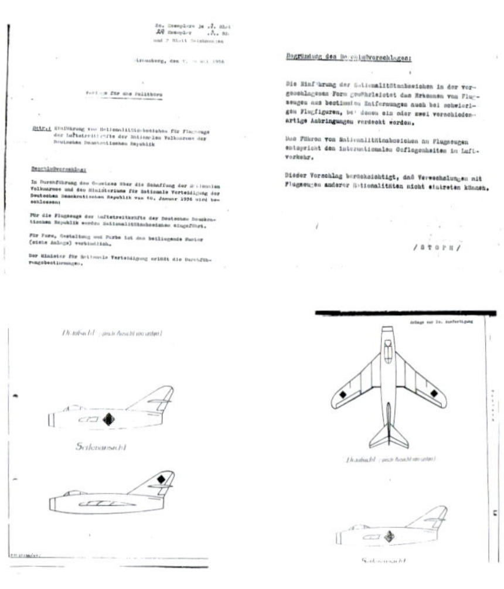

Vorlage für das Politbüro

Betr.: Einführung von Nationalitätenkennzeichen für Flugzeuge der Luftstreitkräfte der Nationalen Volksarmee der Deutschen Demokratischen Republik

Beschlußvorschlag:

In Durchführung des Gesetzes über die Schaffung der Nationalen Volksarmee und des Ministeriums für Nationale Verteidigung der Deutschen Demokratischen Republik vom 18. Januar 1956 wird beschlossen:

Für die Flugzeuge der Luftstreitkräfte der Deutschen Demokratischen Republik werden Nationalitätenkennzeichen eingeführt.

Für Form, Gestaltung und Farbe ist das beiliegende Muster (siehe Anlage) verbindlich.

Der Minister für Nationale Verteidigung erläßt die Durchführungsbestimmungen.

Begründung des Beschlußvorschlages:

Die Einführung der Nationalitätenkennzeichen in der vorgeschlagenen Form gewährleistet das Erkennen von Flugzeugen aus bestimmten Entfernungen auch bei schwierigen Flugfiguren, bei denen ein oder zwei verschiedenartige Anbringungen verdeckt werden.

Das Führen von Nationalitätenkennzeichen an Flugzeugen entspricht den internationalen Gepflogenheiten im Luftverkehr.

Dieser Vorschlag berücksichtigt, daß Verwechslungen mit Flugzeugen anderer Nationalitäten nicht eintreten können.

/STOPH/

Ohne Emblem

Im August beschloss man, ein eigenes Nationalitätenkennzeichen einzuführen, und Ende 1956 wurden die ersten Maschinen der Luftverteidigung per Schablone oder Pinsel mit dem neuen Hoheitszeichen versehen. Zunächst gab es nur die Grundformen ohne Emblem in einer einheitlichen Größe des Hoheitsabzeichens von 56 bis 57 cm Kantenlänge. Es zeigte die Farben der Staatsflagge in der Grundform A als ein auf der Spitze stehendes Quadrat, welches in drei gleichbreite Felder unterteilt, Schwarz -Rot-Gold (Gelb), von links nach rechts angeordnet, ist. Die Felder waren durch farbige Stege abgeteilt und von einem Rand gesäumt. Von dieser Form sind vier Varianten belegbar, die sich in der zeitlichen Reihenfolge von A1 nach A4 entwickelt hatten.

A1

A2

A3

A4

Hoheitszeichen der Jahre 1956 bis 1960.

Mit Emblem

Nach Einführung des Staatswappens 1959 wurden die Hoheitszeichen und deren Proportionen neu festgelegt. Das mittlere, rote Feld wurde verbreitert und das Wappen in sehr detaillierter Ausführung dargestellt. Die drei Farbfelder stehen auf schwarzem Grund, jeweils mit einer dünnen weißen Linie eingefasst. Dieses Hoheitszeichen der Form B war als Wasser-Schiebebild (Decal) gedruckt. Ab Mitte 1960 erhielten die MiG-17 und MiG-19 aller Versionen dieses Hoheitszeichen - bis Mitte der 60erJahre auch die frühen MiG-21.

B

Hoheitszeichen ab 1960

C1

C2

Schablonen der 60er-Jahre

Bereits 1963 lassen sich jedoch die ersten per Schablone gespritzen Hoheitszeichen der Grundform C an MiG-21F-13 belegen. Diese Schablone besaß eine zweimalige Unterteilung in den rechten schwarzen Rändern. Der zu einem Kreis stilisierte Ährenkranz verzichtete nun auf die Darstellung der dreifarbigen Bänder im Wappen. Auch die weißen Einfassstreifen entfielen. Form C1 hatte eine fünffache Unterteilung/Lücke im Ährenkranz, C2 nur noch vier Lücken. Hammer und Zirkel waren jeweils anders geschnitten.
In den 70er-Jahren wurden zwei neue Schablonen eingeführt, die man an der Aufteilung der schwarzen und weißen Ränder einfach unterscheiden kann. Etwa 1975 tauchten Schablonen der Form D1 auf. Kennzeichen sind die zwei Lücken, mit denen jeweils die schwarzen rechten Außenränder unterbrochen sind. Die weißen Einfassstreifen der dreieckigen Farbfelder sind mittig geteilt. Bei der späteren Form D2 wird diese Teilung schmaler. Etwa 1978 kam die Schablone nach Form E zum Einsatz. Der schwarze rechte Rand ist bei ihr vierfach unterbrochen, und die weißen Einfassstreifen sind nahe der Ecken unterteilt. Zwischen den Formen D und E sind weiterhin kleine Unterschiede in den Proportionen und Unterteilungen bei Ährenkranz, Hammer und Zirkel auszumachen. 1984/85 kam mit der Ausführung in Form F1 wieder ein gedrucktes Wasser-Schiebebild als Hoheitszeichen zum Einsatz. Zunächst wurden die Jabos und Trainer Su-22 damit versehen. Kurios ist ein offenbarer Fehldruck F1s an vielen frühen Su-22, bei dem Hammerfinne und Zirkelbogen in die seitenverkehrte Richtung, nämlich nach links zeigen. Offizielle Pressefotos von so gekennzeichneten Maschinen durften nicht veröffentlicht werden. Auch die zuletzt eingeführten MiG-29 erhielten das Hoheitszeichen F1. Eine Abweichung ist jedoch zu registrieren: Der Doppelsitzer MIG-29UB mit der taktischen Nummer 179 zeigt einen Zirkel in

D1

D2

E

Hoheitszeichen ab Mitte
der 70er-Jahre.

schmaler Ausführung (F2). Die meisten Fotos, auf denen die Hoheitszeichen klar zu erkennen sind, stammen aus dem Vereinigungsjahr 1990. Vorherrschend sind dabei die Formen D2 und E. So sind offenbar auch ältere Muster wie z.B. MiG-21SPS umdekoriert worden.Noch ein Wort zu den Farbtönen der Hoheitszeichen. Sicher gab es ebenfalls Standards, doch auch sie wurden nicht immer eingehalten. Und Alterungsprozesse taten ihr Übriges. So konnte das Rot verschiedene Farbnuancen aufweisen oder das Gelb von einem satten Orangegelb bis zu einem Zitronengelb reichen. Nicht ungewöhnlich, wenn der Ährenkranz ein anderes Gelb als das Feld aufwies.

Sondermarkierungen

An den NVA-Maschinen fanden sich vor allem verschiedene Formen des „Qualitätsabzeichens" für die technische Einsatzbereitschaft der jeweiligen Maschine. Kleine Sterne kennzeichneten die Wiederholung der Auszeichnung. „Abschussmarkierun-

F1

F1s

F2

Hoheitszeichen ab Mitte
der 80er-Jahre
für Su-22 und MiG-29.

gen" gab es in Form von etwa 8 cm großen roten Sternen. Sie dokumentierten die erfolgreiche Vernichtung von ferngesteuerten Luftzielen La-17MM bei Luftschießübungen in der UdSSR. Wartungshinweise wurden sehr differenziert angebracht. Während einige Maschinen damit förmlich „übersät" wurden, gibt es bei anderen fast keine. Charakteristisch an getarnten MiG-21 waren jedoch gelbe Pfeile mit der Aufschrift „Rettung" unterhalb der Kabine. Sie zeigten auf den Nothebel zur Öffnung der Kabinenhaube von außen.

Taktische Nummern

Alle Ziffern wurden in einer Größe von 55 x 31 cm mit einer Strichstärke von 7,5 bis 8 cm üblicherweise mit einer Schablone angebracht oder einer solchen Form nachempfunden. In den frühen Jahren gab es einige Abweichungen zu den vorherrschenden taktischen Nummern aus drei roten Ziffern an den Einsatzmaschinen.
Achtung: Bei Presse- oder Manöverfotos wurden aus „Tarnungsgründen" nicht selten Ziffern hinzugefügt oder verfälscht. Es lassen sich drei Grundschablonenarten erkennen, welche jedoch im täglichen Dienst übliche „Abwandlungen" erfuhren. Die hier gemachten Angaben zu den Hoheitszeichen und Markierungen an den Jagdmaschinen der LSK/LV sind repräsentativ. Abweichende Varianten oder einzelne Sonderformen sind jedoch nicht auszuschließen.

Literaturverzeichnis

Bücher:

- Aircraft Museums and Collections of the World Vol. 3, Bob Ogden, Woodley 1996
- Armee für Frieden und Sozialismus, Berlin 1985
- Chronik zur Geschichte der GST, Berlin 1988
- Civil Aircraft Register of Germany 1996, P. M. Gerhardt und I. Burnett, Kent 1996
- DDR Zivilluftfahrtregister von 1953 bis 1990, D. Grass u. M. Meyer, Berlin 1990
- Der Flugplatz Neuhardenberg Marxwalde Neuhardenberg, D. Lang u. H. Materna, Berlin 1998
- Die andere Deutsche Luftwaffe, W. Kopenhagen, Berlin 1992
- Die getarnte Armee, Wenzke/Diedrich, Berlin 2001
- East German Air Force Final Flight Line, C. J. van Gent, Shrewsbury 1992
- Final Touchdown, The last Days of East German Air Power, H. Nijhus, Hong Kong 1992
- Flugzeuge und Hubschrauber der NVA von 1956 bis 1970, W. Kopenhagen, Berlin 1988
- Flugzeuge und Hubschrauber der NVA von 1971 bis zur Gegenwart, W. Kopenhagen, Berlin 1998
- Gefechtsbereit, L. Willmann uund O. Kopatz, Berlin 1989
- Lehrgang X, in geheimer Mission an der Wolga, K. J. Baarß, HH 1995
- MiG-21 (Teile 1 und 2), E. Gordon u. W. Klimow, Moskau 1994
- MiG, Fifty Years of secret Aircraft Design, R. A. Beljakow und J. Marmain, Maryland 1994
- MiGs über Peenemünde, M. Kanetzki, Diepholz 2001
- Pirna 014, Flugtriebwerke der DDR K. H. Mewes, Oberhaching 1997
- Soviet Transports, P. Hillmann u. a., West Drayton 2000
- Unsere Luftstreitkräfte, Berlin 1964
- Unvergeßliche Flüge, K. H. Hardt, Berlin 1989
- Uzbrojenie Lotnicze Wschod, J. Gruszcynski, Warschau 1993
- Weg und Absturz der Interflug, K. D. Seifert, Berlin 1994
- Zeittafel zur Militärgeschichte der DDR, Berlin 1985

Periodika:

- Deutscher Fliegerkalender, Ausgaben 1964 bis 1972
- Fliegerkalender der DDR, Ausgaben 1973 bis 1991
- Fliegerjahrbücher der DDR, Ausgaben 1958 bis 1987
- DHS Reihe: Mikojan-Gurewitsch MiG-21 F-13, Dr. J. Willisch, Rinteln 1998
- DHS Reihe: Mikojan-Gurewitsch MiG-21U, Dr. J. Willisch u. J. Vogt, Rinteln 1999
- Publikace 4+: MiG-21, Prag 1991
- Publikace 4+: Su-22, Prag 1992
- Squadron Signal in Action (folgende Ausgaben #)
  # 83 Mi-24 Hind, H. H. Stapfer,Carrolton 1988
  # 90 Suchoj Fitters, H. H. Stapfer, Carrollton 1989
  # 101 MiG-23/27 Flogger, H. H. Stapfer, Carrollton 1990
  # 116 MiG-15, H. H. Stapfer, Carrollton 1991
  # 125 MiG-17 Fresco, H. H. Stapfer, Carrollton 1992
  # 131 MiG-21 Fishbed, D. Linn u. D. Spering, Carrollton 1993
  # 143 MiG-19 Farmer, H. H. Stapfer, Carrollton 1994

Zeitschriften:

Aerosport
Air Britain News
Air Britain Archive
Air Forces Monthly
Air International
Armeerundschau
Aviation Letter
Deutsche Flugtechnik
FLiEGER REVUE
Flügel der Heimat
Letectvi i Kosmonautica
Modellbau Heute
Soldat und Technik
Volksarmee
Broschüren und Werbematerial der Interflug

Chronik

Oktober 1956 - Sowjetische Fluglehrer schulen erstes NVA-Personal auf dem Strahljagdflugzeug MiG-15bis.

31.12.1956 - Die KVP wird „offiziell" aufgelöst.

1955/56 - In dieser Zeit beginnt der Aufbau einer eigenen Flugzeugindustrie der DDR mit den Zentren in Dresden, Schkeuditz, Pirna, Lommatzsch und Karl-Marx-Stadt. Zunächst erfolgt neben Entwicklung und Bau von Segelflugzeugen der Nachbau der Iljuschin IL-14P. Parallel dazu verlaufen die Entwicklung und Bau des ersten deutschen TL-Verkehrsflugzeugs 152 unter Brunolf Baade.

16.02.1957 - 10 000 Mitglieder der GST, darunter 1 530 Flugsportler, sollen sich freiwillig für den Dienst in der NVA gemeldet haben, erklärt der Vorsitzende des Zentralvorstandes (ZV) Richard Staimer.

13.03.1957 - Gerhard Fries ist der erste DDR-Kommandant in einer Lufthansa-Maschine. Der Flug seiner IL-14 geht nach Moskau.

01.05.1957 - Das Kommando Luftstreitkräfte/Luftverteidigung (LSK/LV) wird gebildet und übernimmt schrittweise den Schutz des Luftraums der DDR.

01.05.1957 - Während der Maidemonstration überfliegen MiG-15 in Kettenformation Dresden. Diese erste öffentliche Präsentation der NVA-Luftstreitkräfte führt Oberstleutnant Reinhold - später Chef der LSK/LV.

16.06.1957 - Der Inlandluftverkehr wird in der DDR aufgenommen.

Ende 1957 - In der DDR verfügt die Deutsche Lufthansa über zwölf IL-14 und eine Aero 45.

08.09.1958 - Gründung einer zweiten Fluggesellschaft in der DDR. Sie erhält den Namen Interflug und soll vorwiegend Flüge in das westliche Ausland durchführen.

04.03.1959 - Der erste Prototyp des ersten deutschen TL-Verkehrsflugzeugs 152 stürzt ab.

Ab Oktober 1959 - Einführung des Hammer-Zirkel-Ährenkranz-Emblems in die DDR-Flagge und des schwarz/rot/gold-Rhombus. Wegfall der Buchstaben 'DDR' unter der Flagge an den Flugzeugen.

03.04.1960 - Die erste IL-18, DM-STA, geht in den Liniendienst nach Moskau.

20.10.1961 - Der Stab der 3. Jagdfliegerdivision wird nach Trollenhagen bei Neubrandenburg verlegt.

Dezember 1961 - Aus der 3. Jagdfliegerdivision wird die 3. Luftverteidigungsdivision (LVD).

1961 - Die Flugzeugindustrie der DDR wird eingestellt.

1958 bis 1962 - Immer wieder kommt es zu „Luftzwischenfällen" durch Grenzverletzungen oder Abweichen von den Luftkorridoren. Den Waffeneinsatz oder das Zwingen zur Landung übernehmen in der Regel sowjetische Jagdfliegerkräfte, die auf dem Boden der DDR stationiert sind.

13.08.1961 - Bau der Berliner Mauer

Dezember 1961 - Aus der 1. Jagdfliegerdivision wird die 1. Luftverteidigungsdivision (LVD) mit dem Standort Cottbus.

24.01.1962 - Die DDR-Volkskammer beschließt das Wehrpflichtgesetz.

01.05.1962 - Auf der Mai-Parade der NVA werden zum ersten Mal Luftabwehrraketen (SAM-2 Guideline) gezeigt.

20.06.1962 - Erster Start einer MiG-21F-13 der NVA beim JG-8 Marxwalde. Bis zum Ende der NVA ist dieser Typ und seine Weiterentwicklungen/Versionen das „Arbeitspferd" der Luftstreitkräfte.

31.08.1963 - Die Deutsche Lufthansa der DDR wird im Zusammenhang mit Streitigkeiten und einem Warenzeichenprozess vor dem Höheren Wirtschaftsgericht der Volksrepublik Serbien aufgelöst und liquidiert. Das ZK der SED hatte dies bereits am 06.07.1963 beschlossen.

16.07.1963 - Die Interflug wird einzige „Staats"-Fluggesellschaft der DDR. Sie übernimmt Verwaltung und Betrieb der Flughäfen, die Flugsicherung sowie alle Rechte und Pflichten der Lufthansa.

17.08.1964 - Erster Flug eines NVA-Piloten mit der neueingeführten MiG-21PFM im JG-8 in Marxwalde.

Bis 1965 - An verschiedenen Großmanövern der Warschauer-Pakt-Staaten nehmen Verbände der LSK/LV teil.

Bis 1965 - Einige von teils schweren Luftzwischenfällen enden mit dem Abschuss durch sowjetische Jagdfliegerkräfte (Sea-Hawk: 18.08.62, RB-66C: 10.03.64, T-39 Sabreliner: 28.01.65).

April 1965 - Westlich der Elbe findet unter Teilnahme von mehr als 500 Flugzeugen eine große Truppenübung der NVA und der Sowjetarmee statt. Diese Groß-Manöver wiederholen sich auch später in ungleichmäßigen Abständen.

07.04.1965 - Dutzende Staffeln von sowjetischen Kampfflugzeugen donnern mit Schallgeschwindigkeit im Tiefflug über den Berliner Reichstag und die Kongresshalle. Dort soll ab 15 Uhr eine Sitzung des Bundestages stattfinden. Andere stören den Flugverkehr der Berliner Flughäfen und überfliegen die Hauptquartiere der Alliierten.
An dieser Aktion des Kalten Krieges sind auch fünf MiG-21 der NVA, mit den Piloten Wolf, Brucke, Fischer, Gareis und Weinhold beteiligt.

1966 - Zwischen 1966 und Anfang 1968 werden 130 MiG-21SPS und SPS/K für die LSK der NVA beschafft.